美容整形と化粧の社会学［新装版］

プラスティックな身体

谷本奈穂

新曜社

「素《す》の顔に味付けしたみたいな。」

——インタビューにおけるAさんの言葉

プラスティック——形を造る・思いどおりの形に作れる・人工的な・形成外科の

目次＊美容整形と化粧の社会学〔新装版〕——プラスティックな身体

はじめに …… 1
1 身体加工と社会 1
2 アイデンティティと身体――ボディプロジェクト 3
3 本書の構成 5

I部

1章 美容整形はいかに論じられてきたのか …… 10
1 導入として 10
2 歴史 12
3 「よからぬもの」としての美容整形――あるタイプの先行研究 18
4 美容整形の可能性――違うタイプの先行研究 27
5 本書の立場 30

2章 美容整形の現在――アンケートから …… 34
1 一般的な身体加工に関する意識 34
2 美容整形に関する意識 44
3 「女性」と「外見のいい人」 58

3章　美容整形の現在――インタビューから……60
1　自己満足――ビフォー／アフターなき整形　62
2　想像上の他者・想像上の自己　73
3　モノに支えられる想像力　80
4　技術が侵入する身体　90
5　自分らしさ　99
6　小括――心の中にいる他者と自己　105
II部
4章　化粧品広告における身体表象の要素……110
1　化粧品広告について　112
2　化粧品広告が表すもの――身体と美　114
3　身体美の要素を抽出する　120
4　身体美の四要素　126
5　四つの要素によるせめぎあい　149
5章　身体表象の要素の変化……152
1　各々の要素をめぐる議論　153

2　要素の増減　175
3　身体像の変化――化粧品広告と美容整形記事　192

おわりに……………………………………………………………199
1　美容整形とアイデンティティ　199
2　アイデンティティのあり方――彼女たちの跳躍力　203
3　アイデンティティを支えるメカニズム　209
4　スパイスとしての美容整形――越境の楽しさ・ズレていく快楽　218

〈付論〉国際比較――韓国・台湾・ドイツの整形調査と比較して……223
1　韓国　224／2　台湾　236／3　ドイツ　243
4　海外と比較して　257

注　259
あとがき　287
参考文献一覧　291
人名索引　306（i）／事項索引　304（iii）

装幀　新曜社デザイン室

はじめに

1　身体加工と社会

私たちの周囲には身体加工があふれている。ダイエットは多くの人が経験したことがあるだろう。パーマをかけたり髪を染めたりすることも、多くの人が行っていることである。髪を切る、ツメを切る、洗顔するといったことになると誰もが行っている。あるいは、眉毛やヒゲの形を整える、マニキュアを塗ったり化粧をしたりする、ピアスをする、エステティックやジムに通い体型を変える……といった日常的行為、これらもすべて身体加工である。

どのような身体が望ましいとされるのか、さらに、どの程度までの加工ならばさして抵抗なく人々に受け入れられるのか。そうした「自然な身体（natural body）」／「人工的な身体（plastic body）」の境界をめぐるイメージは今や大きく変わりつつある。たとえば、かつてなら忌むべきものと見なされ、したことを隠そうとされてきた美容整形。後述するアンケート（二〇〇五年）では調査した大学生のうち「整形したい人」が四五・二％（男性二四・五％、女性六三・一％）にのぼっている。

あるいは次に挙げるように、街の情報誌はレストランやカフェを紹介するのと同じ調子で、美容外科や美容皮膚科を紹介している。

春から私は美貌主義！　美容クリニックに行く前に知っておきたい施術のこと。お悩み別に代表的な施術内容をドクターがレクチャーします。シミほくろなど凹凸のあるものには炭酸ガスレーザー、それ以外のシミはレーザーを。肝斑《かんぱん》などは、トレチノインという処方薬で、3～6か月かけて治療していきます。*1

この文章の後は、美容外科や美容皮膚科においてなされている様々な施術が、あたかもレストランのメニューのように写真付きで順次紹介されているのである。美容外科を訪れることが、情報誌を見てレストランやカフェを訪ねるのと同じこととして想定されているのが分かる。もはや、美容整形は「カジュアル化が進む」*2という事態となっている。実際に雑誌記事の中で美容整形を扱うものは一九九〇年代から急増している（5章参照）。こうして、人工的な身体を作る技術の代名詞であった美容整形でさえ、今ではかなり許容されるようになった。身体に対する意識が変わってきていることが分かるだろう。

そもそも、私たち人間はさまざまな形の身体加工を行ってきたが、その意味づけは一様ではない。たとえば、入れ墨はある地域・ある時期において「魔よけ」や「呪術」の意味を込めて行うこともあれば、別の地域・時期においては「仲間同士の連帯」を確認するために行うこともあり、さらにまた別の地域・時期においては単なる「おしゃれ」で行うこともある。重要なのは、意味づけが違うということによって、ある身体加工が複層的な意味づけの中で行われている事実が明らかになることだ。すなわち、身体加工への意味づけは、時代や地域や文化によって違っており、「社会」によって構築されていると言いかえることができる。たとえばS・ネトルトン（Nettleton, 1995）は西洋医学がこれまで身体を社会環境的文脈に位置づけてこなかったことを批判し[*3]、身体が所与の自然物として存在するのではなくて「社会によって位置づけられる」存在であることを主張している。身体も身体加工も、社会によって意味づけられ、位置づけられているのである。

逆に考えると「どういった意味づけによって身体加工を行うか」を検討することで、当該の「社会」を透かし見ることができるといえる。また、その社会を生きる人々のアイデンティティのあり方も浮き彫りにできるかもしれない。もちろん美容整形の意味づけを考察することを通しても、それらを明らかにできるだろう。

2　アイデンティティと身体――ボディプロジェクト

B・ターナー（Turner, 1984）は現代社会を「身体の社会（somatic society）」と名づけた[*4]。確かに、現代社会における身体への注目はおびただしい。近年の美容整形の流行、エステティック・クラブやフィットネス・クラブの興隆、健康サプリメントやダイエット薬の普及、ボディタトゥーや茶髪の流行を考えれば、その名づけも納得がいく。しかし身体が注目されるようになったのはそれだけではなく、「アイデンティティのあり方」「主体の新しいあり方」が問い直されるようになったからでもある（たとえば、ジャン＝リュック・ナンシーたちの試み〔一九九六〕[*5]、東浩紀〔二〇〇一〕など[*6]）。現代をどう捉えるかについて多くの論者たちはハイモダニティ、レイトモダニティ、ポストモダニティなどと論じ分けているが、いずれの議論においてもアイデンティティや主体の新しいあり方が模索されているといってよい。そして、アイデンティティのあり方を問う時に、さまざまなパースペクティブがありえる。その中で「身体」が現代的なアイデンティティのあり方を考察するのに重要なパースペクティブと見なされるようになったということだ。

A・ギデンズ（Giddens, 1991）も指摘しているように、身体（外見）の問題は自己（アイデンティティ）の問題と密接に結びついている[*7]。ギデンズはライフコースを通して本質的に身体が「未完成」のものであることを指摘し、同時に、身体を変形させて完成させるような文化的圧力がかかっていることも示唆している。たとえば「痩せよう」「筋肉をつけよう」といった圧力を考えてもらいたい。また彼は、身体を変形させることを通じて、人は自己アイデンティティを作り出したり維持したりするということも示唆している。これら一連の動きを、ボディプロジェクト（body projects）と呼ぶことができるだろう。

ボディプロジェクトのような発想は、まずはC・シリング（Shilling, 1993）に見られるし、他にもM・フェザーストン（Featherstone, 1991 a, 1991 b）やS・ボルド（Bordo, 2003）らにも見ることができる[*8]。たとえばボルドはダイエットや美容整形といった身体加工を題材にして身体に関する議論を提出している。彼女は、身体は実際のところ歴史性や物質性を持つ有限なものなのに、無限に改良できるという考えが普及していると考える。ここで身体は、意志によって選択したり作り出したりできるものとなる。ちなみにボルドは、示唆深くも、こういった変えることのできる身体を「プラスティックボディ（plastic body）」と呼んでいる。プラスティックには、思い通りの形に作ることのできるという意味もあるし、人工的なという意味もある。あるいはフェザーストンは、消費主義によって身体が自己表現の「乗り物」になると主張している。まず彼は、消費文化の特徴を、努力とボディワーク（マッサージなどを含む触診医療）によって、身体が「思い通りに形作られる人工的な＝plasticなもの」と見なされるようになったことに見いだす。そして、消費主義（consumerism）によって強制されることで、身体が自己表現のための乗り物にさせられるというのである。ここでいう身体とは、可変的でありなおかつ自己表現のために用いられる道具と化している。つまり、「社会・文化に煽られる形で、自己表現のために身体を変える」というのが現代の特徴であると、様々な論者によって主張され始めているのだ。ボディプロジェクトは、身体（特に外見）の変更を通して、自己アイデンティティを形成し、維持しようと試みるものなのである。

3　本書の構成

本書は、身体加工にまつわるトピックをとりあげ、理論と実証の両面から、現代社会に生きる人々のアイデンティティを考察することを目的とする。身体加工のうちでも、特に美容整形のような美容と関係するものに焦点を当てたい。[*9] 大澤真幸（一九九六）が「現代のボディコントロールの大衆化した焦点は女性の体」と述べているように、[*10] 女性たちによる美を目指した身体加工が、現代の身体意識を先鋭的な形で表していると考えられるからである。

さて、本書では身体観の大きな流れ（変容）を「加工への許容度が高まってきた」ものとして捉える。許容度が高まったというのは二つの側面があり、一つには「自分のものではない身体から自分の好きにしていい身体へ」、もう一つは「自然な身体から科学・技術の侵入する身体へ」という側面である。

そして、この「加工への許容度が高まってきた」流れの帰結として、現在の美容整形やプチ整形の普及があると考える。つまり美容整形の広まりを、突然の出来事として捉えるのではなく、身体観の変容の中で起こった出来事として捉えるのである。

そこで、本書は二部構成とする必要がでてくる。Ｉ部（1～3章）で、先に大きな流れの帰結＝美容整形について考察していく。[*11] また美容整形を普及させる上記のような身体観の変容を、Ⅱ部（4～5章）で、主として化粧品広告を通じて見ていくことにしよう。

具体的に、Ｉ部の1章では、美容整形にまつわる理論研究を整理する。日本における社会学的な美容整形研究はほとんどないため、英米圏の理論が中心となる。またここで本書の立場をより明確にしていく。続く2章では、筆者が二〇〇三～二〇〇七年にかけて行ったアンケート調査（総数一三六五名）を中心に考察を進めていく。2章において「美容整形の現代社会的な意味づけ」が仮説として提示されることになるだろう。3章は本書の中核を占める章となる。筆者が二〇〇五～二〇〇七年にかけて行ってきた美容整形実践者へのインタビュー調査（二三名）のうち、日本の事例を紹介していく。なお二〇〇五～二〇〇七年に先立つ二〇〇三年にも準備としてのインタビュー調査（三名）を行っているので、そのデータも参照する。前章で提示された仮説「美容整形の現代社会的な意味づけ」をさらに詳細に、さらに深く考察していくことになる。ここで、身体加工を通じた現代的なアイデンティティのあり方を示唆できるだろう。

Ⅱ部の4章、5章では、2章や3章で語ったような美容整形が盛んになってきた「身体観の背景」＝「歴史的な流れ」を見ていきたい。その際、化粧品広告（六〇三〇点）を素材として扱うことにする。美容整形の広告を扱うことも考えられるが、それらは近年になって登場したものであり、美的な身体観を歴史的におさえようとするには時期があまりにも限られてしまう。その点で、化粧品広告は明治期から現代まで多く存在し、歴史的に美的な身体観を推察するのに適した素材といえよう。4章で、美しい身体を表象する際に、主としてどのような要素が用いられているかをまず抽出する。続く5章で、抽出したそれらの要素が、時代によってどのように変化したかを明らかにする。そのことで、現代になるにつれ、身体の加工への許容度が高まってきたことが分かるだろう。同時に、その変化が美容整形に関する言説とリンクしていることも示される。

先行研究、アンケートデータ、インタビューデータ、広告資料以外にも、筆者は一九四八〜二〇〇一年および二〇〇六年においてタイトルに「美容整形」を含む雑誌記事を収集・分析している。[*12] 本書で参照する雑誌記事は全て、ここで収集したものからの引用である。

Ⅰ部における美容整形の分析・考察と、Ⅱ部における化粧品広告の分析・考察が、もし違ったものに見えたとしてもそれは表面的な違いにすぎない。これらは根底でつながっている。美的な身体像の変化の中で、現在の美容整形の普及が帰結されていくからである。

「おわりに」において全体をもう一度振り返る。本書が考察しようとする「身体と自己アイデンティティ」の議論では、自分の存在基盤は内面（心）にあるのか身体にあるのかという問題（心身二元論）や、自分を対象化して自己評価をする時に誰の視線を借りてくるのかという問題（自他関係）が重要となるであろう。美容整形をはじめとする身体加工は、これらの問題に新たな視点をもたらすことになるはずである。

なお、本書には付論をつける。Ⅰ部、Ⅱ部で扱う分析と考察は日本のケースである。そこで付論では海外の例もみていきたい。簡単な国際比較を行うことによって、さらに日本の美容整形の特徴は浮き彫りになるだろう。

Ⅰ部

1章　美容整形はいかに論じられてきたのか

1　導入として

これまで美容整形はタブーであった。たとえば、E・ハイケン（Haiken, 1997＝1999）によれば、現在では美容整形先進国と思われているアメリカにおいても、美容整形は第一次世界大戦以前まで一般的ではなかった。ところが、二〇〇五年のアメリカでは、V・ピッツテイラー（Pitts-Taylar, 2006）によると二〇〇〇万件近い美容手術（外科的処置）があり、これは一九八四年の四倍以上の数であるという。そのうえ、外科的処置とは見なされていないボトックス注射や皮膚の若返り（Skin Resurfacing）[*1]のような身体加工は八〇〇万件を超えるのである。

日本においても美容整形は長らくタブーであった。儒教の教えに「身体髪膚これを父母に受く、敢えて毀傷せざるは孝のはじめなり」とある。日本ではこの考えが輸入された後、「親からもらった体に傷をつけないことが大事だ」と解釈され、長きにわたって身体を加工することはタブーとされた。近代化の始まりである明治時代（一八六八〜一九一二年）には、形成外科手術が行われた記録が残されているが、あまり一般的ではなかったようだ。ところが、その日本においても現代では美容整形はかなり承認されるようになってきており、手術件数自体も増加していると見られている。雑誌やテレビで美容整形を紹介する記事や番組が増加し、2章のアンケート（二〇〇五年）では調査者のうち「整形したい人」が四五・二％（男性二四・五％、女性六三・一％）にのぼっている。メスを使わない手術は日本において「プチ整形」と呼ばれ、気軽にできるものとして喧伝され人気を博している。

さて、ポピュラーなものとなった美容整形はどのように評価されているのだろうか。まず、日常的には「親からもらった体にメスを入れるのはけしからん」、「大切なのは中身だ」といった整形を批判するような言い回しがある一方、他方で「したい人はすればいい」、「それでその人が幸せならいいのではないか」と容認する言い方もある。日常的な美容整形への意見は、現在のところ、さまざまなものが混在した状況であるといえる。

次に学術的な議論を見てみよう。これまでは美容整形に関する社会学的研究はさほど多くなかった。近年になって徐々に増えてきている状況である（たとえばA・バルサモ〔Balsamo, 1996〕、E・ハイケン〔Haiken, 1997＝1999〕、S・ジェフェリーズ〔Jeffreys, 2000〕、K・デービス〔Davis, 2003, 2002, 1995〕、D・ギムリン〔Gimlin, 2002, 2000〕、S・ボルド〔Bordo, 2003〕、V・ブラム〔Blum, 2003〕、V・ピッツテイラー〔Pitts–Taylar, 2007〕など。これらの議論については後述する）。とはいえ、美容整形に関する見解はかなり錯綜しており、強い批判があるかと思えば、可能性を秘めるものとして評価する向きもあり、一定の見解があるわけではない。

また、日本においては実際に美容整形が普及しつつあり、ジャーナリスティックな言説はたくさん登場しているが、学術的な（特に社会学的な）研究は甚だしく少ない。[*2] 本格的な美容整形に関わる研究が待たれる状況にあるといっていいだろう。そこで筆者は「美容整形に関する先行研究の整理」、「大学生へのアンケート」、「整形手術経験者へのインタビュー」、「施術を行う医者へのインタビュー」、「言説資料（広告や雑誌記事）調査」などを行った。本章では、「美容整形に関する先行研究の整理」を行っていく。先に美容整形が歴史的にどう扱われてきたかを確認し、次に近年の研究動向を整理する。最後にそれらを踏まえて本書の立場を明確にしたい。

2　歴史

2―1　整形への抵抗感

それでは美容整形の歴史を見ていくことにしよう。以下の説明に関してはA・フィレンツオーラ（Firenzuola, 1548＝2000）、F・ルイジーニ（Luigini, 1554＝2000）、R・コーソン（Corson, 1972＝1982）、春山行夫（一九八八）、K・デービス（Davis, 1995）、E・ハイケン（Haiken, 1997）を参照のこと。[*3]

身体に変形を加える施術は、古来、「儀式」として行われていた。あるときは成人となった印として、あるときは悪い霊から身を守るために、あるときは共同体意識を高めるために。それに対して、整形手術（的なもの）は、儀式的意味合いよりは医学的な意味をもっていたようだ。すなわち

「身体的欠陥を治療する」という意味である。整形手術の歴史は古く、古代インドでも行われていた。身持ちの悪い娘の父や不貞の妻の夫は、彼女たちの鼻を切り取ることが許されていたので、鼻を切り取られた女性たちは外科医に救いを求めた。紀元前七五〇年ごろにはインドにおける鼻の整形手術の技術は相当高い水準に達していたという。また、西洋においても、ローマ時代に「鼻やクチビルや耳を失っても、たいして悲しむ必要はない。それを修復することができるからである」とケルススという外科医が書き残している（コーソン）。

とはいえ、整形手術は長いあいだあまり一般的ではなかった。その原因として、第一に医学には健康な体を改造することへのタブーがあること、第二に西洋では外科の手術が一八世紀の終わりまで理髪師が兼業で行っており簡単な技術しかなかったこと、第三に麻酔が一九世紀後半になるまで普及しなかったことが挙げられる（ハイケン）。

しかし、何よりも、身体は神や王のものと見なされ、個人が勝手に手を加えるのはいけないことと見なされていたのが、大きな原因である。たとえば、中世にはラ・トゥア・ランディという騎士が「神のイメージ通りに造られたおまえの本来の顔を、化粧したり、あるいは変えることなく、神や造化の主がお造りになられたままにしておきなさい」と語っている（コーソン）。ルネサンス時代には『女性の美と徳について』で有名なルイジーニや、『女性の美しさについて』で有名なフィレンツオーラも、自分の理想とする美をもたらすのは神であり、人工的な補正は忌まわしい行為であると考えていた。一六五三年に『忌まわしき長髪』を著したトマス・ホールも「体に化粧したり彩ったりするこの人工的な行為は罪深く、忌まわしい」と書き残している。こういった考えは延々と続き（そのあたりはコーソンの著作に詳しい）、今でも続いている。日本でも事態は同じである。先述したように、「身体髪膚これを父母に受く、敢えて毀傷せざるは孝のはじめなり」という儒教の教えが「親からもらった体に傷をつけないこと」が大事だという観念に翻訳されてしまった（川添祐子、二〇〇〇）*4。

要するに、整形が普及しなかったのは、身体を自分以外の誰か（神であれ親であれ）がもっているとする意識があったからである。そして、今でも「親からもらった体にメスを入れるなんて」という言い回しがなされることがあるように、その意識は現代まで続いているといえる。

2―2　整形の理由づけ――劣等感・コンプレックス・不幸・異性の評価

ハイケン（1997＝1999）によると整形が普及したのは、第一次世界大戦と第二次世界大戦の間であるという。まず第一次大戦のころ、欧米で、戦争で傷ついた兵士の顔や体を治療することが広がった。この時期に、形成外科が医学の一部門として成立してくる。ただ、整形が普及したといっても、「外見的な美しさのために」手術を行うことへの抵抗はまだ強かった。医者の多くは、医療の目的は美を求めることではなくて治療だと信じていたからである。小さな目、ゆがんだ鼻、たるんだあごは、本人が不満に思っても機能的には問題ないではないか、というのが美容整形に眉をひそめる人たちの考えだった。

それが、第二次大戦にいたる時期に、外見を大切にする風潮が強まってくる。外科の技術に新しい要望が高まってきて、その要望にどう応えたらいいか頭を悩ませた医者たちは、身体の美醜をある種の病気にすり替える論理を必要とするようになってきた。彼らは、その答えを心理学に求め、「劣等感」という概念に飛びついたのである。劣等感学説は、特に一九二〇年代のアメリカで専門家にも素人にも行きわたっていた。劣等感は、もともと精神の問題であったはずだが、その原因を肉体に帰して「劣等感を治してやるためには肉体を変えてあげる必要がある」という論理にすりかわり、美容整形への「正当な」理由となっていった。この概念を導入することで、外見における美／醜という軸を、健康／病気という軸に重ね合わせるのに成功したわけだ。実際にアメリカでは、一九二〇－三〇年代には美容外科が主流になってくる。このように医学と心理学が共犯関係を結ぶ形で美容整形が認知されていくようになり、今にいたるわけである。劣等感が整形の理由になるのは日本でも同様で、たとえば、精神・神経科医の白波瀬丈一郎（二〇〇四）は「美容外科を希望する人々は、一般的な美意識をもっているが、自分は醜いと劣等感をもっており、自己評価は低い」と述べている。[*5]

劣等感というタームを使わない場合でも、「コンプレックス」という類似したタームが使われる違いがある程度で、やはり心理学用語を用いながら、美醜の問題を精神的な健康と病気の問題に置き換えることがなされている。日本において、さまざまな女性が整形して「きれい」になるというテレビ番組がある。[*6] その番組ホームページ（二〇〇七年）には次のような言葉が書かれているのである。[*7]

「きれいになりたい！」という願いは女性なら誰でも持っているもの。

「顔じゃないよ、心だよ」人はいつでも言うけれど、やっぱり外見は大切だ。きれいになったら、コンプレックスを治したら、明日から違う人生が待っているかもしれない!! この番組は、そんな悩める相談者のために、人生の達人たちと、女性を美しくすることなら誰にも負けない日本最高の技術を持ったアーティストたちが、その総力をあげて、悩める女性たちを応援し、〝愛と勇気〟を与える……。

このテレビ番組の説明では、コンプレックスという言葉が使われているだけで、劣等感と同じ論理が使われている。また、劣等感・コンプレックスというタームが使用されない場合、整形をする人は自分の顔を嫌うにいたる「不幸な理由」があるという言い方で説明されることもある。デービス (1995) は美容整形を受けた女性たちがその経験をどのように語るかに注目し、彼女たちが共通して「苦悩の軌跡 (a trajectory of suffering)」について語ったことに注目する。確かに、先のテレビ番組でも、どういった女性が整形に挑むのかという紹介がなされるが、それらの女性が外見によって苦労したエピソードは必ず登場する。たとえば次のような女性が番組に出ていた。「容姿のせいで子供の頃から、いじめられ続け、仕事がしたくても履歴書の写真だけで判断され、面接すら受けさせてもらえない。ようやく就いた職場でも罵倒される始末。できちゃった結婚の相手も、他に女性をつくって逃げてしまった」。極端な事例に思えるこの「不幸」な女性が、出場者の典型例なのである。

歴史的にはようやく美容整形が認知されるようになったわけだが、いずれにせよ「劣等感」や

「コンプレックス」、「不幸な理由」などが整形の免罪符として必要とされるのである。

ところで、外見によってなぜ劣等感なり不幸なりが引き起こされると説明されているのだろうか。先のテレビ番組における不幸は、実際には「容姿そのもの」からではなく他人から「いじめられること」によって生まれている。他者の評価こそ劣等感や不幸の原因であるわけだが、容姿が原因であるかのような語られ方が説得力を持って受け取られているのである。それは、「他者の評価は容姿によって決定している」ということが一般的に信じられているからにほかならない。

学術的に、その信念を裏付けるような研究がある。社会心理学の分野における、美男美女が好まれるという心理機制を説明した対人魅力研究がそのいい例であろう。K・ディオン、E・バーシェイド、E・ウォルスターらは対人魅力の実験を行い、ディオンらは外見の美しさが異なる男女の写真を大学生の男女に提示し、写真の人の性格や社会的成功を予測させた。そうすると、美男美女はすべてにおいて好ましい評価を与えられたという。しかもその後、ディオンたち以外の学者がさまざまな追試研究を行ったが、おおむねその結果と同じものであったという（三井宏隆、二〇〇三）[*8]。「他者」というあいまいな言い方ではなくて「異性」とはっきり言明する者もいる。蔵琢也（一九九三）は、「ひかえ目に見ても社会心理学において容貌は、異性に対する対人魅力のもっとも重要な因子である。状況にもよるが、その個人に対しての強い感情がないならば、他の要因を引き離して最も重要な要因になることも珍しくない」と断言する[*9]。あるいは、精神・神経科医の村松太郎（二〇〇四）も「生物の美に関する限り、それが性的魅力であることは否定できない」としている[*10]。すなわち、容姿と他者（特に異性）の評価が関連しているといった考え方が存在するのである。

したがって、美容整形が普及する歴史的過程において、「劣等感を克服したいから」、「人にバカにされないように」あるいは「異性にもてたいから」という理由が成り立つようになっていったことが分かる。

3 「よからぬもの」としての美容整形――あるタイプの先行研究

さて、ここまでの歴史的な経緯をまとめてみると、次のようになる。整形手術は、そもそも身体的欠陥の治療として行われていたが、一般的ではなかった。というのも身体は神（王、親）によって与えられたものであって、簡単に加工してはいけないものであったからだ。

第一次大戦と第二次大戦の間に、美容整形はある程度まで許容されるようになってくる。その場合、身体的欠陥の治療でなければ、「劣等感やコンプレックスの克服」あるいは「不幸からの脱出」という理由付けが必要とされた（もちろん理由付けのいかんを問わず整形に対するネガティブな意見も存在したままである）。そして、基本的に整形は「他者に対しての魅力を求める」といったモチベーションからなされると説明されてきた。

このような歴史的経緯から、一般に流布する美容整形のイメージが「よからぬもの」である場合もあるだろう。S・バジョン（Budgeon, 2003）は何かを説明するためには、話し手の社会的コンテクスト内で正当と思われる議論と証拠を使用する必要があると考えているが[*11]、事実、D・ギムリン（Gimlin, 2000, 2002）は、美容整形経験者が自分たちの行為を標準化させるような「語り」を必要としていることを発見している。[*12] ギムリンによれば、美容整形は実際のところ多くの点で他のボディマネジメントと類似しているにも関わらず、女性の内的抑圧・自己嫌悪・うぬぼれのシンボルとして解釈され、そのせいで、整形と他の美的実践は差異化されるという。最終的に、整形経験者たちは、手術で身体を変えるという行為を「標準化」するような方法で物語ることが必要になるとギムリンは指摘するのである。すなわち、整形実践者自身も、美容整形を批判するような視点が社会的に存在することを自覚しているということだ。

現在の美容整形に関する学術研究が、一般的なイメージと同じように、美容整形を「よからぬもの」として捉えていても不思議ではない。学術研究において整形を「よからぬもの」として捉える視点の一つには、美容整形を「何らかの病理」として捉えるものがある。そもそも歴史的に、美容整形は劣等感という概念を持ち出して、美醜の問題を健康と病気の問題に置き換えることで正当性を持ちえた代わりに、病気と見なされる場合が出てくるのは当然だろう。そして、もう一つは、他者（異性）の評価と関連することを強調することで、「女性が男性の評価に振り回される事態」として捉える視点もある。美容整形に関する学術研究は、それが普及する歴史的背景と関連しているのである。

3―1　病理

近年、美容整形手術に対する関心が高まってきているとはいえ、デービス（2002）やハイケン（1997＝1999）は、美容整形が医療専門家・学者・一般公衆から懐疑的に扱われており、整形実践者は非倫理的だとして非難され、医学文書において患者はナルシスティックで精神的に不安定なものとして描かれたことを指摘している。[13] 実際に、二〇〇七年八月のあるニュースはアメリカでの美容整形について次のように伝えている。[14]

豊胸手術の女性、自殺率三倍＝心理的問題、解消されず？——米調査

米医学専門誌『アヌルズ・オブ・プラスティック・サージェリー』八月号に掲載された調査報告によると、豊胸手術を受けた女性の自殺率が一般平均の三倍に達することが分かった。一九六五〜九三年に手術を受けた三五二七人を追跡調査した。

豊胸手術と自殺との因果関係は解明されていないが、調査報告を執筆した大学教授は米紙に「手術を受けた女性の多くが心理的な問題を抱えており、手術後もその状況が改善しなかったのではないか」との見方を示した。

米国では、出産後に体形を元に戻したい母親と外見的な若さを維持したいベビーブーマーを中心に美容整形が人気で、二〇〇六年の美容整形手術は過去最高の約一一〇〇万件に達した。中でも豊胸手術が最も多かった。

このニュースは、あきらかに美容整形を受ける人が心の病気を抱えていることを伝えようとしている。このような美容整形を一種の病理として扱う視点は、一般的な考えの中だけでなく、学術的な研究にもみられる。

たとえば、S・ジェフェリーズ（Jeffreys, 2000）は美容整形実践を「代理による自己切断」として描いている。[*15] あるいはV・ブラム（Blum, 2003）は美容整形を「デリケートな自己嫌悪症候群」として特徴づけた。[*16] すなわち美容整形を、リストカットのような自傷行為と見なし、自傷を繰り返すことを特徴とする心理的な障害と同様のものとして捉えているのである。実際に、ブラムは、美容整形者とデリケートな自傷者（delicate self-cutter）とを並べて論じている。彼女によれば、自傷者とは、青年期の女性に多い、我慢できない不安の瞬間に肌を切る者のことである。なぜ自傷行為を行うのかというと、心の内部が切断される恐怖を、身体という外部を切断することで（恐怖を自ら求めることで）、コントロールするためだという。つまり内的な切断は受動的に経験するしかないが、身体の切断であれば能動的に行うことができ、人は切断の「主体」となれるというのである。身体を傷つけるという「倒錯」を通して、「社会秩序や制度や家族生活の構造、精神を失望や断片化から保護する」のだという。ブラムは、こういった自傷者が、根深い恥（shame）の感覚をもつこと、そして倒錯（＝身体切断）については恥辱の感覚よりむしろ挑戦的な感覚を強くもつことを指摘した上で、美容整形を経験する多くの女性も自傷者と同様の存在であると考えている。ここでは、美容整形実践は、心が切断される恐怖を身体で代償させる自傷と同じものと捉えられている。

ちなみに、日本におけるリストカットの議論は、上記のような精神分析的な説明にとどまらない。「手首を切った時の痛みによる自己確認である」（大澤真幸）とするものや、「手首の傷による自らの生きづらさの可視化」（土井隆義）とする社会学的な議論があり、天野武（二〇〇五）は前者の「自己確認」を、他者の視線に従属することで「本当の私」が分からなくなったこととし、後者の「可視化」を、他人には理解できない生きづらさを自分が抱えていることとして、整理している。*17 それでももし、このようなリストカットと美容整形が類似したものなら、やはり美容整形は社会的関係における「つらさ」を身体切断によって象徴的に表わしていることになるだろう。

あるいは、ピッツテイラー（2007）のように、整形中毒者（Surgery Junkies）とよばれる人々が登場してきたことに注目する議論もある。*18 整形中毒は、美容整形の最も悪いシナリオの一つとして社会問題となっており、いわゆる「不適正な患者（poor candidate）」とよばれて、外科医に「不幸せで、訴訟好きで、気難しい人物」と認識され嫌がられる存在となっているという。そして、ＢＤＤ（身体醜形障害 Body Dysmorphic Disorder）と診断され、抗うつ剤と認知行動療法で治療される対象になっているのである。ここでは、整形を行う人は、完全に精神的に病をわずらっている存在として提示されている。

研究者の見解だけでなく、整形実践者自身の心の中でも、整形実践を病気と考える意識があることも指摘されている。ブラム（2003）は「自分は整形中毒者と違って最小限の手術しかしていない」と主張する美容整形経験者を描いている。

手術について人々と話をすると、すぐに彼女らが、典型的に、自分の「最小限」の処置と、他の人の「深刻な」美容整形や「中毒となっている誰か」と比べることが分かる。豊胸手術をし、鼻を作り、まぶたをきれいにし、フェイスリフトを考えている女性は、身体メンテナンスをやり過ぎている人と比べて、自分を全く「正常の範囲」のそれだと考えている。一〇代の時に鼻の手術を行い四〇の時にまぶた手術をした他の女性は、「本物の整形中毒者」と自分を比較する。手術を告白した女優はしばしばこんなことを言っている、「私は下あごをつめこんだだけよ、全体的なフェイスリフトではないわ」。下あごを「つめる」のはフェイスリフトである。〔中略〕なぜ、私たちは、他の人々を「より悪い」、より「中毒になっている」、手術熱の本物の犠牲者だといって非難する必要があるのだろう。それは決して私たちではないのだ、私たちは用心深く、注意深く合理的なのだ、と。[*19]

この事例における整形実践者たちは、自分は「正常」であると主張しているのである。それは、整形をある種の病理として彼女たち自身が捉えているからに他ならない。

要するに、学術研究の中で（そして美容整形を行う人々の間でさえ）、美容整形を実践する人は「何らかの心理的弱さを持つ人」として捉えられ、美容整形は一種の「病理」として扱われているのである。それは、劣等感というタームを持ち出して整形を正当化した歴史的背景と響きあう認識であろう。そもそも歴史的に、美容整形は劣等感という概念を持ち出して、美醜の問題を健康と病気の問題に置き換えることで正当性を持ちえたのであるから。こういった歴史的な背景を引きずって、現在でも、美容整形手術に対する懐疑的なまなざしは存在し、美容整形を何らかの病理として捉える視点が当然ありえるのである。

3—2　美の神話

他者（異性）の評価が劣等感や不幸の原因とされることから、美容整形は性的魅力を増すための実践としても捉えられる。先の藏琢也らは、この「外見＝他者評価」を当然の事実として考えるわけだが、もちろん、このことを批判的に受け取る論者も多くいる。批判を端的に表現するならば、「美の神話」ということになるであろう。N・ウルフ（Wolf, 1991＝1994）によれば、[*20] 男性社会が押し付けた「妻であれ」「母であれ」「女性らしくあれ」という「女らしさの神話」は、フェミニズムの興隆以降くずれつつある。しかしその代わりに「女は美しくあるべき」という「美の神話」が登場したという。ダイエットの流行も美容整形の普及も、この「美の神話」が押し付けられた結果である。

したがって、この観点に立てば、美容整形がどれほど普及したとしても、美容整形実践者は、押し付けられる美容文化のお先棒を担いでしまう人であったり、あるいは利用されるカモ、あるいは神話に躍らされる犠牲者であったりする。つまりは、フェミニストの理想と衝突する存在と見なされてしまうのである。

S・ボルド（Bordo, 2003）は、この立場から説得的な議論を展開し、美容整形やダイエットがもつ暗部を厳しく批判する。[*21] 彼女によれば、美容整形によるものであろうが、エクササイズによるものであろうが、体形を変えるような産業とイデオロギーは、ある種の「幻想」によってあおられている。その幻想というのは、「身体は無限に改良・再形成できる」というものである。しかし、現実には、身体は「歴史性」をもつものであり、「いずれは死ぬべき運命」にあるものであり、どうしようもなく「変えがたい物質性」をもつものである。そういった身体の本性に逆らって、改良や再形成が可能であると私たちは思い込まされているというのだ。この幻想の背景には、現代において自由・変化・自己決定が称揚され、盛んに求められていることがあるという。私たちは、自由や変化や自己決定をすばらしいものと認識するあまり、身体を私たちの意志で形づくる「文化的に形づくられるもの（cultural plastic）」であると見なしてしまっているというわけである。

しかし、意志によって彫刻される「思い通りの形につくることのできる身体＝人工的な身体＝プラスティックボディ（plastic body）」という考えは、身体加工実践の暗い部分を隠してしまうとボルドは危惧する。たとえば、「私たちは自分の身体を選択できる」という考えは、これらの実践に従事するのに特権や金銭、時間が必要であることを見えにくくする。だが実際には、権力も金銭も時間も不平等にしか人々に配分されていない。また、同時に身体加工実践にともなう負の側面――嗜癖、強迫観念、手術の失敗、摂食障害など――も目立たなくしてしまうという。しかも、以上のような幻想は多くの人にとって見えにくいものとされる。たとえば、近年におけるフィットネスの流行の理由は「みんなが健康になりたいからだ」という風に多くの人々はごまかされているとボルドは考えている。こうして、彼女は、美容整形やダイエットを実践する人々を、（単なる愚かな存在としては捉えず、しばしば高い意識をもつ存在としながらも）基本的には幻想に躍らされる存在と考える。

そしてボルドは、目指される女性の身体が非常に規格化されたものであることも批判する。一般には、身体の変更は、「単なる個人の選択」、「個人の意志によるもの」、「おもしろいもの」、「自由にできるもの」と喧伝されているにもかかわらず、である。結局、身体加工はそのような「個人的で自由な」ものではなく、人種・ジェンダーによって分けられた「正統」とされるイメージに支配されているものであるという。

あるいは、A・バルサモ（Balsamo, 1996）も、伝統的に「正しい」とされてきたジェンダーのあり方が、美容整形のような身体加工において残っていることを指摘している。[*22] 美容整形の場合、女性は社会に伝播する女性美の典型に合わせるような形で、自分の顔をつくりあげようとする。ジェンダーは技術的に増幅され、顔の中に文字通り「肉化」されるという。したがって、ボルドもバルサモも、美容整形は、あくまで女性を縛りつける美への社会規範に従う文化的対象であると考えているのである。

このことは、先にも出てきた整形中毒者の議論でも同じである。美の神話を暴露する立場からは、急を要しないような美容整形を受け続ける中毒者たちは、身体醜形障害をわずらう患者とは見なされない。むしろ、美の文化の基準を固守しようと必死になって、「外科的（surgical）」（Blum, 2003）になってしまう女性や、あるいは、外科的美化の中毒になった犠牲者（Pitts-Taylar, 2007）であると見なされるのである。[*23] 結局のところ「女性学が問題視するのは、美しさが女性にとっては義務として課せられていることなのだ」（井上輝子、一九九二）。[*24]

また、「美の神話」は、「よりきれいになりたい」という願望だけでなく「『普通』になりたい」という言い方に変わることもあるだろう。川添裕子（二〇〇〇）は「普通になりたい」という（日本人）クライアントに注目し、「普通」という言葉が新たな劣等感を生み出す社会的抑圧装置であることを主張している。[*25] 石井政之（二〇〇三）も、「人並みの外見」志向や美醜による序列づけを検証し、「見た目依存社会」を批判する。

ウルフが見抜いた「美の神話」。ボルドが語る「プラスティックボディ（思い通りの形につくることのできる身体）」。これらの議論は、説得力をもち、否定することのできない事実を言い当てている。社会には、外見を重視する傾向や、そのために身体が消費される傾向があり、人（特に女性たち）が美しくなければならないとする強制力があることをはっきりと教えてくれているのである。とはいえ、同時に、これらの議論の正しさに寄りかかりすぎてしまうと、実際に美容整形を実践する人たちの内面にはアプローチしきれなくなる可能性がある。

4　美容整形の可能性――違うタイプの先行研究

実際の美容整形経験者たちにアプローチした研究（特に、インタビューなどの実証的調査）は、最近になって徐々に登場しつつある。そして自分自身を受動的に受け入れてきた女性が、美容整形で身体を変えることを通して世界に働きかける主体になるという見解が登場したのはごく最近のことである。

ギムリン（2002）は、美容整形に代表されるボディワークが、女性たちが男性によって形成された「美の神話」のとりこになっている（奴隷になっている）ことを示しているという議論に反論している。[*26] 彼女は、むしろボディワーク実践者たちが、実際には美の神話から逃がれるために行っていると主張するのである。そして、女性がボディワークへの参加を通して自分のアイデンティティを再定義すること、身体に働きかけるのと同じようにセルフイメージに働きかけることを例証して見せる。彼女による、私たちが身体を通じてアイデンティティを構築しようとしているとする議論は、実のところ「ボディプロジェクト」と類似のものであるし、その意味ではボルドの「プラスティックボディ」とも同じ発想をもっているともいえる。ただしギムリンは、ボルドがその実践の暗部に警告を発したのに対して、違う部分に光を当てようとするのである。ギムリンにとって整形手術は、それを選択する多くの女性にとって、最終的に人生に力（権限）を与える経験なのである。

あるいは、デービス（1995）もギムリンと同様、整形の否定的でない側面にも言及しようとする。[*27] 彼女は、美容整形経験者へのインタビューから、美容整形が各人に持つ意味をまとめるのである。美容整形は、女性にこれまでとは異なった出発点を与えることで、次の可能性を開くことができる。すなわち、自分と自らの身体との関係を見直して、今までとは違った自己感覚をつくりあげるという可能性である。ある女性が、それまでは「現在所有している身体」以外の何者でもない存在として自分自身を受動的に受け入れざるをえなかったとしても、美容整形を行うことで、身体において／身体を通して世界に働きかける主体（embodied subject）となれるのである。ここでは、美容整形は女性が主体的になれるエネルギーを供給してくれるものとなる。

また、メディアの世界でも美容整形をポジティブなものとして描くものがある。アメリカのテレビ番組『エクストリーム・メイクオーバーズ（extreme makeovers）』は、美容整形の患者を、同情できる最終的には人生に勝利したキャラクターとして作り出し、美容整形とそのテクノロジーに対する積極的で肯定的なイメージを放送している。[*28]

しかしながら、美容整形の否定的でない側面にも注目した場合でも、「美しさが女性にとっては義務として課せられていること」の問題点を無視できるわけではない。たとえ美容整形が、「最終的に人生に力（権限）を与える」ものであり、「身体を通して世界に働きかける主体にする」ものであったとしても、そこに「美の神話」が働いている可能性は否定できないからである。

巧妙なのは、たとえばダイエットに励み、美容整形を受け、エステに通い、スポーツ・クラブで汗を流すといった行動を、あたかも女性自らが自発的に選択して実行しているかのように思わせていることである。スレンダーなナイスボディに私がなりたいから、誰に言われるでもなく、私が自分で決めて、私が努力し、私が美しくなり、私が力を得る。そこに自己決定と自己実現があたかもあるがごときである。もちろんそれが幻想なのはいうまでもない。そもそもそうした外見上の平均的美の基準を押しつける文化構造とそこから生み出された一律な価値観が問題なのである。（笠原美智子、一九九八）[*29]

もちろん、ギムリンにしてもデービスにしても、決して美容整形を称賛しているわけではない。『エクストリーム・メイクオーバーズ』に関してはピッツテイラーが警告を発している。[*30] こうして、私たちは美容整形を論じる時に、美の神話を批判することなしには議論できなくなってしまう。誰しも、美の神話を無視した形で美容整形を「人々に力を与える経験」として取り上げることはもはや不可能になったともいえるだろう。

だがしかし、「社会には美の神話がある」、「女性が主体的に身体を加工しているようでも、それは神話に捕らわれているのだ」と繰り返していても、美容整形を実践する人々の内面にアプローチしていくことはできない。むしろ、美容整形実践者たちの語りから、実践者本人たちの世界を拾い上げることも同時に行わなくてはならないのではないか。それは、これまでの研究では見落とされがちだったものを、丁寧に見ていこうとする姿勢の現れだと考えていい。ギムリンやデービスが目指したことは、その実践者の世界を拾い上げることに他ならないだろう。

5　本書の立場

以上のような議論をふまえた上で、最後に、本書の「美容整形」に対する立場を明確にしておく。まず、本書は美容整形を病理としては捉えない。歴史的に美容整形への抵抗感が強かった背景があり、手術を「正当化」したり「理解」したりするには、精神上の問題を「発見」「発明」する必要があった。場合によっては、劣等感仮説、自傷行為との関連、身体醜形障害の議論は、美容整形の研究にとって有効であるだろう。しかし、本書においては、美容整形を病理現象よりむしろ人々に広く普及した一般的現象として捉えたい。病理からも現代的なアイデンティティは推察できるかもしれないが、より一般に普及した現象として捉えることで、美容整形を通じて見られるアイデンティティのあり方を、現代社会に生きる人々（私たち）のアイデンティティのあり方と切り離せないものとして考察したいのである。

また本書は、社会にまん延する「美の神話」や、「見た目依存社会」を暴露すること自体を目的にはしない。当然のことだが、そういった社会的強制力があることを指摘するのは重要なことである。仮に、「身体加工実践者が美の神話に躍らされているだけではなくて、身体加工を通じて自分のアイデンティティを再定義し、自分の人生に力（権限）を与えようとしている」と主張しても、それすら「自己決定と自己実現であると思わされているのだ」という反論が成り立つ。もはや、美への社会的強制力は前提として意識せねばなるまい。ただ、それを意識するあまり、美への実践を行う人々のモチベーションへの考察がおざなりになってはいけない。よって社会的な強制力＝美の神話があることは前提におきつつも、いったん括弧に入れ、より詳細に実践者の意識に焦点を当てたいと思う。

したがって、本書では美容整形を、社会から美の基準を押し付けられて行われるものとして批判するよりも、「自分の体を自分で決定できる自由」として肯定的なまなざしを向けるよりも、現代人のアイデンティティのあり方を幅広く考察できる現象として考えたい。すなわち実践のレベルで人々が美容整形にどう関わるか、整形を通じてどのようなアイデンティティを作り出そうとしているか、こういった観点から美容整形を考察していくのである。具体的には整形実践者のモチベーション、およびモチベーションを支えるメカニズムに注目していく。

そのために、先行研究の検討だけではなく、アンケート調査、インタビュー調査、言説資料（広告や雑誌記事）調査を行ったのである。いずれも、不可欠な作業であろう。

特にインタビューで明らかになる美容整形実践者自身の語りは、デービス（1995）がいうように「人々が自らの経験をパッケージ（package）するもっとも共通した方法」である。[*31] 実践者は、なぜ美容整形を決心したか、手術はどうだったか、その後どう感じたかについて「物語」として語る。どの物語も、自分と自身の身体との関係を練り上げたり（再）構築したりする再帰的な過程といえる。それゆえ、なぜ身体を変えたかったかを理解するために、あるいは自分の決定を筋の通ったものとするために、自分の伝記を描き出すことになる。そこでは実践者のアイデンティティ構築が見いだせることになるだろう。

さてバルサモ（1996）は次のように語っている。[*32]

ある立場の女性、フェミニストにとって、美容整形は女性の身体が技術によって植民地化されることである。別の立場の人にとって、女性が自らの目的のために使う技術である。身体を技術的に再構築すると美容整形が女性に約束するにも関わらず、そのような技術は実際に適用される時には非常に伝統的にジェンダー化された身体を作り出す。しかし、残念ながら、次の単純明快な結論を受け入れることにしよう。美容整形は単に女性が受け身な犠牲者となる場以上のものである。抑圧の形態にしろ、エンパワーメントの源泉にしろ、美容整形は、女性が意識的に自らの体を自分や他人にとって何か意味のあるものにする実践なのである。

結局のところ、美容整形は少なくとも実践者にとって意味のある実践であることは間違いない。

したがって本書は、この本人にとって意味のある実践を考察することで、「実践者自身のモチベーション」、「そのモチベーションを支えるメカニズム」、「それを通じて再構築される実践者の（ひいては私たちの）アイデンティティ」に焦点を当てていくことにしたい。

2章　美容整形の現在――アンケートから

本章では、アンケート（回答者総計一三六五名）を素材に分析していく。アンケートは「一般的な身体加工に関する意識」と「美容整形に関する意識」を取り扱っている。そこでまず、「一般的な身体加工に関する意識」、すなわち、顔を洗ったり、髪を切ったりすることの意識を探りたい。次に「美容整形に関する意識」を分析していく。

1　一般的な身体加工に関する意識

直接的に美容整形への考察を行う前に、より一般的な身体加工の意識を探ることは重要である。というのも、美容整形の増加は、それ単体の出来事ではなく、私たちの一般的な身体加工に関する意識に根ざして起こった出来事であるからだ。

身体観に関わるアンケートは、二〇〇三年、二〇〇四年とプレ調査を行い、二〇〇五年に本調査を行ったものである。二〇〇三年は一〇月に関東・東海・関西圏の大学生男女を対象にアンケートを実施し四八六票（男性二一二名、女性二七四名）の回答を得た。[*1] その結果をもとに調査票の質問項目などを修正し、二〇〇四年七月に再度アンケートを行い、[*2] 東海圏の大学生一一四名（男性四一名、女性七三名）の回答を得ている。この調査から再び質問項目などを修正した。二〇〇三年、二〇〇四年のプレ調査をもとに、二〇〇五年一一月に本調査を行った。[*3] 関西圏・東海圏の大学生を対象にアンケート用紙を配布し、約三〇分かけて回答してもらいその場で回収した。したがって回収率は一〇〇％となり、合計で七六五票（男性三五四名、女性四〇八名、不明三名）を回収した。[*4]

調査の問題点として有意抽出であることが挙げられよう。アンケート対象者が大学生であるので若い年代の身体観に限定されてしまうことから、本調査の結果を身体意識として完全に一般化するのは困難かもしれない。とはいえ、若者の意識は来るべき社会意識のひな形である。さらに、大学進学率の上昇に伴い、大学生という立場が社会階層的に見てさほど限定的でなくなった。よって、本調査の結果から、現代の身体意識を近似的に把握するには十分であろうと考える。

1―1　一般的な身体加工をする理由――自己満足

「あなたが一般的な身体加工をするのはなぜか」という質問に対する回答が図1に示される。ここでの一般的な身体加工は、髪を切ったり洗顔したりすることを指している。回答群は下記1～12である。これらの項目は、二〇〇二年にプレ・プレ調査をして自由回答から作成し、二〇〇三年・二〇〇四年のプレ調査を通じて修正を加えたものである。

図１　身体加工の理由

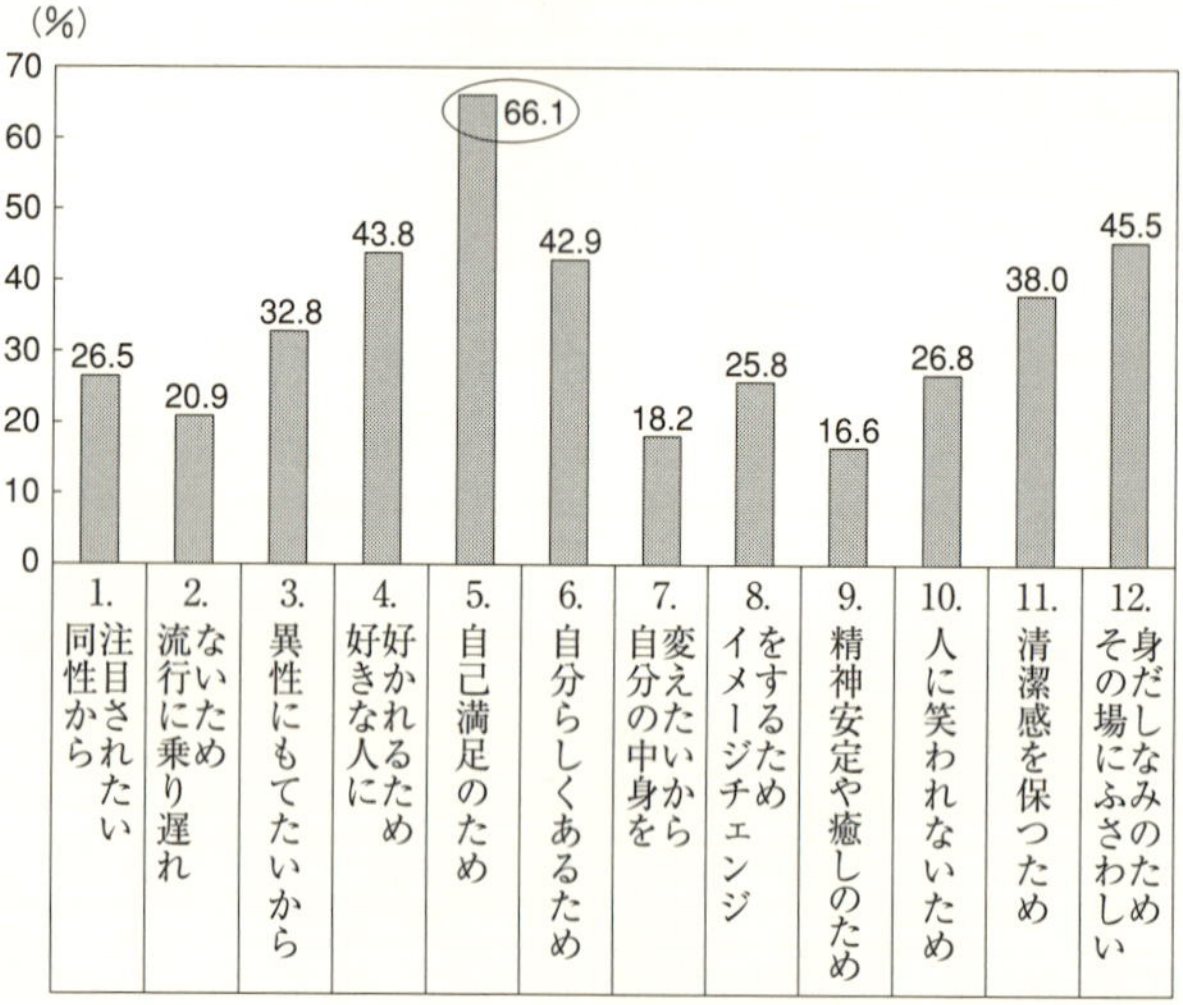

1．同性から注目されたいから
2．流行に乗り遅れないため
3．異性にもてたいから
4．好きな人に好かれるため
5．自己満足のため
6．自分らしくあるため
7．自分の中身を変えたいから
8．イメージチェンジをするため
9．精神安定や癒しのため
10．人に笑われないため
11．清潔感を保つため
12．その場にふさわしい身だしなみのため

「自己満足のため」という回答が六六・一%を占めて圧倒的に多い。また、「その場にふさわしい身だしなみとして」が四五・五%、「好きな人に好かれるため」が四三・八%、「自分らしくあるため」四二・九%と次に多いことが

図2　身体加工の理由の類型化

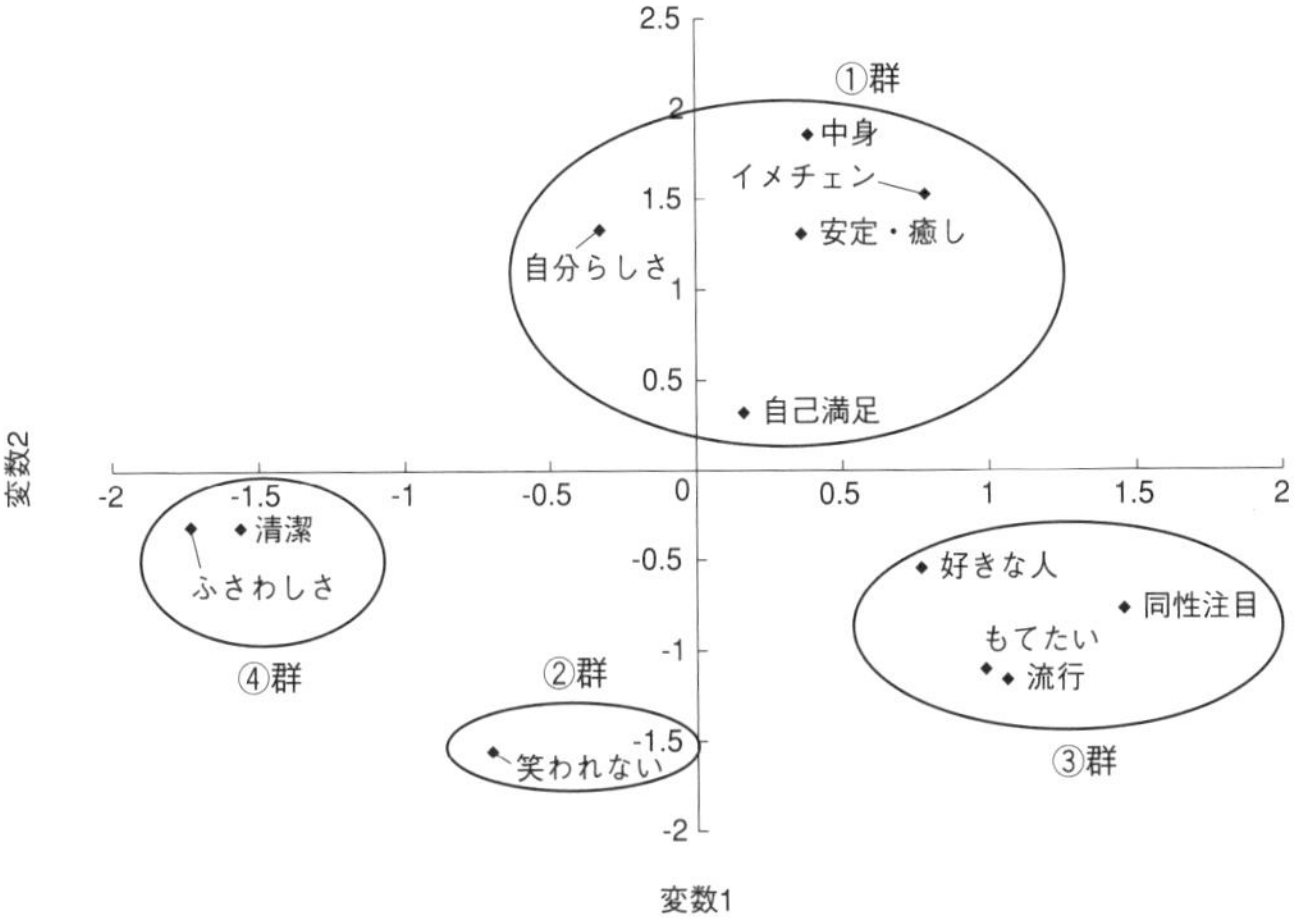

分かる。

次にこれらの回答を類型化した（数量化三類による類型）。その結果が**図2**で示されている。**図2**によると、（整形ではない）一般的な身体加工の理由は四つに分かれている。

①群：「自己満足のため」、「自分らしくあるため」、「イメージチェンジをするため」などの回答。

②群：「笑われないため」という回答。

③群：「好きな人に好かれるため」、「異性にもてたいから」、「同性に注目されたいからなどの回答。

④群：「その場にふさわしい身だしなみ」、「清潔感を保つため」という回答。

一つ目の「自己満足のため」、「自分らしくあるため」などの回答（①群）が目指しているのは、あくまで自分自身が満足することである。他者の評価は（全く関係ないことはないが）あまり重視されていない。よって、これらの回答群は身体加工をあくまで自分のためにするという意識を表していると考えていいだろう。

二つ目の「笑われないため」というのは（②群）、自己満足に比べて他人の評価をハッキリと意識している。ただしその意識の仕方は防衛的である。身体加工によって、他者との関わりを積極的に深める方向ではなく、むしろ他人との関わりを回避する方向を目指しているといっていいだろう。「せいぜい笑われないようにする」という形で他人からの侵害を避けようとしているからである。他者を意識しているがその関わりは防衛的なものである。

三つ目の「異性にもてたいから」、「同性に注目されたいから」などの回答（③群）も、完全に他人の評価を意識している。さらに、他者から防衛するのと違って、より積極的に他人に好かれようとする欲望にもとづいた回答群であるともいえる。

最後の「その場にふさわしい身だしなみ」、「清潔感を保つため」といった回答（④群）は、明らかに自己を照準したものではない。だが、他者の評価を意識したという言いかたでも不十分である。ふさわしさや清潔感は、「誰か」に対して発揮されるというより、「周囲・場」に対して持ち出されるものだからだ。そこで、「周囲・場」をやや広く捉えて「社会」と考えれば、これらの回答群は社会に対する配慮であることが分かる。

とすると、アンケート回答者の一般的な身体加工は、①群：自己満足的なもののため、②群：他者評価のため（防衛的）、③群：他者評価のため（積極的）、④群：社会的配慮のためといった理由に分類できることが分かる。したがって、一般的な身体加工において準拠されているのは、①「自己自身」、②③「他者の視線」、④「社会の視線」である。言いかえれば、人が体に手を加えるのは自己・他者・社会のいずれかに照準をあてながらであるとの仮説が成り立つだろう。

また、その中でも現在では自己を照準にした理由が主流であることも分かる。①群の理由、「自己満足のため」が六六・一%、「自分らしくあるため」が四二・九%など総じて高い割合であった。つまり「人は、他者や社会のためというより、自分のために一般的な身体加工を行う」という仮説も成り立つ。これは、ギデンズたちによる、現代人は「身体加工を通して自己アイデンティティを構築し維持する」という主張を裏付ける結果となっている。

1―2　一般的な身体加工をする理由――ジェンダーによる差異

一般的身体加工において、人は自己・他者・社会に準拠し、その中でも自己を特に照準することが分かった。それでは、そこにジェンダー差は見られるだろうか。身体加工の理由に関するアンケートの回答を χ二乗検定で分析した結果が**表1**で示される(＊＊＊ p<.001、＊＊ p<.01、＊ p<.05として表示)。

ジェンダーによって有意な差が最も見られた項目(p<.001)は、「同性から注目されたいから」、「異性にもてたいから」、「自己満足のため」、「イメージチェンジをするため」である。その他にも「好きな人に好かれるため」、「自分らしくあるため」、「流行に乗り遅れないため」といったところも十分な有意差が見られる(p<.01)。男性は「異性にもてたいから」を理由に挙げているが、女性

表1 「あなたが身体加工をするのはなぜか」の男女差

	男	女	χ²値
①同性から注目されたいから	17.3	34.6	29.205＊＊＊
2．流行に乗り遅れないため	16.7	24.6	7.052＊＊
③異性にもてたいから	45.6	21.9	48.272＊＊＊
4．好きな人に好かれるため	38.8	48.4	7.062＊＊
⑤自己満足のため	57.8	74	22.158＊＊＊
6．自分らしくあるため	36.8	48.4	10.333＊＊
7．自分の中身を変えたいから	16.1	20.1	2.024
⑧イメージチェンジをするため	19.3	31.4	14.668＊＊＊
9．精神安定や癒しのため	14.7	18.5	1.898
10．人に笑われないため	28.3	25.8	0.614
11．清潔感を保つため	42.8	34.2	5.958＊
12．その場にふさわしい身だしなみのため	44.2	46.9	0.570

表の値は各項目が選択された割合を示す（%）。N＝765（＊＊＊p＜.001，＊＊p＜.01，＊p＜.05）。

は「同性から注目されたいから」、「自己満足のため」、「イメージチェンジをするため」あるいは、「好きな人に好かれるため」、「自分らしくあるため」、「流行に乗り遅れないため」を挙げているのである。

つまり男性は不特定多数な異性にもてたいと考えて身体を加工するのに対して、女性は、自己満足や自分らしさのため、流行などのファッションのため、同性から注目されるために身体を加工する（異性を意識する場合は、不特定多数の男性ではなくて、自分の好きな特定の人だけを念頭においている）。

ここで確認しておきたいのは、第一に、③群：他者評価のため（積極的）における男女の認識の違いである。身体を変える場合に準拠点となる（不特定の）「他者」とは、男性にとって「異性」であり、女性にとっては「同性」となる傾向があることだ。第二に、①群の理由である「自己満足のため」、「自分らしくあるため」といった項目は女性に多く支持されることから、女性の方が身体加工の際に、自己に準拠することである。

1─3　一般的な身体加工をする理由──外見のよさによる差異

一般的な身体加工の理由にジェンダー差は見られた。それでは、外見の良い人・良くない人では違いは見られるだろうか。このアンケート調査では外見の良し悪しは、分析者が判定を下せないので、あくまで回答者による自己判断による。

調査ではまず「自分の外見について自分で評価してください」という質問に対して、「かなり優れている」、「どちらかといえば優れている」、「どちらともいえない」、「どちらかといえば悪い」、「かなり悪い」の五件法による回答群を用意し一つに丸をつけてもらった。「かなり優れている」、「どちらかといえば優れている」をまとめて「外見に自信あり」群とし、「どちらかといえば悪い」、「かなり悪い」をまとめて「自信なし」群とした。「どちらともいえない」はそのまま「どちらでもない」群とした。

上記のように回答群を三つに分けて、χ二乗検定で分析した。それが**表2**である。

外見に自信のある人は「同性から注目されたいから」、「異性にもてたいから」、自信のない人ほど「人に笑われないため」に身体加工をすると回答し、有意差は見られたものの（p<.05）、やや不十分な結果に思われる。そこでさらに、「あなたは自分の外見について人からよくほめられますか？」という質問で分析軸を立ててみた。先の外見に対する自信の質問よりも次の点で優れている。

表2　「あなたが身体加工をするのはなぜか」の外見に対する自信差

	外見に自信あり	どちらでもない	自信なし	χ^2値
1．同性から注目されたいから	44.6	26	22.5	14.801＊
2．流行に乗り遅れないため	28.4	21.1	19.3	2.967
3．異性にもてたいから	51.4	31.6	30.1	12.827＊
4．好きな人に好かれるため	52.7	45.5	40.2	4.427
5．自己満足のため	74.3	67.9	63.1	3.982
6．自分らしくあるため	47.3	44.2	40.8	1.353
7．自分の中身を変えたいから	12.2	17.4	20.9	3.486
8．イメージチェンジをするため	29.7	26.3	24.5	0.907
9．精神安定や癒しのため	21.6	16.9	15.4	1.690
10．人に笑われないため	25.7	22.6	32.7	8.758＊
11．清潔感を保つため	43.2	38.4	36.9	1.011
12．その場にふさわしい身だしなみのため	41.9	47.6	44.1	1.312

表の値は各項目が選択された割合を示す（%）。N＝765（＊＊＊p＜.001，＊＊p＜.01，＊p＜.05）。

表3　あなたが身体加工する理由と外見をほめられる経験との差

	外見をほめられる	どちらでもない	ほめられない	χ^2値
1．同性から注目されたいから	36.4	20.2	19.1	26.790＊＊＊
2．流行に乗り遅れないため	24.3	22.2	15.7	6.165＊
3．異性にもてたいから	38	27.6	30.6	6.928＊
4．好きな人に好かれるため	54.8	36	36.6	25.807＊＊＊
5．自己満足のため	74.8	59.1	62.1	16.867＊＊＊
6．自分らしくあるため	44.9	43.3	40.9	0.891
7．自分の中身を変えたいから	19.9	12.8	20.9	5.691＊＊
8．イメージチェンジをするため	28	26.1	23	1.810
9．精神安定や癒しのため	18.8	12.8	17	3.203
10．人に笑われないため	24.6	23.6	33.2	6.658＊
11．清潔感を保つため	35.5	40.9	40	1.915
12．その場にふさわしい身だしなみのため	41.7	48.3	49.4	3.828

表の値は各項目が選択された割合を示す（%）。N＝765（＊＊＊p＜.001，＊＊p＜.01，＊p＜.05）。

すなわち「人からほめられる」経験の有無を問うことで、先の主観的な判断よりも、やや客観性が高まる点である。「頻繁にほめられる」、「時々ほめられる」、「どちらでもない」、「あまりほめられたことはない」、「全くほめられたことはない」のうち一つに丸をつけてもらっている。ここでも同じく、「頻繁にほめられる」、「時々ほめられる」をまとめて「外見ほめられる」群とし、「全くほめられたことはない」、「あまりほめられたことはない」を「ほめられない」群として、「どちらでもない」は「どちらでもない」群とした。

表2と同様に、回答群を三つに分けてχ二乗検定で分析した。それが**表3**である。「同性から注目されたいから」、「好きな人に好かれるため」、「自己満足のため」にハッキリした有意差が見られる（$p<.001$）。「自分の中身を変えたいから」（$p<.01$）、「流行に乗り遅れないため」、「異性にもてたいから」、「人に笑われないため」（$p<.05$）にも有意差が見られた。

つまり、外見をほめられる人ほど「同性から注目されたいから」、「好きな人に好かれるため」、「自己満足のため」（そして「流行に乗り遅れないため」、「異性にもてたいから」）身体を変え、外見をほめられない人は「人に笑われないため」に身体を加工していることが分かる。

すなわち、外見をほめられた経験が少ない人は、笑われないためにという②群：他者評価（防衛的）の身体加工を行っている。ほめられる人は、自己満足という①群：自己系の理由、同性や好きな人に好かれるためという③群：他者評価（積極系）の理由を挙げている。

1―4　身体加工への意識

本調査で、一般的な身体加工は、他者のため（②群、③群）、社会への配慮（④群）のためにするという理由も根強く存在するが、自己満足のため、自分らしくあるため（①群）に行われることが、非常に多くなっていることが分かる。ギデンズやシリング、フェザーストン、ボルドらの議論に見いだしうる現代社会におけるボディプロジェクトの存在、つまり現代人は身体加工を通して自己アイデンティティを構築し維持するという傾向は、一般的な身体加工の意識のなかにも見いだすことができた。

また、「はじめに」において、女性たちによる美を目指した身体加工が、現代の身体意識を先鋭的な形で表していると考えられると書いた。アンケート結果からは、①群の自己満足的な理由を多く挙げるのは、女性であり、外見をよくほめられる人であることが分かった。このことから、現代の身体意識が「自分を照準する」ようなものだとしたら、そういった身体意識は「女性」と「外見のいい人」に特に先鋭的な形で現れていると推察できよう。

2　美容整形に関する意識

2―1　美容整形をしたい理由――再び自己満足

さて、美容整形に関わるアンケート（二〇〇五年）において、整形したい人は全体の四五・二％（男性二四・五％、女性六三・一％）にのぼる三四三名いた。これは非常に高い数値であり、日本における美容整形の人気を表しているといえよう。

このような美容整形への関心の高さにも関わらず、「なぜ人は美容整形をしたいと思うのか」ということは実際のところ、あまり分かっていない。一般的には、「劣等感を克服したいから」あるいは「異性にもてたいから」という理由がよく語られる。そこで、人々は美容整形を実践する人の語りをよく知らないままに「美容整形ってもてたいからするんだよね」と言ってしまったり、テレビ番組内で美容整形をする人を見て「ああ、この人は他者にバカにされて辛かったのだろうなあ」と勝手に思いをはせたりするのである。これらの理由認識は、1章の先行研究レビューから明らかになったように、美容整形がたどってきた歴史的背景や、それにまつわる諸言説によって、当然生じるものであろう。

実際のところ、整形したい理由として何が挙がるのだろうか。下記の項目も二〇〇二年にプレ・プレ調査をして自由回答から作成し、二〇〇三年・二〇〇四年のプレ調査を通じて修正を加えたものである。まずは、整形したい人にその理由を尋ねた（図3）。それから整形理由を数量化三類で類型化した（図4）。

1．身近な人がしたから
2．身近な人もしたがっているから
3．モデルや芸能人が整形しているから
4．整形の情報が雑誌やテレビなどで報道されているので

図3　整形したい理由

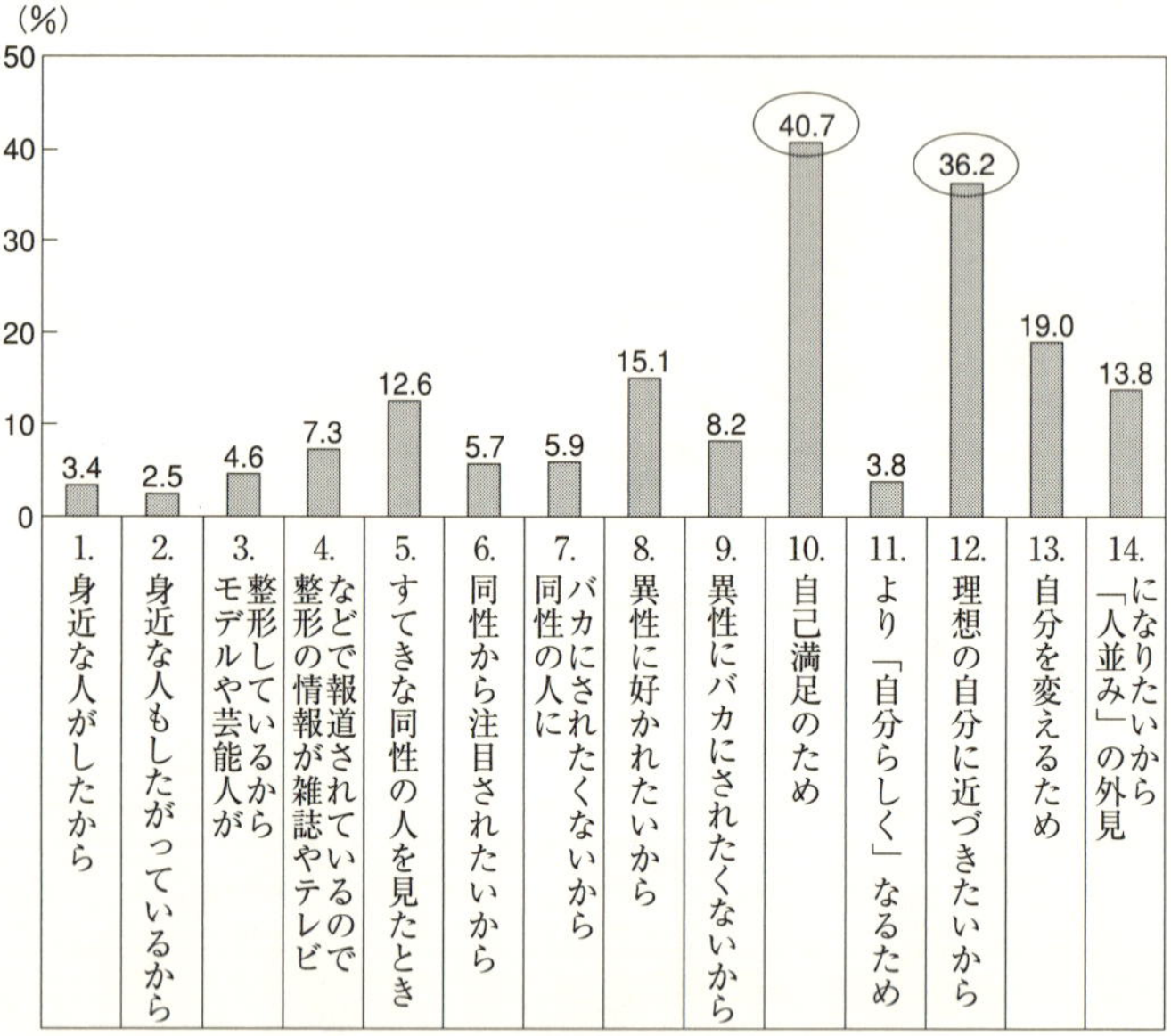

5．すてきな同性の人を見たとき
6．同性から注目されたいから
7．同性の人にバカにされたくないから
8．異性に好かれたいから
9．異性にバカにされたくないから
10．自己満足のため
11．より「自分らしく」なるため
12．理想の自分に近づきたいから
13．自分を変えるため
14．「人並み」の外見になりたいから

これまで美容整形の理由付けとして考えられやすかった、「劣等感克服のため」や「異性にもてたいから」に対応する、「人並みの外見になりたいから」は一三・八％、「異性に好かれたいから」は一五・一％で、いずれも割合としては

図４　整形したい理由の類型化

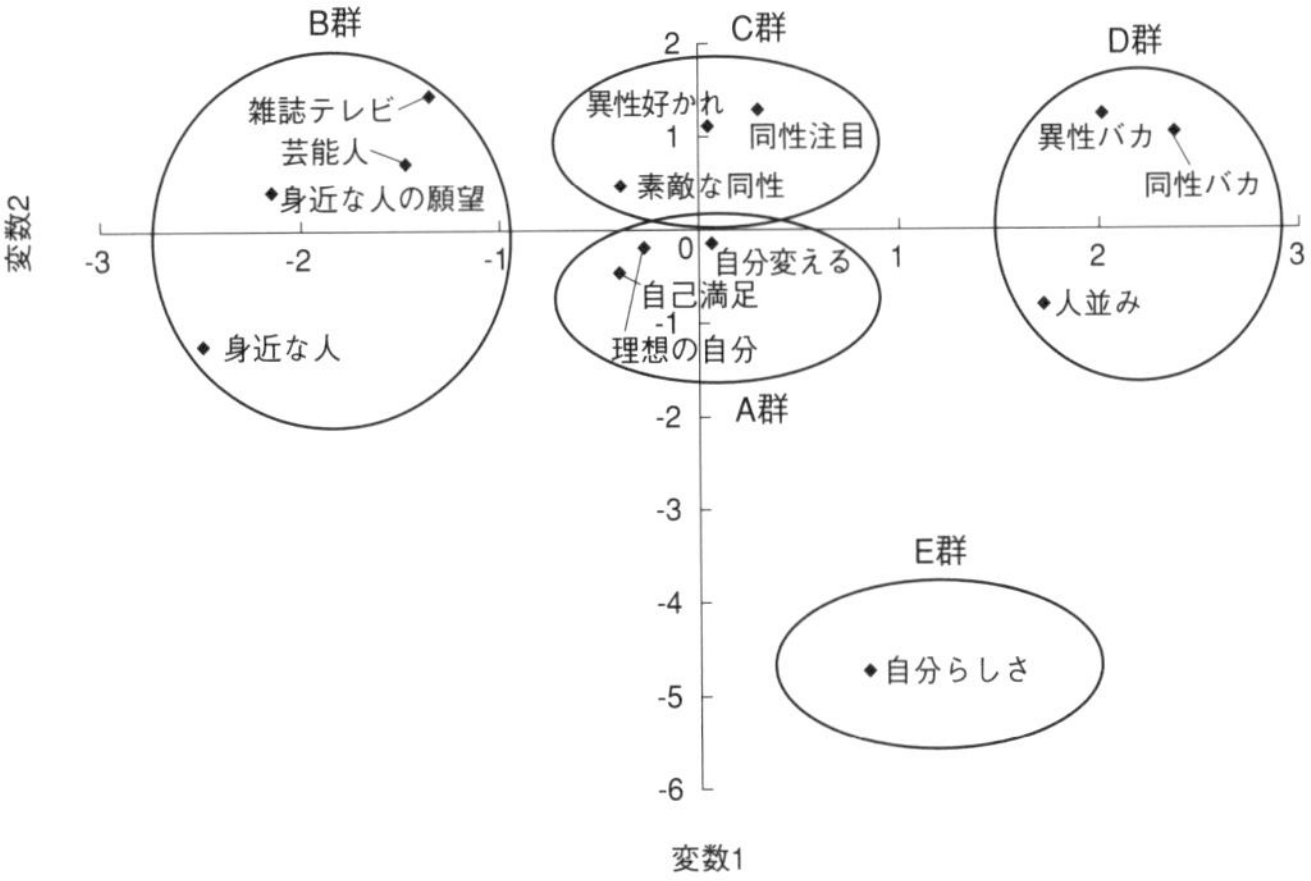

高くない。一般的な身体加工の時と同じく、「自己満足のため」が圧倒的に高く四〇・七％、その次には「理想の自分に近づきたいから」三六・二％が続いている。

一般的な身体加工の理由が、①自己満足的なもののため、②他者評価のため（防衛的）、③他者評価のため（積極的）、④社会的配慮のための四つに分類できるのに対して、整形したい理由の類型は以下の五つに分けることができる。[*5]

A群：自己満足や理想の自分　「自己満足のため」、「理想の自分に近づきたいから」、「自分を変えるため」といった理由である。もっとも支持を集めたのはこのA群であった。

B群：誰かがしているから　「モデルや芸能人が整形しているから」、「整形の情報が雑誌やテレビなどで報道されているので」、「身近な人がしたから」、「身近な人もしたがっているから」のように、誰かが整形をしている、整形をしたがっていることに影響される部分がある。

C群：他者に好かれたいから　これまで整形の理由に挙げられてきた「もてたいから」はこのC群に入れることができる。「同性から注目されたいから」、「異性に好かれたいから」、「すてきな同性の人を見たとき」など、他人に好かれたい気持ちから美容整形は求められる。ただし、異性に限らず同性にも好かれたいというところは、これまではあまり注目されていない。

D群：コンプレックス、自己防衛　「同性の人にバカにされたくないから」、「人並みの外見になりたいから」など。これまでの整形の理由に挙げられてきた「劣等感の克服」はこのD群にあたるだろう。

E群：自分らしくなりたい　「より自分らしくなるため」という理由は、三・八%とあまり多くないものの、一定数は存在する。

この五類型からいくつかのことが分かる。

第一に、身体加工の理由として「自己満足」という理由が主流のものとなっていることである。美容整形の理由のアンケートからはA群「自己満足、理想の自分」という類型が最も支持されていることが明らかである。しかもこれは一般的な身体加工の理由も同様であった。髪を切ったり眉を調えたりする理由としても、整形したい理由としても、最も語られるのは自己満足というタームなのである（またインタビューでも整形の動機として自己満足というタームを持ちだす人が多く存在していることは後述する）。したがって自己満足という言いかたは最も主流を占めることが分かる。

ただしこのタームは、具体的な理由というよりは、そう言えばすむ「動機の語彙」であろう。よって自己満足の中身を追求してもあまり意味はない。大事なのは、身体を変更する時に「自己満足」という言葉を出せば正当化される社会背景なのである。

第二に、しかしながら自己満足という理由はこれまで意外にも注目されてこなかったことである。これまでの整形理由としてよく挙げられていたC群「異性に好かれたいから」やD群「人並みの外見になりたいから」という理由は、一般的な身体加工の理由でいうところの、②他者評価のため（防衛的）と、③他者評価のため（積極的）にあたる。したがって、整形理由として、①自己満足的なもののため、④社会的配慮のためという理由は「ないもの」とされてきた（さすがに④の社会的配慮のために整形するというのは、実社会ではそぐわないだろうが……）。要するに、整形理由として「自己満足のため」という言い方は、社会的に不可視化されてきたといえるのである。

第三に、ただし一般加工では、自己満足と自分らしさが①群として同じ類型だったけれど、整形理由ではA群とE群に分かれてしまうことである。ここに一般的身体加工と整形の理由の違いが見いだせる。

これらの発見から、本書で最も行う必要があるのは、「自己満足」というタームが正当化されてしまう社会背景の検討である。

2―2　美容整形をしたい理由――ジェンダーによる差異

整形したい理由は、A群「自己満足や理想の自分」、B群「誰かがしているから」、C群「他者に

表4　整形したい理由・ジェンダー差

	男	女	χ^2値
1．身近な人がしたから	0	6.6	6.079＊
2．身近な人もしたがっているから	0	4.7	4.226＊
3．モデルや芸能人が整形しているから	3.4	7.8	1.977
4．整形の情報が雑誌やテレビなどで報道されているので	2.3	13.7	8.727＊＊
5．すてきな同性の人を見たとき	10.3	21.9	5.629＊
6．同性から注目されたいから	9.2	8.2	0.083
7．同性の人にバカにされたくないから	8	9	0.072
8．異性に好かれたいから	36.8	18	12.943＊＊＊
9．異性にバカにされたくないから	12.6	11.7	0.053
10．自己満足のため	58.6	62.9	0.502
11．より「自分らしく」なるため	8	4.7	1.400
12．理想の自分に近づきたいから	46.5	57.4	3.094
13．自分を変えるため	22.1	30.9	2.420
14．「人並み」の外見になりたいから	22.1	20.3	0.124

表の値は各項目が選択された割合を示す（%）。N＝343（＊＊＊p＜.001，＊＊p＜.01，＊p＜.05）。

好かれたいから」、D群「コンプレックスや自己防衛」、E群「自分らしくなりたい」の五類型に分けることができたが、もう少し詳しく見ていこう。美容整形の理由に関するアンケートの回答をχ二乗検定で分析した結果が表4で示される（＊＊＊p<.001、＊＊p<.01、＊p<.05として表示）。

A群「自己満足や理想の自分」に関しては男性も女性も高い支持を集めている。そこにジェンダー差はない。

ジェンダー差で最も有意な差が見られた項目は、C群「他者に好かれたいから」の中身である。それは「異性に好かれたいから」という項目で、男性が女性より圧倒的に多い（p<.001）。一方女性は、同じC群で「すてきな同性を見て」整形願望を抱くことが多い。ここで男性は異性を、女性は同性を意識しているという

対称性が見られる。特に、男性が美容整形したいのはあくまで「異性に好かれたいから」という理由が顕著である。

また、女性は「整形の情報が雑誌やテレビなどで報道されているので」、「身近な人がしたから」、「身近な人もしたがっているから」とB群の理由を男性より挙げている。メディア上で、あるいは日常生活で「誰かがしている」ということが女性にとって整形へのモチベーションとなるようだ。

2―3 美容整形をしたい理由――外見のよさによる差異

一般的身体加工と同じく、美容整形の理由で、外見の良し悪しは関係があるだろうか。先のデータと同じく、外見の良し悪しは分析者によって判定が下せないので、回答者の自己判断によっている。また、「外見に自信があるかどうかの差」よりも「外見をほめられるかどうかの差」による分類が、結果が分かりやすかったのでそちらを提示する（**表5**）。

外見をほめられる人とほめられない人の最も大きく違う理由は、「自己満足のため」である（p<.001）。「理想の自分に近づきたいから」も有意差が見られる（p<.05）。したがって、外見をほめられる人は、ほめられない人に比べて、A群の「自己満足や理想の自分」という理由を挙げることが分かる。

また、ほめられる人は「同性に注目されたいから」、「異性に好かれたいから」も多い（p<.05）。よって、C群「他者に好かれたいから」という気持ちもあることが予測される。

それに対してほめられない人は、「人並みの外見になりたいから」と答えている（p<.01）。ほめら

表5　整形したい理由・外見をほめられるか

	外見をほめられる	どちらでもない	ほめられない	χ²値
1．身近な人がしたから	3.7	5.6	1.2	4.434
2．身近な人もしたがっているから	3.3	3.5	0.6	3.473
3．モデルや芸能人が整形しているから	7	4.2	1.8	5.642
4．整形の情報が雑誌やテレビなどで報道されているので	10.2	3.5	6.7	5.862
5．すてきな同性の人を見たとき	16.3	10.5	9.8	4.346
6．同性から注目されたいから	8.8	4.9	2.5	7.232＊
7．同性の人にバカにされたくないから	4.7	7.0	6.7	1.112
8．異性に好かれたいから	20.6	12.6	10.4	8.410＊
9．異性にバカにされたくないから	7	7.0	10.4	1.506
⑩ 自己満足のため	50.7	31.5	36.2	15.294＊＊＊
11．より「自分らしく」なるため	4.7	3.5	3.1	0.692
12．理想の自分に近づきたいから	43.7	30.8	30.9	9.093＊
13．自分を変えるため	19.5	15.4	3.5	1.965
14．「人並み」の外見になりたいから	9.3	13.3	20.4	9.539＊＊

表の値は各項目が選択された割合を示す（%）。N＝343（＊＊＊p<.001，＊＊p<.01，＊p<.05）。

れない人は、D群「コンプレックスや自己防衛」の理由となっていることが分かる。

ほめられる人は、まずA「自己満足や理想の自分」のために身体を変えたいと願い、同時にC「他者に好かれたい」という気持ちももっているが、ほめられない人はD「自己防衛」的に身体を変えたいと願っている。ここで二つの特徴を見いだすことができるだろう。

一つの特徴としては、C群「他者に好かれたいから」や、D群「コンプレックスや自己防衛」という理由は、一般的な身体加工の理由の、②群「他者評価のため（防衛的）」と、③群「他者評価のため（積極的）」にあたり、いずれも他者評価のためである。違うのは、より積極的に相手の評価を引き出したいと考えるか、バカにされないようにという防衛的な反応になっているかというところである。

もう一つの特徴は、より興味深いことであるが、ほめられる人が、周囲の人に外見をほめられているのに身体を変えたいという願望を抱くことである。他者評価は既に高いのに、自己満足のために変えたいというのは、大きな特徴といえるだろう。

2—4　美容整形への意識

以上の、美容整形をしたい理由についてのアンケートから、美容整形の現代社会的な意味づけを考察することができるだろう。まずこれまで整形の理由として語られがちだった「劣等感を克服したいから」あるいは「異性にもてたいから」という語彙を出発点に考えていこう。

第一に、心理学的な「劣等感」という概念はＤ「コンプレックスや自己防衛」という理由群として生き残っていることが指摘できるだろう。「同性の人にバカにされたくないから」五・九％、「異性にバカにされたくないから」八・二％、「人並みの外見になりたいから」一三・八％と、割合はあまり高くないものの存在する。また、外見をほめられない人が、これらＤ群の語彙「コンプレックスや自己防衛」を選ぶことから、現代社会にも、「外見の美醜が精神的によからぬ影響を与える」とかつてすり替えられた問題が、引き継がれていることが分かる。外見の良し悪しが人々にストレスを与える事実は、ウルフが見抜いた「美の神話」が社会に存在することを明示しているといえよう。

とはいえ、D「コンプレックスや自己防衛」という理由を挙げる人が少数派であることも確認しておかなければならない。筆者が行った整形経験者へのインタビューでは、明らかにコンプレックスの存在を否定する発言も見られた。

Dさん　マイナスからプラスというイメージの人が多いけど、私はそうじゃないと思う。私はさっきも「もったいない」という表現をしたと思うんですけど、「もっとよくなりたい」とか「もっとこうした方がいい」とか、上(を)見たら切りがないというか、「もっとこうしたらよくなれる」というのを結構考えて生きてきてるので。プラスからプラス、もっとプラスを強くしたいというニュアンスでやった部分がありますね。

(インタビューの詳細およびその分析については次の章にゆずる。またインフォーマントの言葉をどう捉えるかについて、社会学の中でさまざまに立場があるが、ここではインフォーマントの言葉をそのまま受け取る立場をとる)。この発言には、「一般には理由として劣等感が考えられるが、自分は違う」という意識が見られる。すなわち、歴史的に正当化された動機の語彙の存在を意識していること、同時に自分はそれに当てはまらないと思っていることが分かるであろう。

第二に、「異性にもてたいから」という語彙は、身体観のうちでも男性のそれがモデルとなっている可能性が指摘できるだろう。整形したい理由で最もジェンダー差が出た項目が「異性に好かれたいから」であった(p<.001)。すなわち、男性こそが整形理由に異性に好かれたいからという理由

を挙げており、これまでの整形の理由として想像されてきたものは、女性が実際に語ってきたものとはいえない。一般的な身体加工の理由でも、女性は「自己満足のため」あるいは「同性から注目されたいから」と答え、男性が「異性にもてたいから」と答えている（$p<.001$）。このことも考え合わせると、「異性にもてたいから身体を変える」という発想自体が、男性的な身体意識といえるだろう。

ここで、「いや、女性は本当はもてたいくせにそう言えないだけなのだ」と主張する人がいるかもしれない。もちろん、女性が「もてたい」と言わないように社会化されている可能性はあるだろう。とはいえ、美容整形を行った人へのインタビューの中でも、もてたいという理由は明快に否定されていた。

Cさん　（美容整形をする人は）男の人のためっていうより自分のためだと思う。私も男の人のためとか、彼氏がほしいからとか、そういうことは一切思ったことがない。自分のためだった。

谷本　一切考えたことがないの？

Cさん　一切ない。

谷本　自分のため？

Cさん　ぜっっっったい自分のため！　うん。私はそのとき、整形するまで男の人と一度も付き合ったことがなかったんだけれども、それでも、男の人のためとかもてたいとか彼氏がほしいからとか、思ったことは一度もない。

このインタビューを素直に受け取るならば、アンケート結果はある程度妥当性を持つと考えられるだろう。

第三に、「自己満足」という理由が主流となっていることが重要であろう。美容整形経験者へのインタビューでも自己満足という語彙は頻繁に使用されており、アンケート結果とインタビュー結果は一致している。

Aさん　ほんま自己満足なんですよ。わー（二重まぶたに）なってるって。自分だけの満足。キレイになった（満足）でもなく、（ただ）嬉しい。

1章の先行研究レビューで述べたように、美容整形に関して「あたかも女性自らが自発的に選択して実行しているかのように思わせて［中略］私がなりたいから、誰に言われるでもなく、私が自分で決めて、私が努力し、私が美しくなり、私が力を得る。そこに自己決定と自己実現があたかもあるがごときである」（笠原、一九九八）として批判する見方もある。同様に考えれば、「自己満足」というタームも、結局は美の神話に捕らわれたままであり、ただの欺瞞にすぎないことになるだろう。そして、自己満足が欺瞞である側面はないとはいえない。

しかしながら、自己満足というタームの危うさを指摘するだけでは、議論が先に進まない。むしろ、本書では、自己満足という言いわけが社会的に認められてきている事実を素直に認め、そこから考察できることを検討していきたい。先述したように自己満足は「動機の語彙」であり、重要なのはその語彙の背景なのである。

さて「自己満足」が許容されるという事実は、次の二つの背景を指し示している。一つには、歴史的に正当化されてきた語彙（劣等感）からも、男性的身体認識図式（もてたい）からも、現代の身体意識が脱却しつつあることである。もう一つには、特にこの語彙を挙げるのが「外見をほめられる人」であったことから、他者の実際の評価がさほど必要ないことである。周囲にほめられているのに（あくまで自分のために）身体を変えたいという願望、本書にとってこれが特に重要である。美容整形経験者へのインタビューでも「誰からも外見のことを悪く言われていない」、「整形する必要がない」と言われていたことが語られている。

Aさん　最初、（整形を）やる前は反対されたんですよ。（周りの人に）「別にやらんでいいやん」って、「そんなに変わらんのやから」って、けっこう言われとったけども。「やっぱり嫌や」って言うて。［中略］みんなは「やらんでいい」って言うけど、でも決めてるから。

谷本　だれかに、（外見について）なんか言われたりしました？

Bさん　ああ、それはね、ないですね。自分で思ってただけ。

もちろん、美容整形実践者は、社会的な美意識や美の神話の影響は受けている。だが、影響を受けるというのは、「他者の実際の評価を取り込む」こととはやや違っている。彼女たちが前提する他者の評価は、「実際に言われる評価」と違って、「自分で想像した評価」なのである。この点に関しては、次章のインタビュー調査からさらに深く分析を進めていくことにしよう。今の時点では、実際の他者評価（実際の他者の言葉）があまり重要でないことをおさえておきたい。

3 「女性」と「外見のいい人」

二つのアンケートを通して、日常的に行う身体加工の意識と美容整形観が地続きであることが分かった。まず、一般的な身体加工は、他者や社会のためではなくて明らかに自己を目指してなされる（①群）。美容整形も「異性にもてたい」、「他人にバカにされたくない」といった理由もあるものの、主流は「自己満足のため」という理由でなされる（A群）。この二つの現象の間には連続性が見られる。次に、一般的な身体加工で、「自己満足」を大切にするのは、特に「女性」であり「外見をほめられる人」であった。整形においても同様で、この語彙を挙げるのは特に「女性」「外見をほめられる人」であった。ここにも一般的な身体加工と美容整形に関する意識の連続性が見られる。両者の連続性から、美容整形が広まりつつあることが、一般的な身体意識と連動していることが見てとれるだろう。

ところで、これまで美容整形の理由として「人にバカにされないように」、「劣等感を克服したいから」あるいは「異性にもてたいから」という言い方が予測されてきた。アンケート上の言葉でいうと、「他者（防衛的）の言説＝バカにされないように」や「他者（積極的）の言説＝もてたい」

が採用されてきたということである。これらの理由は、1章で紹介した先行研究においても整形の理由としてよく挙げられることは既に指摘した通りである。整形の理由付けとして「異性にもてたいから」人は身体加工を行うのであるという説明は、たとえば蔵琢也（一九九三）の議論に見ることができるし、「他人にバカにされないように」身体に手を加えたいという言い方は、整形を希望する人々の不幸を売り物にするテレビ番組や、デービス（1995）が考察した美容整形経験者が過去に経験してきたと語る苦悩話に端的に表されている（ちなみにデービスは、それを「苦悩の軌跡（a trajectory of suffering）」と呼び、同時に自分を「みにくい」と考える女性たちを「身体の囚人（a prisoner of her body）」とし、女性たちが身体に縛られている苦労を記述している）。

このこれまで信じられてきた美容整形の理由は、アンケート結果から修正されるだろう。「異性にもてたい」という理由は男性にはよく当てはまるものの女性も含めた全体としてはさほど多くなく、「バカにされないように」という理由も一定数はあるものの多くない。したがって本書で注目すべきなのは、「自己満足」という動機の語彙であり、その語彙をより使用する「女性」であり、「外見をほめられるのに外見を変えたい人」であろう。そういった語彙や、そういった人たちに注目すれば、新たな身体観や新たな主体像を見いだせる可能性が高いと考えられるからだ。

3章　美容整形の現在――インタビューから

では、実際に美容整形をした人は、その経験をどのように受けとめているのだろうか。

筆者は二〇〇三年に予備調査として日本で三名の美容整形希望者にインタビューを行い、その上で二〇〇五～二〇〇七年にかけて、日本、韓国、台湾、ドイツで本調査を実施し、新たに美容整形に関わる人々二三名のインタビューデータを収集した。本章では、先のアンケートによる分析を引き継ぐ形で、本調査の日本国内における美容整形経験者のインタビューを中心に考察していく。インフォーマント（総計二六名）一覧は注に記載する。[*1] 韓国、台湾、ドイツのインタビューは付論で紹介する。

美容整形経験者（すべて女性）、施術を行う医者へのインタビューは、すべて半構造化面接で行われた。整形経験者は、次の二種類の方法で選出している。一つは、インターネットで整形経験者を募集し、病院で発行する手術した証明（明細書など）を持参してもらう方法、もう一つは信頼できる知り合いから紹介してもらうという方法である。またインフォーマントの言葉はほとんど手を加えず記載するが、分かりにくい場合はカッコ（……）で補足する場合があることと、個人が特定できそうな言葉については削ってあることをお断りしておく。

なお、インタビューデータの解釈については数多くの議論がある。インフォーマントの言葉の裏を考える必要があるかもしれないし、インタビューするという行為そのものがインフォーマントの言葉に与える影響を考慮すべきかもしれない。インフォーマントの言葉は（インタビュアーとの間で）構築されるからである（たとえばフスーアシュモア〔Huss-Ashmore, 2000〕参照）[*2]。だが、ここでは、インフォーマントの語りを言説として「リアリティ」をもつものとしてそのまま受け取ることにする。本書はインタビューの方法論について議論する場ではないので、インフォーマントの「内面」を問題にしすぎていたずらに議論を複雑にすることは避けたい。同時に、個人の語りに焦点を当てながら個人史を追うのではなく、インフォーマントの言葉に（個人の物語に反映された）共同体の物語があるという立場をとることにしたい。

先行研究レビューでも紹介したデービス（1995）は美容整形の語りにおける類似パターンを四つにまとめている。それは、①美容整形の物語にはビフォーとアフターがある、②美容整形の物語は苦悩の軌跡として表現される、③美容整形の物語は議論と熟考でみちている、④美容整形の物語はアイデンティティについての物語である、というものだ。しかしながら、「美容整形の物語にはビフォーとアフターがある」という特徴と「美容整形の物語は苦悩の軌跡として表現される」という特徴が、本書で調査した語りと特に対照的であることを、読者は発見するだろう。

1　自己満足——ビフォー／アフターなき整形

アンケートから、美容整形の動機として、「自己満足」という理由が主流となっていることを確認した。インタビューでもこの語彙は頻繁に用いられる。

谷本　究極的になぜ整形をするのですか？

Aさん　「もてたい」とかではないですね。自己満足かな。〔中略〕ほんま自己満足なんですよ。わー（二重まぶたに）なってるって。自分だけの満足。キレイになった（満足）でもなく。（ただ）うれしい。

谷本　多少、みんなに、「あれ、何か変わったんじゃない」って言われる方がうれしいですか、何も気付かれてない方がうれしいですか。

Dさん　別に人にどう言われたからうれしいとかよりも、自分自身がうれしかったので。本当に。人には気付かれたら気付かれたで、良くなったんやなって思うし、気付かれへんかったら別に何も思わないし、ぐらいの感じですね。

谷本　自分自身がうれしかったのが一番大事なんですか。

Dさん　そうです。

Eさん　男の人のためっていうより自分のためだと思う。私も男の人のためとか、彼氏がほしいからとか、そういうことは一切思ったことがない。自分のためだった。

谷本　一切考えたことがない？

Eさん　一切ない。

谷本　自分のため？

Eさん　ぜっっっったい自分のため。うん。私はそのとき、整形するまで男の人と一度も付き合ったことがなかったんだけれども、それでも、男の人のためとか、もてたいとか、彼氏がほしいからとか、思ったことは一度もない。

このように、アンケートだけではなく、インタビューでも自分のため、自己満足という語彙は用いられる。歴史的に正当化されてきた語彙（劣等感）や、男性的身体認識図式の語彙（もてたい）とは異なっているのである。自己満足のためなので、彼女たちは整形の効果が他者に分からなくてもかまわないと主張する。

谷本　手術を受けて変わったことはありますか？

Aさん　そんなに（ない）。性格も別に変わってないし。

谷本　手術後の周りの反応は？

Aさん　全然（なかった）。手術するまで、もともと顔を知っている人には（手術したと）言ってるけど。ていうか言われたら言うけども、手術したあとから付き合いだした人には言うてない。別に言わんでもええから。［中略］そんなに何も変わらない。

（筆者注：Cさんは始め右目を二重まぶたにして、眼帯をかけ、その後左目を二重にして再び眼帯をかけた経緯がある。）

Cさん　私は眼帯かけて海賊みたいになってましたけど（笑）。

谷本　（笑）。腫れは結構ありました？

Cさん　えーっとね、一週間ぐらいで目やにが出たりして、目薬さしたりで、ほんとに。だから会社の人はほんとにまじでメバチコ（＝ものもらい）だと思ってました。

谷本　気付かれなかったんですか？　会社の方には。

Cさん　それでね、（眼帯が）左目にいったときね、「手術したんちゃうのん、おまえ」って言われたんですよ。

谷本　はい。

Cさん　ところが、完全に直って（眼帯）はずしたら、「あぁ、（整形手術）してなかったね」って言われたんです。

Dさん　別に友達も、もともと（整形したとは）言ってない高校の時の友達も、大学になってから会っても全然気付かないし。

谷本　自分から（整形したと）教えた友達以外の友達は、誰も気付いてない感じですか。

Dさん　気付いてないと思いますね。［中略］たぶん本当に自分でしか分からない程度の差なんです。

谷本　やった後の友達の反応はどうでしたか。誰も気付いてない？

Eさん　一人「何かちょっと雰囲気変わったんじゃない？」って言った子がいたんだけど、「いや、化粧じゃない？」って言ってごまかしたら、「ああ、そうか」って納得する程度だったんで。

このような「周りの反応のなさ」を美容整形経験者が強調することは珍しいことではない。山下柚実（二〇〇一）のルポにも、目を二重にしたOLが「職場でも、手術をしたことは誰も気付かなかった」と語った話が出てくる。*3 自分が満足できるなら、他人がキレイになったと思わなくてもかまわないということなのだ。そこでDさんのように「別に人にどう言われたからうれしいとかよりも、自分自身がうれしかった」という感想も出てくるのである。

しかも、このビフォー／アフターのなさは、周囲の反応だけではなくて、自分自身に向けられることさえあるのだ。

谷本　（整形）したあと気分に変化ありました？

Aさん　特に別に（ない）。「やった」ってだけ。［中略］冬休み明けてから（病院に）行って、私の場合一か月くらい腫れが残って、学校も腫れたまま行ったんですけど、別に治まってからは（見た目も以前と）あんま変わらへん。

谷本　手術前後の切れ目がないいんですか？

Aさん　ないですね。素の顔に味付けしたみたいな。（前の顔も）嫌でもないし。

Bさん　だから、で、その鏡で見た（整形後の）顔は大して変わんないんですよ。

（筆者注：アイプチとは一重まぶたを一時的に二重にするノリのような商品。）

谷本　Cさんが自分で自分らしいなって思う顔があるとしたら、（整形前の一重まぶたの顔と整形後の二重まぶたの顔）どちらの方ですか？

Cさん　私は、その（整形後の）二重です。

谷本　それはいつぐらいからですか？

Cさん　あ、もうそれはね、しっくりくるなーっていうのは化粧しだしてからですけど、化粧する前でも、「二重がいいな」「二重になりたいなりたい」と思ってますからね。で、高校の一年か二年の時はアイプチだけしてて化粧しなくて、やっぱり二重になりたいなって。（アイプチでまぶたを）貼り付けるとなおさらのこと二重になりたいなーと思いだして。三年生になったとき、友達のん（友達が整形したこと）で衝撃うけて、それをしだすとほぼ同時に薄化粧が始まってますから、で、自分自体が自分らしいというよりそのときはそっちの方が好きだったんですよ。顔が。それでこっから先がずーっと二重になってくると、もう自分が二重の顔が普通で。

谷本　一重の顔は違和感ありましたか？

Cさん　ありました。

谷本　じゃあ二重の顔の方がご自分の顔？

Cさん　そうそう、自分の顔にしたかった。うん、（自分の顔に）なってたんです。

こうして彼女たちは、周りの反応だけでなく、自分の気分もあまり変わらなかったこと、見た目も以前とさほど変わらないことを語るのである。[*4] 場合によってはCさんのように整形後の顔のほうが自分の顔だと言うこともある。美容ライター近藤須雅子（二〇〇一）も雑誌の誌面上で美容整形を体験した時に同様の言葉を残している。「仕上がりは自分でもどう変わったのかわからないくらい自然だ。もとからこんな顔だったんじゃなかったっけ。そう院長に言ったら、『そんなわけないでしょ。でも、みんなそう言う』と流された」という。[*5]「もとからこんな顔だったんじゃなかったっけ」。この言葉には整形以前と整形以後の断絶はない。いや、あるのかもしれないが、その断絶を「軽やか」に超えてしまっている。デービスが調査した女性たちが、「超ぶさいく」と「まさにいけている顔」という言葉を使って、整形手術を大きなターニングポイントとして語り、整形前（ビフォー）と整形後（アフター）の断絶を大きなものとすることと対照的である。

このビフォー／アフターを軽やかに超える言葉は特殊なものではない。テレビ番組制作ディレクターの池田由利子は一重まぶたを二重にし、シワを消し、ワシ鼻をまっすぐにするという整形を体験し、その後のことをメールマガジン（二〇〇三年二〜三月）で語っている。「初めはみんな、不思議そうな顔をしてじっと私の顔を見つめるのですが、一〇分もすれば『今の顔に慣れて来た。前ってどんな顔やったっけ?』と言います。私自身も、結構、満足しています。めっちゃ美人になった訳ではなく、少しの違いなんですが、明るい顔になった気がします」と。そして整形から二週間すぎた頃には、「もう、すっかり前の顔の事は忘れております」とさえ言う。

美容整形を体験している作家の中村うさぎも「抜糸からさらに一週間後には、マブタの腫れも傷跡も綺麗に消え、くっきりとした二重マブタだけが残ったのである。先週予言したとおり、既に周囲も本人も、以前の顔を忘れつつある」と述べている[*6]。

また、前述の山下柚実（二〇〇二）のルポにも、ある短大生が、目の二重を修正し、鼻骨を削り、鼻とあごにシリコンを入れ、ねじれていた歯を矯正したが、「顔が変わったとは思わないの。手術してから三か月がたつけれど、もうなじんだ感じ。前の顔も忘れてきてるし。たまに昔の写真を見て、ああ、変わったのかなと思う程度」と語ったことが記述されている[*7]。

さらに、雑誌にも「一重まぶたから二重の新しい顔になって、もうずいぶん経ってしまったから、昔の顔なんて、すっきり忘れてしまっていたりする。古いアルバムの中にだけいる、今よりちょっぴり眠たそうな自分を見ると不思議な気分だ。一重の目って、半分だけシャッターを開けた、営業中なのか休んでいるか分からないようなお店に似ている」といった読者体験手記はたくさん掲載されている[*8]。

とはいえ、もちろん、ビフォー／アフターを強調する人もいる。

Eさん　ああ、(整形)やってよかったって思った。思ったより自然だったから。私はばれる、ばれないがすごい気になってたから、腫れたときは、めっちゃ腫れてるからこのままだったらどうしようと思ったんだけど、何日かたって腫れが引いたら思ったより自然で。

谷本　前の顔とそんなに違わないとか思った?

Eさん　いや、違う。私の中では全然違う。みんなは気付かないかもしれないけど、私の中では全然違う。［中略］自分が変われたこと。外見はそんなに変わってないかもしれないけど、気持ちの面でものすごく変わった。

Bさん　(整形の意味は)もうありありで、なんかね、ほんとにね、自分で自分のことがこんなに嫌いだったんだってていうのに気付く。

谷本　そうなの?

Bさん　うん、(整形前の)自分っていうのが、いかに受け入れがたかったかっていうのがすごい分かって。(整形後)ああ、ようやくね、私もね、本当に、本当にスタートラインにたったぐらいのって感じなんです。

ただこの場合、やはり単純に「変わった」というわけではないことが重要であろう。というのも、整形後の自分が本当の自分であるかのような感情を持つからである。

Eさん　今の（整形後の）顔の方が好き。自分が変わってしまうんじゃないかって思っていたけど、そういう意味では。すごく心配していた点で、自分が自分じゃなくなるとか、やってしまって後悔が起きないかっていうのがすごいあったんだけど、後悔も起きなかったし、自分がいい方に変われただけで、マイナスに変わったことは何もなかったし。［中略］自分が自分じゃなくなっちゃうんじゃないかっていう不安はあったけど、それはなかった、自分は変わらなかった。

谷本　自分が自分でなくなることは、ないってこと？

Eさん　それはすごく心配だったんだけど、それは全然心配する必要がなかったんだと思う。……それはすごい（心配）ありました。後悔したらどうしよう、自分が自分じゃなくなったらどうしようというのは、やる前にすごいあって。それはお母さんには理解できない感情だったみたいで、私だけの感情だと思うんだけど（筆者注：Eさんは母親が整形に賛成していた）。でもそういう意味ではまったく変わらなかった、自分は自分の、いい心の変化とかはあったけど、自分と・・・・・・・・・・・・・・・・いう根底は変わらなかった。

Bさん　「もう生まれ変わりました。さようなら自分」みたい、「忌まわしい過去グッバイ」みたいな感じです。本当に。もう一〇年ぐらい前の自分に教えてやりたいぐらいですよね。

谷本　うーん、なんだろう……。変わったっていう気がするの？　それとも、自分の好きにできるから今の自分でよかったみたいな気がするの？

Bさん　そうそうそう、そうなんですよ！ほんとにそうです。今までの自分は何か変っていうか、理想と違うわけですよね。理想と違う自分を受け入れて、自分のことが嫌いだみたいな……・だけど理想にちょっと近づいて「すごい自分いいじゃん、いいじゃん自分」みたいになるから。そうそうそう。だから今まではウソっこだったのが本当の自分になったって感じですね。

周囲には分からなくても自分の中では変化があったというDさんでも、自分は自分のままでいられたし、「自分という根底は変わらなかった」と主張している。生まれ変わったというBさんも、変わったというよりは「本当の自分になった」と説明してくれている。

これと関連して、そもそも、整形前の身体の方に違和感があったとする言説も見られる。一重まぶたを二重まぶたに変える手術をした人の中には、一重まぶたの頃の身体感覚を違和感のあるものとして語ることがある。その時に「まぶたがかぶさっていて視界が狭い」という言い方をするのである。

Aさん　（一重まぶたは）きついていうかねー、なんか暗く見えるというか、まぶたがかぶさっているような。［中略］なんかこうかぶさってるし、こうやって（目を）あけた時も肉で、こう何か視野が暗くなるていうか。重たい感じがするんですよ。二重にした時は（まぶたの）皮がたれてるのが中にぐって入れたので全然（重たい感じはない）。もとの（まぶたが）長かった、たるんでたような気がするんですよ。それがかぶさってる。

Aさん　（二重まぶただと）見やすいし。ずっと（まぶた）かぶさってないから。（一重だと）目があきにくいって言うか。

Cさん　あと腫れぼったい目してると、今自分もコンタクトはめてるんですけど、視界がせまいんですよ、一重だと。

まぶたがかぶさるという表現を使いながら、整形以前の視界に違和感があったことを彼女たちは訴える。変化した後の身体に違和感を覚えるならばともかく、不思議なことに、生まれた時から付き合ってきたはずの、一重まぶたの身体感覚に違和感があるという。

以上の言葉から分かるのは、整形後の自分こそ自分であるような意識の存在である。整形後の身体の方がしっくりくるという意識が見いだせよう。ここでも単純なビフォー／アフターという断絶、つまり「超ぶさいく」と「まさにいけている顔」の断絶があるわけではない。美容整形の語りはアイデンティティについての物語であって、人は「自分が手術以前に誰であったか」、「誰になりたかったのか」、「手術後に誰になったのか」ということを語りながら首尾一貫したセルフアイデンティティを手に入れる。その中で、「超ぶさいく」から「まさにいけている顔」へなったというストーリーを採用するのではなく、むしろ、整形前の身体に対する違和感を修正した、本当の自分に戻ったというストーリーで、アイデンティティの一貫性を担保するのである。その意味では一般的なビフォー／アフターとは違っている。

したがって、自己満足の整形に関する言説には、周りの反応がない、自分の外見も気分も変わらないという、整形によるビフォー／アフターのイメージを否定する契機が見られる。[*9] 同時に、ビフォー／アフターを強調する場合でも、それは単なる変化として語られず、アフターの自分こそが本来の自分であるという語りとして表れることになるのである。

2　想像上の他者・想像上の自己

ビフォー／アフターという断絶を超えるにはまず「周囲の変化がない」ことが必要である。ここで自己満足という語彙を挙げるのが「外見を誉められる人」であったことを思い出してみよう。筆者が日本においてインタビューした人は、全員が周囲から誉められるような外見をしている人たちであった。たいへんな美人で誰もが振り返るほどの人もいたくらいである。彼女たちは周囲にいくら外見を誉められても身体を変えたいという願望があるという。つまり、他者の実際の評価や言葉はさほど重要視されていないということになろう。事実、彼女たちは、周囲に外見のことを悪く言われたことはないし、「整形する必要ないよ」とまで言われている。

Aさん　最初、（整形を）やる前は反対されたんですよ。（周りの人に）「別にやらんでいいやん」って、「そんなに変わらんのやから」って、けっこう言われとったけども。「やっぱり嫌や」って言うて。……みんなは「やらんでいい」って言うけど、でも決めてるから。［中略］たぶん、周りは（Aさんの外見を）そんなに気にしてないと思います。私は、自分は、いや。

谷本　だれかに、（外見について）なんか言われたりしました？

Bさん　ああ、それはね、ないですね。自分で思ってただけ。

谷本　他人に（外見を悪く）言われたことは？

Dさん　ないですね。

それでも整形をしたのは、周りの判断と関係なく、あくまで「自分の中から来たものだ」と主張するのである。Dさんの場合、より具体的に、周りの評価と自分の中での評価の違いがあったことについて語ってくれている。彼女は二重まぶたの手術を受けたのだが、手術前から、場合（顔の調子）によっては、片目が一重になったり、両目が二重になったりしていたという。

Dさん　両目二重の日は前向いて歩けるんですけど、片一重の日はやっぱり下向くことが自分の中で多かったというのをすごい実感してるので。中学校のときとか人の目はやっぱり少なからず気にしてたんだと思います。

谷本　それは実際に誰かに見られましたか。

Dさん　自分の中でです。別に誰から何を言われるわけでもないんですけど、自分的に今日はかわいくないから前向きたくないなという。

谷本　下向いて歩いてしまう（笑）？

Dさん　ついつい、それはありましたね（笑）。それは言われたことあります。「目が小さいね」とかじゃなくて、「何で今日そんなに落ち込んでるの」というのとかを友達に言われたことはあります。

谷本　友達からすると、片方一重かどうかあんまり分からない？

Dさん　分からないですね。

谷本　指摘されたことは？

Dさん　ないです。ただ「テンションが低いね」というので、「何で落ち込んでるの」って。友達から見たら目が一重だから下向いてるんじゃなくて、落ち込んでるように見えるんやなというのは、中学校の何年生だったかの時に思ったことはありますね。

谷本　二重の方がいいなというような感じが芽生えたのは、それは何か誰かに影響を受けたりとかした？

Dさん　影響はたぶん受けてないんですけど。自分で鏡を見て二重の日と片一重の日があって、二重の日の方がやっぱり自分の中でいいなと思ったので、常にそれをキープしたいと思った感じですね。

ここでは、他者と自分の認識が違っていることを自覚したとしても、やはり自分の中での認識が優先されることがハッキリと語られている。前述した通り、美容整形経験者は、社会的な美意識や美の神話の影響は受けているだろうが、「他者が実際に口にする評価」を気にするわけではない。

彼女たちが前提するのは「自分の中の判断・評価」であるという。しかしながら、人間が社会的動物である限り、完全に自分だけの判断・評価を確立することは難しいはずである。そこで、本書は次のように考えてみたい。確かに「実際に言われる評価」は重要でない。そのかわり、「自分で想像した他者の評価」は重要なのである、と。すなわち、想像上の他者が、身体を変えれば、良い評価をしてくれることを自分の中で信じているということである。そして同時に、他者の評価だけでなくて、自分の身体のあり方についても、鏡に映った実際の姿よりも自らが想像した姿が重視されるのである。換言すれば想像上の自己が重要になるのである。ここでは最も象徴的なBさんの言葉を引用してみよう。

谷本　だれかに、（外見について）なんか言われたりしました？
Bさん　ああ、それはね、ないですね。自分で思ってただけ。
谷本　じゃあ「みんな何も思ってなかったかな」って、今になったら思う？

Bさん　思わないね（笑）。全然思わないね。
谷本　きっと（他人は外見について）思ってるはずだって思う？
Bさん　絶対思います。
Bさん　（自らの顔を指さしながら）ここのだから、ここの、ここのシワ……。
谷本　どこ？
Bさん　ここのシワです、ここ。
谷本　うん、ないけど。
Bさん　いや、ある。
谷本　見えないけど。
Bさん　ああ、私の中ではあるんですね。

具体的な他人の言葉よりも、自らが想定する他人の評価が重要なことが分かるだろう。同時に、自分の外見についても、自分が認識（想像）する姿が重要なことも分かる。人から誉められる外見の人が、美容整形を反対されてなお、整形に踏み切る。周りの人は実際に彼女を誉めたり、整形の不必要性を訴えたりする。それでも彼女たちが整形を「決めている」場合、自分が想像した他者を前提している。また自分で（他人とは違う形で）認識した自己像を前提しているのである。

想像した他者と想像した自己。これは、たとえば、江下雅之（二〇〇〇）がネットワーク社会で見いだした主体に類似した部分がある。[*10]「相手が眼前に存在する対面状況のコミュニケーションといえども、メッセージの解釈においては相手の存在がこちらの意識内に取り込まれるがゆえに、究極的には自己対話である。しかし、対面では解釈の対象たる表情などは間が発するものであるのに対し、ネットワーク上のコミュニケーションでは、『相手の表情』自体が想像の産物なのだ。そこには自分で想像した相手の表情に、自分自身が反応するという一種のハウリング現象が発生するのである」[*11]。江下によれば、コミュニケーションは、対面状況であれ、ネットワーク上であれ、最終的には自己対話であるものの、特にネットワーク上だと相手を想像するしかなく、想像した相手に自分が反応するという。江下の事例は、ネットワーク上のコミュニケーションのものだが、少なくとも「ハウリング」のような状況は美容整形経験者には見いだせるし、現代に生きるわれわれにも広く通じる可能性がある。

あるいは、土井隆義（二〇〇三）が描いた主体にも類似した部分があるかもしれない。[*12]土井は一九六九年に自殺した高野悦子と一九九九年に向精神薬を大量服用して中毒死した南条あやを比較し、「高野は、自己の投錨点を思想のなかに求めようとした」のに対して「南条は、自己の投錨点を身体の中に求めようとした」という。[*13]「南条の自己には、高野のような主体性が成立していない。そもそも彼女には、自分という存在をひとつに統合しうるような超越的な自己がない。彼女は、自らの身体さえもてあましている。［中略］彼女の自己は個々の身体感覚のなかへと溶け込んでしまっている」のである。[*14]なぜなら、南条は「自己を相対化しうるような異質な他者と出会う機会をほとんどもたず、自らが世界の中心であると感受されてしまうとき、自己の投錨点はそのみずからの身体の中にしか見出せな」[*15]かったからである。つまり、土井は六〇年代の青少年に見いだせた（はずの）主体性が現代では見いだしにくくなっていることを主張しており、しかも現代では自己の存在（アイデンティティ）を個々の身体感覚に求めていることも指摘している。彼の指摘は、自殺という特殊な事例を用いているものの、美容整形経験者にも見られる感覚をも含みこんでいるし、もっと広い意味で（美容整形経験者だけでなく）現代人のあり方を指し示しているといえる。

江下の指摘にある「自分で想像した相手に自分自身が反応する」ことは、整形実践者の「想像上の他者」と類似したところがあるし、また、土井の指摘にある「自己を相対化しうるような異質な他者と出会う機会を持たず、自らが世界の中心であると感受されてしまうとき、自己の投錨点は身体になる」ことも「想像上の他者と想像上の自己」に基づいて身体を変更することと通底するだろう。

ただし、美容整形実践者の主体像は、彼らの指摘にある主体像とは違っている部分もある。整形という実際に身体に介入し変化させる実践は、やはりボディプロジェクトの一環であるからだ。この実践には、自らの意志で自己を変えていくという強い能動性が見られる。「自らの身体さえもてあまして」[*16]しまうような受け身な主体は見られない。よって、ネットワーク社会の主体像や、土井が見いだした主体像との類似を把握しつつも、その議論に完全に寄り添うことはしない方がいいだろう。

むしろ、この節で大事なことは、整形実践がビフォー／アフターの断絶を超えるような実践であること、そしてその際には、実際的な他者の反応や自己像を不可視化する想像力が関係していることを確認することである。それは、より具体的にいえば、他者の実際の評価や言葉はさほど重要視されていないこと、しかしながらおそらく想像上の他者が何らかの評価をしていることを自分の中で信じていること、同時に、自分の身体のあり方も鏡に映った実際の姿より自らが思っている想像上の自己像が重視されるということである。

3　モノに支えられる想像力

さて、想像上の他者と自己を支える基盤は何だろうか。結論を先取りすれば、「モノ」によって支えられる部分が大きいように思われる。それはできのいい写真でもいいし、今年流行しているアイメイクでもいいし、わざと美しく描いてもらった似顔絵でもかまわない。たとえば、写真を何枚も撮り、その中で最もきれいに写っている一枚を「自分らしい」と考え、その一枚を後生大事に手帳に挟んでいる人がいる。他人から見て、残りの写真の方が的確にその人を表しているように見えても、かの人にとってベストの一枚こそが自分を写したものになるのである。まずはプリクラや写真の例を見てみよう（プリクラとは自分の顔や姿をシールに印刷できる機械、または印刷したもの。厳密には商標だがここでは一般名詞として使用する）。

（筆者注：Dさんは二重まぶたの手術前も、時々、体調によって二重になることがあり、一重まぶたの時と二重まぶたの時があったという。）

Dさん　高校時代（＝整形前）とかは学校帰りにプリクラを撮ったときに、一重のときで、プリクラが一重で写ってると、もうそのプリクラは私、しまっちゃうんですよ。だけどもう大学入って（＝整形後）二重になってからは、そういう写真とかプリクラとかが楽しくなったというのはありますね。それをまた見返すのも楽しくなったし、撮るのも楽しくなったという。

谷本　高校のときより今の方が、積極的に写真とかプリクラを？

Dさん　そうですね。高校のときは本当に写真が嫌いで、集合写真以外、絶対写らなかったんですよ。そのかわいくない自分が残るのが嫌だったんです。

Dさん　（プリクラとることが）増えました。やっぱり高校生だったので高校生って撮るのが普通なんで、プリクラはさすがに嫌って言わなくて。写真は嫌がってたんですけど。プリクラ撮りに行こうといったら「いいよ、いいよ」といって、自分の分もらって、自分の目が一重だったら、「私、いいわ（＝いらないわ）」みたいな感じで。

谷本　みんなはなぜか分からなくない？

Dさん　ちょっと写りが悪いからって言ったら、「まあ、そんなんかな」みたいな（笑）。

谷本　そういうの、お互いに突っ込まないんだ。

Dさん　友達も自分の写りが悪かったりしたら、「私、これイヤ」って言うから、別にそんなに違和感は（なかった）。

谷本　整形と話が変わっちゃうけど、ちょっと変な顔に写ってたりとか、写りが悪い写真だのプリクラだのというのは、お友達とかも「いいわ」って言って受け取らないんですか？

Dさん　もらうことはもらうけど、別にそれを自分から配ろうとはしないみたいな感じですね。私も受け取ることは受け取るんですけど、それを次の日、学校の友達、ほかのグループの友達には配らないという感じですね。

谷本　プリクラはどこに行くんやろ？

Dさん　プリクラケースの中に眠ってますね（笑）。

谷本　ちょっとかわいく撮れたなっていうやつは、普通に配るというような感じですか？

Dさん　うん。でもそれはたぶん私たちの友達の中では普通であって、別に私は目（一重かどうか）のことが確かに重点的に思っていたんですけど、ほかの友達は自分の顔が暗く写っていたりとか、ちっちゃく写りすぎているとか、そういうので封印とかはしてたので。

谷本　封印って、なかったものになるという感じ？

Dさん　はい。もうなかったことに（笑）。

Eさん　（整形以前は）プリクラとかも撮りたくなかったんだけど、やっぱり整形して初めて外に出た日に友達と遊んだけども、その日、プリクラを撮ってた。

ここではDさんもEさんも、整形後にプリクラを撮ることに積極的になったと話している。逆に、整形以前の写りの悪かったプリクラ写真は、受け取らなかったり、ケースの中で眠らせてしまったりして、「封印」している。つまり、なかったことにしているのである。この感覚は他の整形経験者にも見られる。

Bさん　（鏡を見てシワが）なんか濃くね〜（＝濃くないか）みたいな、深くね〜（深くないか）みたいな。なんで、ここだけこう細胞の流れが違うんだみたいな……。

谷本　じゃあわりとしっかりめに、鏡を見るの？

Bさん　ないです

谷本　ない？

Bさん　見んのがいやだから見ないですね。たまに見たときに、すごいよく見て、めちゃめちゃ鬱になるんです。だめだ、やっぱり鏡なんか見るもんじゃなかったみたいな。

Bさん　ああ、もう、つぅか、だんだん（身体の嫌いな部位を）見なくなってって、［中略］ただ、もう「ない」ことにしてましたね。

谷本　見ないことに？

Bさん　見えないことに。

（そして嫌いな部位を取り除いた後）

Bさん　うん、もうなんか、自分の中では、ようやく、長年なかったことにしていたものが、ここで物理的にもようやくなくなって、よかったよかったたって感じです。

谷本　あの、じゃあもう、なかったたってことに……。

Bさん　うん、あの、なかったことになってますね。忘れてます。

写りの悪いプリクラをなかったものにするのと同じように、身体の部位も「もう『ない』ことにして」「見えないことに」してしまうのである。嫌いな部分をなかったことにする想像力が発揮されているのが分かるだろう。

他者の評価と関係なく自己像をつくりあげるモノとして、写真やプリクラ以外に、化粧やファッションを挙げることができる。むしろ、「化粧がしたいため」に整形をするという言い方までなされる。以下は二重まぶたの整形を行った人たちの話である。

谷本　（整形して）キレイになりたいということでもないの？

Aさん　そうじゃなくて。ちゃんと化粧したいというのんもある。化粧したい（笑）。

Aさん　（整形したら）便利やし、やっぱり女の子やから。なんていうか（一重まぶただと）アイシャドウとか色を重ねてとか塗ることができないんですよ。だから、（整形の）値段も安いし、その日行って、その日でできるって言うし。じゃあ（整形を）やろかなって思って。

Aさん　あと化粧があれもできるこれもできるって。（アイ）シャドウでも、パウダーやったらまだね、アイプチの時できるんですよ。けど、リキッドとかムースっぽいヤツとかできないんですよ、くっつかないっていうか変になるんですよ。最近ではいろんなん出てるから、シャドウでも一回使うのに三色くらいは絶対いるじゃないですか。それもできない。そんなんも（整形後は）できるようになって。

Cさん　うん、今日は右目が一重、とかね、今日は左目が一重とか。でね、化粧をするまではね、そんなにこだわってなかったんですよ。

谷本　うん、うん。

Cさん　ところが、化粧をしだすと、アイシャドウって塗りますでしょ、それが塗れないんですよ、一重だと。それが一番きつかった。だから（手術後は）すごくうれしかったです。二重の手術して終わって目が落ち着いたときは、すごいうれしかったし、すぐシャドウをいっぱい買い込みました。

谷本　アイプチをしてるときと、整形で二重になってるときの違いというのは、一番大きいところはどこですか。

Dさん　やっぱり気にしなくていいというのがすごく大きくて、何かちょっと深く目をつぶったりとかすると、アイプチは取れてしまってることがあるので、しょっちゅう鏡を見て気にしなくちゃいけないというのが結構おっくうで、化粧してもアイシャドウを塗るとアイプチの上だけいっぱい色が付いてしまったりして、すごく嫌だっていうのが高校で化粧をし始めてちょっと思ったりしたので、その辺は大きい違いです。

Eさん　あえて化粧もしてなくて。妹は高校のときから化粧したりとか、自分の外見を磨くことに興味があったんだけど、私はどうせやってもむだだって思っていて、元が悪すぎるから化粧をしてもむだだって思ってる部分があって。だから浪人中もまったく化粧もしなくて、……それまで化粧に本当にわざと近寄らないようにしてたのに、（整形後）極端にアイシャドウを買うようになった（笑）。一重のときは目を開けたら塗ってもあんまり意味がないじゃないですか。でも二重になったら、ここ（まぶた）にちゃんと色が付くようになるから、もうアイシャドー各色そろえるかのように買いまくった（笑）。興味なかったのに。それまで唇はそんなに嫌いじゃなかったから、リップを塗ったりとか、グロスを塗ったりとかしたんだけど、目は本当に何も化粧もしないっていう感じだったのに。

谷本　じゃあ、お化粧が楽しくなった？

Eさん　すごくなった。すごいアイシャドウの数が尋常じゃなくて（笑）。青、緑、ピンク、紫とか各色そろえて。毎日、色を変えていった。

それぞれの整形実践者のこれまでの言動を見てみると分かるが、特に一重まぶたであることで他者に何か言われたわけではない。むしろ彼女たちは外見を誉められる機会が多い人たちであった。にもかかわらず、二重まぶたにしたいと強く思っていたのである。そのモチベーションとして「ちゃんと化粧したい」という言い方がなされるのである。「アイシャドウが塗れないのが一番きつかった」、「整形後は化粧が楽しくなってアイシャドウの数が増えた」ということも語られている。これらのインタビューからは、客観的な意味での他者評価や自己評価ではなく、化粧品というモノに規定された身体像を垣間見ることができる。

モノに規定される身体は、目という部分に限定されるものではない。他の身体部位に関わる例も見ていこう。

谷本　服、変わった?

Eさん　(整形前は) 服も無頓着だった。

谷本　今だとどんな感じの服が多いですか。

Eさん　今はやっぱり自分に似合うものを探すようにしていて。

谷本　前は無頓着というのは、その辺にあるものを着てた感じ?

Eさん　うん。何年も同じ服をずっと着続けて、はやりとか関係なく……、あっ、ファッション雑誌を読まなかった (笑)。整形して化粧しだしてファッション雑誌を毎月買うようになった。

谷本　今はファッション雑誌を買ってるんだ。

Eさん　うん。

谷本　雑誌を見たりするのは楽しい？

Eさん　自分が自信とか化粧とかおしゃれとかすることに抵抗があるときは、ファッション雑誌なんてまったく興味なくて、漫画ばっかり読んでいたのに（笑）。俗に言う、『Can Cam』とかを読むようになったりとか。

谷本　俗に言うね（笑）。

Eさん　はやりとかを気にするようになった（笑）。何がはやっているか整形するまではずっと知らなかって。おしゃれをしようという気すら起きなかった。

（筆者注：Bさんはボトックス注射によるシワ消しと、レーザーによる脱毛を行っている。）

谷本　（足のレーザー脱毛の）そのあと、足見せるスカートとかって……。

Bさん　もう俄然、俄然はきましたね。

谷本　じゃあ、受けた後、ファッションはかわりました？

Bさん　変わった、変わった！　もう俄然変わりました。で、ちょうどそのころね、七部丈のクロップドパンツっていうのが流行ってて、もうそれも履けないわけですよ。（以前なら）それがだってもうちょっと道歩いてたら、「あれ、かわいいクロップド丈のパンツがあるじゃない」って思うじゃないですか。で、思ったら「ああ今日はもうあのね、今日は長ズボンはいてってですね、毛なんか剃ってないから試着なんかダメダメ」みたいな、だったんですけど。でももう（今は）パッとはいって、パッと着て「ああ、いいですね」とか店の人に言ったりして、もう超優越感ですよね。

谷本　ボトックスの後はメイク変えた?

Bさん　ん~それはやっぱあんまりかわんなかったです。それは、時期が一ヶ月ぐらいしか効かないっていうのを分かってるから、そのためにあんまり新しいことやんなかったんですね。ただ、あの前髪はちょっとこう……(前髪をあげて見せる)。髪はあのちょっとこう、分けをびしっと分けてみたり。眉の辺りが見えるように、基本基本って感じですよ。

Dさん　もう普通に、雑誌に載ってるお化粧をそのまま自分に持ってこれたりもできるので、そういう気にしなくていいというのがすごく助かってます。

谷本　そうすると化粧法とかだいぶ変わりましたか。

Dさん　変わりました。隠す化粧から自分の好きな化粧ができるようになったので、それはかなり変わりました。

これらの例ではモノの影響力は目だけでなく顔全体や身体全体に及んでいる。筆者は二〇〇五~二〇〇七年のインタビューとは別に、整形希望者へのインタビューを実施したことがある(二〇〇三年一〇月二三日)。このインタビューは実際に整形した人ではなく、希望者に行ったものだが、やはり似たような話をしていた。豊胸をしたいという女性に、どういう時に整形をしたくなるか語ってもらった。「やっぱ胸がないとかっこよく服が着れなかったりするじゃないですか。ぴったりしたニットなんか絶対着れないですよ。……ぴったりしたニットが着たい。」「ああ、水着着る時です。試着室でめちゃ情けない気がするから。（ここで筆者が「え、スタイルいいと思うけど」と言うと）いやダメなんですよ。今ホルターネックがはやってるじゃないですか。」ここでは流行のニットや水着の形に合わせて体を変えてみたいという気持ちが語られている。

　こういったモノの影響力はメディア言説にも見られる。「サーマクール・ニューチップでたれた胸を解消！[17]　今年流行の胸の開いた服をなんと『ノーブラ』で着こなせます！[18]」、「二重になってアイメイクが楽しい！『マスカラをしても上まぶたにつくので、アイメイクはあきらめていたんです。これからは、もっとメイクを楽しみたい[19]』」などの記事は多くの雑誌に載せられているのである。

　たとえばアイシャドウ。たとえばクロップドパンツ。たとえばホルターネックの水着。このように美容整形実践者は、さまざまなモノに合わせられる身体を、理想的な自己像として挙げるわけである。他者が実際に彼女の身体をどう評価するか、鏡や写真に写る自分がどんなものかとは関係のない、モノに合わせられる身体こそが、自らが想像する「ステキ」な身体なのである。

4　技術が侵入する身体

「3　モノに支えられる想像力」で登場した「アイシャドウを塗りたいから二重まぶたにしたかった」という動機。この動機からは、化粧品や服に合わせるべき身体観がうかがえる。ただ3節では、この身体観によって、想像上の他者と自己像が支えられるということに強調点をおいて考察をしてきた。「4　技術が侵入する身体」では、モノによって支えられる身体観そのものに強調点をおいて議論を進めたい。より正しく記述すれば、モノや技術が侵入することで支えられる身体観である。その具体例にアイプチがあげられるだろう。二重まぶたに整形した人たちは、整形以前にアイプチを経験していることが多かった。のみならず、アイプチをすることで、二重まぶたへの願望が更に大きくなるのである。

Cさん　（二重が）いいものだっていう認識は小さいころからありましたね
谷本　（二重に）なりたいって思ったのはもうちょっと後？
Cさん　ええっとねー、ちらちら思ってても、そのときは自分にはできなかった。小学校のときでも、少しでも目を大きく見せるように目を大きく開く、いうのはありましたけど（笑）。アイプチというか、そのノリを貼るのんを高校のとき友達がした時が衝撃で、変えれるんだ！っていうのがその時すごく。変えたい！っていう願望がすごく。ものすごく強烈に思ったのはその頃。

アイプチなる技術で二重まぶたに変えられることを知り、そのことで「二重はいいものだ」という認識から「二重に変えたい」という願望に変化したことをCさんは語ってくれている。この「いいな」から「変えたい」の変化は、一重を二重に変えることが出来るアイプチの存在を知ったことによって引き起こされているのである。ちなみに、アイプチを知った時の衝撃をCさんは以下のように言う。

谷本　じゃあそのアイプチを見たときの衝撃っていうのはどんなものでしたか。

Cさん　いや、ほんとにびっくりしました。

谷本　びっくり、うん。

Cさん　で、その友達が、うれしいから見せにきてくれたわけで、「Cちゃん」って言ってこう来たときに、顔は最初は何が違ってるのかよく分からなかったんです。だけど彼女の顔は明るくなってるし、本人自体も明るいんです。ほんで「何か今日すごいスカっとしてていいねぇ、どうしたん」って言ったら、「ここ、ここ、ここ」って。

谷本　目を指して。

Cさん　言ったんで「あ、二重になってる！　目大きい、ほんとだ、どうしたん、何したん」って言ったんですよ。だからそれまで爪でね（まぶたに）型をつける子がいてたり。あの、こすってたらそこにちょっとキズが入るとか、ここ（まぶたの二重のライン）がへこんだりする、そんなん（＝そんな人）は、いてたんですよ。

谷本　あぶない（笑）

Cさん　ずっとね、いつもこう暇があると爪でこうやって（まぶたの）ラインをかいてて、そうするとそこがちょっと腫れたりなんかで二重になるからって一重の子が二重にしたり。でも、皮の（薄い）タイプの子はアイプチでも二重になるんですけど、（まぶた）腫れぼったい子いるでしょ、切開手術の子は切開して脂肪をとらないとまぶたが二重にならないっていう子もいたから。で、その子に聞いたら私と同じようなまぶたのタイプの子やったんで、その子は「アイプチで

(二重まぶたが)できるのよって、このノリで貼るだけでこんなになるのよ」って。すごーい衝撃でした。「何、どうするの、どうしたらそうなるの」ってすごい聞きました。

谷本　なるほどね、その衝撃を受けて「すごい」って思って、ご自分も(アイプチを)されるようになったんですね。

高校生の時にアイプチと出会った衝撃が、Cさんの二重まぶたへの強い願望に火をつけることになる。「いいな」から「変えたい」の変化の間には、「できる」ことを認識する段階がある。図式的に書けば、「二重っていいな」→「二重にできるんだ」と知る→「変えたい」という流れになるだろう。ここでは技術的に「できる」ということが重要になる。つまり、アイプチというモノや技術が身体に侵入することで、身体を変える願望が強くなることがわかるのである。「できるんだったら変えたい」という形で願望が発生するのである。Cさんとは別に、Aさんの場合は「できるから変えたい」という経験が、アイプチより以前の「偶然」から引き起こされている。

Aさん　中学校ぐらいの時に、ふいにこうやって(指でまぶたをさわり二重の線を作りながら)何かこう形やったら全然違うかったんですよ。指とか、なんかこう先がとがったヤツとかあるじゃないですか、鉛筆とかシャーペンとかでこうやったら(=二重まぶたにしたら)全然違うくて。やっぱりやってない目はきつく見えるっていうか。なんかやる気のない目みたいな。で、アイプチし始めた。

彼女の場合、鉛筆やシャープペンシルでまぶたをさわっていて、偶然に全然違う自分を発見して、アイプチをはじめるのである。だが、一度アイプチをはじめてしまうと、「二重まぶたになれる自分」と「なれない自分」の違いが嫌になってきたという。

谷本　二重まぶたの友達とか羨ましかったことありますか？
Aさん　あります。いいなあって。
谷本　それはその人がキレイだから？
Aさん　（キレイだから）じゃなくて。いいなあって、二重もってないから、たぶん、ほしいって思った。単純なことで。んー。たぶんね、アイプチをしてる段階やったから、その（二重の）目に慣れてて、とった時の差が嫌やったかな。んー、なんやろ。差が分かるんですよ、はっきり。それも嫌やったかな。
谷本　二重の目の方が好きですか？
Aさん　明るくも見える。（人に）接しやすくなる。でもたぶん一番大きいのは、たぶん差かもしれない。（アイプチ）とったときの目とつけたときの。
谷本　もともとの一重の顔の方がなじめない感じですか？
Aさん　そういうわけでもない。
谷本　落差が嫌なんですか？
Aさん　そこだけですね。差が嫌でした。

ここでは、アイプチというモノや技術が身体に侵入することで、身体を変える願望が強くなることだけでなく、侵入することで一度変えた身体はもとに戻したくなくなることも示唆されている。同様の発言はDさんにも見られる。

Dさん　そうですね。だいぶちっちゃいとき、小学校ぐらいかな。目の大きさが違うなって自分で思い始めたのがきっかけで、何でかなと思ったら、目が一重と二重なんだというのに小学校中学年ぐらいのときに気付いて。中学校に上がったぐらいからアイプチを友達がしていて、「それ、そんなのあるんや！」と思って、それを使うようになった感じです。［中略］顔を洗った後に鏡を見て、学校行く前にアイプチして。でも電車とかで寝ちゃうと、もうすぐ取れちゃうんですよ。だからまた学校に行って付け直したりとか。面倒くさい。［中略］（整形とアイプチの違い）やっぱり気にしなくていいというのがすごく大きくて、何かちょっと深く目をつぶったりとかすると、アイプチは取れてしまってることがあるので、しょっちゅう鏡を見て気にしなくちゃいけないというのが結構おっくうで、化粧してもアイシャドーを塗るとアイプチの上だけいっぱい色が付いてしまったりして、すごく嫌だっていうのが高校で化粧をし始めてちょっと思ったりしたので、その辺は大きい違いです。

一度アイプチで二重まぶたにすることを経験してしまうと、もとの一重まぶたには戻せない。それは、彼女が学校に行って付け直したり、しょっちゅう鏡を見て気にしていたことに表れている。

ただ、アイプチは一時的な効果しかないのでとれてしまうことがあり、それが嫌さに整形の実行を決心するわけである。

身体に侵入する技術やモノはアイプチだけではない。化粧品や服ももちろんのこと（前節「3 モノに支えられる想像力」を参照）、コンタクトレンズである場合もある。Cさんは二重まぶたにしたくなったきっかけにアイプチを知ったことを挙げるが、もう一つ挙げている。それは眼鏡をコンタクトレンズに換えたことである。

Cさん　高校になって、レンズ、コンタクトレンズに換えて自分の顔を裸眼の感覚でよく見るようになって、特に二重になりたいって（思った）。

アイプチにしろ、コンタクトレンズにしろ、技術やモノが身体に侵入し、身体を変えたい願望を作り出し、変えた後は後戻りできないと感じさせるわけだが、この技術・モノにはもちろんマスメディアも含まれるだろう。雑誌やテレビといったマスメディア上においても、読者モデル・視聴者モデルが募集され、整形手術・プチ整形を体験させる事例も増えており、「ちょっと経験」という形で整形がマスメディア上に提示されている。国立国会図書館所蔵の雑誌の中で、一九四八年から二〇〇一年度にかけて、タイトルに「美容整形」というタームが含まれるものをすべて収集し、記事数をカウントしたところ八〇年代以降に急増していることが分かった（図5）。

また「プチ整形」という言葉の入った記事は二〇〇一年に登場し、それ以降増加したことも明ら

図5　雑誌の美容整形関連記事タイトル数

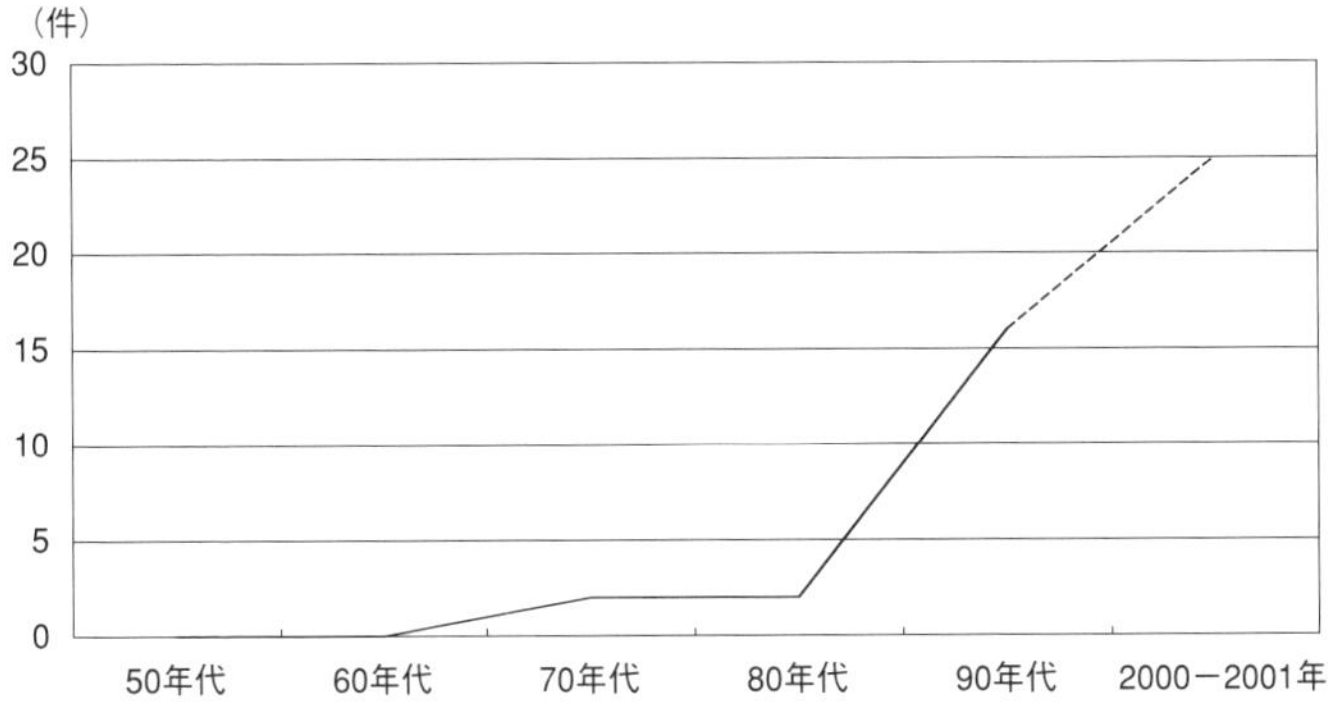

かとなっており、メディアの影響が強まっていることが予測される。

Eさん　でもテレビの影響とかもあるかもしれない。やっぱりメディア、雑誌、テレビとかでそういう整形がはやった時期っていっぱいやってて、整形前、整形後とか、周りの家族のインタビューとかやってるのを見て、親が反対して劇的に変わりましたみたいなパターンのテレビとか、やっぱりちょっと興味があったからやってたら見るんで。

［中略］私はテレビがすごい（影響が）多いと思う。

谷本　人に（一重まぶただと）言われるから嫌とかじゃないんだよね？

Aさん　たぶんこう（メディアの中で）二重が普通になってきてるから、それにあこがれもあったと思うんです。で、自分に無いものだからほしいけど、できてないみたいな。それが嫌やったんかな。

Dさん　雑誌に載ってるお化粧をそのまま自分に持ってこれたりもできるので、そういう気にしなくていいというのがすごく助かってます。

　このようにして、美容整形の普及の要因として、身体感覚の変化もある一方で、マスメディアの影響、医学や美容業界の宣伝も挙げられるのである。

　バルサモ（1996）の指摘によれば、身体は視覚的媒体（the visual medium）になったという。医学の世界において、CTや腹腔鏡検査、レントゲン、胃カメラのような技術によって、自分の体は部品として見ることが可能となっていっている。こうして、身体が「部分として観察可能」になっていけば、さらにこの身体像がメディアを通じて広く宣伝されれば、身体はどう加工しようと自由な「自分の部品」となっていくだろう。

　あるいは、医学技術だけではなく、写真やビデオカメラといったメディア機器によっても、身体は観察できるものになっている。雑誌に載せられている化粧方法の記事を見てみれば、こってりマスカラを塗った目の拡大写真、つやつやした口紅の色がのっている唇の拡大写真などが多数載せられている。ここでも身体はパーツとして観察可能なものになっているのである。いや、観察可能なだけではない。そのパーツを「そのまま自分に持ってくる」ことができる流用可能なものになっているのである。たとえば『私、美人化計画――「目」「鼻」「口」「りんかく」が自分で動かせます』というタイトルの書籍はCD-ROMを付録につけている。[*20] 何のための付録かというと、自分の顔をデジタルカメラに撮りパソコンに取り込んで、CD-ROMを起動させ、自分の写真の眉、目、鼻、口、輪郭を大きくしたり小さくしたり変化させて見ることができるようにするためのものなのである。「パソコンを立ち上げ、CD-ROMをドライブに入れてみてください。あなたは、『美人』になるにはどうしたらいいか、ハッキリとわかるはずです。」と本の冒頭には描かれている。

昨今において、整形への抵抗感が薄くなってきたのは、医学や美容業界の宣伝の直接的影響だけでなく、身体が「部分として観察可能な自分が所有するモノ」として感じられるようになったことにも起因している。観察されるパーツであり、自分の部品であれば、身体は誰もが好きなように加工できるものになっていくのだから。アイシャドウや、クロップドパンツ、コンタクトレンズ、CTや腹腔鏡検査、レントゲン、胃カメラ、マスメディア（による身体の提示）、日常使用するメディア機器（カメラやパソコン）など、もろもろのモノや技術が侵入することで、身体を変えたい欲望は加速するのである（Ⅱ部において、化粧品広告の歴史を見ていく。そこで身体が加工可能なものとして提示されていく流れをより詳しく確認していこう）。

5　自分らしさ

ここまで、美容整形経験者のインタビューから「1　自己満足――ビフォー／アフターなき整形」、「2　想像上の他者・想像上の自己」、「3　モノに支えられる想像力」、「4　技術が侵入する身体」という特徴を抽出してきた。これらの特徴はすべて、整形理由で最も多い「自己満足」と関連する部分である。

本節では少し視点を変え、「自己満足」ではなく「自分らしさ」にも焦点を当てていこう。アンケートによると一般的な身体加工では、「自己満足のため」は六六・一％、「自分らしくあるため」も四二・九％と支持が高かった。美容整形をしたい理由として、「自己満足のため」は四〇・七％と支持が高いが、「自分らしくあるため」は三・八％とあまり多くなかった。とはいえ、二〇〇五年のアンケートだけではなく、「自分らしくあるため」と回答する人は二〇〇三年と二〇〇四年の調査においても一定数は確実に存在していた。またインタビューの中でも、自分らしさに関わるような、整形後の自分こそ自分であるという言い方も見られた。したがって、ここで美容整形における自分らしさについて考察を深めておくのは、意味があるだろう。

それでは、自分らしさとは何か。一般的には自分が生来持っている特徴を指すだろう。その意味では、整形によって失われるのは「生来持っていたはずの自分らしさ」になるかもしれない。「自分らしくあるため整形する」と答えるには、「整形後の（人工的に変えた）自分の方が自分らしい」という逆説的な認識が成立する必要がある。考えてみれば「自分らしくあるために整形をする」という言い方は不思議な回答である。

通常、身体に関して自分らしさという言葉が発せられる場合、一つにはもともと持っていた身体を受け入れることとして考えられる。絵本の世界でも、人とは違う外見を持っている主人公が、それを個性として認めて誇りに思うストーリーは繰り返し出てきて、子供たちにそのままの姿を認めることの素晴らしさを訴えている（教科書に採用されたこともある『スイミー』（レオ・レオニ、谷川俊太郎訳、光村図書出版）などが有名[*21]）。いずれも主人公が身体（？・）的特徴をコンプレックスに感じていたが、それを認め自分の個性として認識していく物語である。この場合の自分らしさは生来的な身体の特徴になるだろう。

もう一つには、内面（精神）にこそ自分らしさがあると考えることとしても考えられる。整形を自分らしくあるためにするという動機の場合、むしろこちらのケースを想定すべきかもしれない。つまり、内面に自分らしさがあるので、それに合わせて身体を変えることである。たとえば、心の中で自分はもっと痩せているはずだ、痩せているべきだと考えて、脂肪吸引を受けることで自分らしさを作りあげていくということだ。この場合の自分らしさは心の中での「こうあるべき」という像になる。

しかし、結論を先取りしておけば、整形理由における自分らしさとは、自分の身体をそのままを受け入れることとは違っているし、内面に合わせて身体を作っていくこととも違っている。

Bさん　補正下着の（マイブームの）波がすごいきてて。で、それ（＝補正下着）だと自分の体形とかで、これはもうそういうもんだから自分らしさとして受けとめようみたいに思ってた乳が小さいとか背が小さいとかは、何か全然工夫次第でどうにでもなるんです。

谷本　うんうん。

Bさん　なので、そうなると、（これまで思っていた）自分らしいっていう基準って、どっちかっていうとこう「自分がすごい楽」とかね、「黙っててもそうなるからそれを受け入れよう」みたいなね、そういう感じだったんだなっていう気づきが最近あって。それと「自分に似合う」

とか「きれいに見える」っていうのは全然違う次元だっていう気がするんですよ。［中略］自分らしさっていうのと「楽」っていうのが、なんか違うのかなっていうとこを、最近、すごい最近、ここ一、二年くらいで、ちょっとこうだいぶ気づいてきて。そういう意味で自分らしいって今思うのは、う〜ん、なんていうんでしょうね、自分が持ってるなんつうのかな、テイストが「キレイ」に出てる状態だと思うんですけど。

ここで、Bさんは自分らしさを、自分の外見をそのまま肯定することではなく、きれいに見せられる状態として定義してみせる。これまでは自分らしさを自分が楽であること、自分のそのままを受け入れることだと考えてきたが、今は、自分の持っている味を「キレイ」な形で出せることだと考えるようになったという。「手術前後の切れ目がないんですか？」という筆者の質問に対して「ないですね。（手術後の顔は）素の顔に味付けしたみたいな」と答えていたAさんの「素の顔に味付けした」という表現も、Bさんの「テイストがキレイに出ている状態」と非常に近いものがある。そのAさんは手術前の顔に「一体感がない」とさえ言う。

谷本　手術前の顔はどう感じますか？

Aさん　えー、わからん。「お疲れさん」みたいな（笑）。別に何にも考えてなかった。「あ、こんな顔やった」もないし。何にも思わない。一体感みたいのもない。

Bさんや A さんが語る意味での自分らしさであれば、「整形後の自分こそ自分らしい」という論理は成り立つだろう。いずれも、自分らしさを生まれたままの自分の身体に見ていないが、内面に身体を合わせるというニュアンスもない。「味付け」したり「テイストをキレイに」出したりするという表現から、もともとの身体を生かすことが、自分らしさにつながるとわかる。次にDさんの言葉を見ていきたい。

谷本　自分らしさというか、Dさんらしさというのは、自分でどこにあると思いますか。
Dさん　自分らしさは常に素《す》のままでいるように心掛けています。
谷本　素?
Dさん　そのまま。素のままで。何か「整形しててそれはどうなの?」かもしれないですけど(笑)。結構ぶりっ子とかしないとか、つくらないとか、包み隠さずに結構言っちゃうタイプなので、それはいい面も悪い面もあるんですけど、基本的には自分は自分らしくいたいというのが私らしさかなと思います。しかも男の子女の子関係なく言いたいことは言うし。「やめた方がいいと思うよ」っていうのは、言い方は結構気を使うんですけど、そういうことも話しています。

Dさんは自分らしさを「素のまま」でいることと言明している。ただし、彼女にとって「素」とは、自分の感じたことを思うままに話すことであり、生まれたままの身体を受け入れることではない。かといって、自分の思いを表現するために整形したわけでもない。整形をしようがしまいが、

Dさんは既にして「素のまま」であり、彼女自身が「『整形しててそれはどうなの？』かもしれないですけど」と笑い飛ばしたように、身体を変えることは内面を表すことと何の関係ももっていないのである。整形をしていても素のままの自分でいられるのだから。そんな彼女にとって整形手術は自分を作り変える手段にはなりえない。

よって、美容整形の文脈で語られる自分らしさとは、身体をそのまま受け入れるものではない。また身体を内面に合わせて作り変えることでもない。それは、今ある身体を生かしながらよりキレイに見えるよう磨くことなのである。いわば「身体のマイナーチェンジ」、それが整形言説における自分らしさであろう。したがって、そこには、単に手術によって魔法にかけられたがごとく変わったという受動的な自己像ではなく、自らをキレイに表現したいという能動的な自己像が見られる。また、手術前の苦しみを語り、手術後の解放感を語るビフォー／アフターの語りとは一線を画す、積極的な意志も見られる。以上の点では、自分らしさ言説は自己満足言説と共通するところもある。ただし、違いもあって、自分らしさは、「自分の気持ちが良ければいい」という自己満足よりも、自己をある意味では表現の場として捉えている。「よりキレイに味付けされた＝マイナーチェンジした自分こそが自分なのだ」という積極的に自己（の身体）に働き掛ける意識が、自己満足よりも強く見られるといえる。

6　小括——心の中にいる他者と自己

本書は、私たちの社会が「見た目依存社会」であり、「美の神話」が押し付けられていることを認めつつ、ただしその暴露・批判に主眼を置かず、実際に美への実践を行う人々のモチベーションを見るものである。そして、そのモチベーションを支える背景を明らかにしようとするものでもある。

さて、2章、3章のアンケートやインタビューから分かる美容整形のモチベーションは、あくまで「自己満足」であった。[*22] この動機は、実際には何を示しているかを突き詰めてもあまり有効ではなく、あくまで動機の語彙の一つと捉えるべきであろう。すなわち、「自己満足」という動機が正当なものとして流布しうる社会背景に注目すべきなのである。

実践者たちの語りは、従来整形の語りとして信じられてきたような、「整形前には醜かった自分が整形後には生まれ変わった」という「ビフォー／アフターのストーリー」ではない。彼女たちの語りにおける一つの方向性は、「整形前と後の違いを無効化する」ものである。それは、「周りの反応がなかった」、「自分の外見や気持ちも変わらなかった」と語るものだ。もう一つの方向性は、「整形後の身体こそ自分にフィットしたものだ」と捉えるものである。したがって、どちらの方向性にせよ、いわゆるビフォー／アフターの語りはあまり見られない。

こういった語りの背景に、実践者たちの心の中に、「想像上の他者」や「想像上の自己」が存在することが挙げられる。アンケートから分かったように、整形を志向する時に、「自己満足」という理由を使用する人は、他者に外見をほめられる人たちであった。「ほめられているのに、なお身体を変えたい」のである。インタビューからも分かったが、実践者たちは、周囲の人に外見を悪くも言われないし、逆にほめられることも多い人間であり、「君は整形する必要がない」と言われていても、「でも決めてるから」「私は、自分は、いや」と主張できる人間である。なぜなら「自分の中で」他人はこう思ってるはずだという確信があるからなのだ。同時に、「自分の中で」他人が指摘する自己像とは違う自分がハッキリと存在しているからでもある。こうして、他者が実際に発する言葉よりも、自分の中の他者評価や自分の中の自己像が優先されるのである。

そしてまた、この心の中の他者や自己を導く想像力を支えるのは、技術やモノである。他人がどう言うかは別にして、自分がベストと信じるプリクラ写真だけを大事に残し、他の写真は「封印」して「なかったことに」してしまう。また他者がどう評価しようと、アイシャドウが「雑誌に載ってるそのまま」に塗れない一重まぶたにうんざりし、「それが一番きつかった」と感じる。そして二重まぶたにした後は、周囲の知り合いは二重になったことを「会っても全然気付かない」にもかかわらず、「青、緑、ピンク、紫とか各色そろえて。毎日、色を変えていった」くらいの幸福感を感じるのである。

想像力を支える技術やモノは、同時に、身体を変えるモチベーションそのものにもなる。アイシャドウを塗りたいから二重まぶたにすることも、アイプチを経験することで身体を変えたい欲望が加速し元に戻れなくなってしまうことも、コンタクトレンズをはめることで目元に意識が集中していくことも、すべて、技術やモノが身体に侵入することで身体加工へと人を導いていくことであった。そして医療機器やメディアによって身体は観察可能なものとなり、部品として認識できるようにもなっていく。こうして、モノや技術は、想像上の他者と想像上の自己を支えると同時に、身体を変えていく力そのものにもなっていく。

以上の論点を踏まえると、美容整形は、身体を変えることで自分を変えようとする試みではなくて、もともと持っていた身体を生かしつつマイナーチェンジをしようとする願望のあらわれであるといえる。そして、コンプレックスから逃れるためだとか、他者の評価をあげるためだとかといった動機は、あまり見られず、むしろ、実践者が意識するのは自分の中の（想像した）他者評価であり、自分が盲信する自己イメージ（自己像）である。

Ⅱ部

4章　化粧品広告における身体表象の要素

さて、3章4節「技術が侵入する身体」で見たような、身体に技術が侵入するさまをハッキリと提示するモノに化粧品がある。二重まぶたにしたい動機に「アイシャドウをぬりたいから」というのは、その典型例といえるだろう。北山晴一（一九九一）によれば[*1]、化粧品は消費メディア、流行の媒体、社会的コントロールの一契機として、私たちの行動様式へ介入してきている。したがって化粧品は身体を語る商品として扱うべき素材といえるだろう。だが、今なお、化粧や化粧品にかかわる研究はまだ十分行われていない。

また、そもそも、私たちは身体としての自分についてわずかしか知らない。直視できる身体の部分はごく一部であって、たとえば、自分の顔も鏡や写真あるいは他人の言葉といった媒介《メディア》を通してしか知ることができないほどだ。けっきょく私たちは、可視化され／表現された身体しか、見ることができないし認識できない。その中でもいわゆるマスメディアは一九世紀末以降重要な媒介者となっている。メディアの中で提示／表現されている身体像が、身体を認識する際の基準となっているからである。たとえば、私たちが実際に化粧するときでも、雑誌やテレビに提示されている像にあわせて顔を微調整する。本人が緑色を好きだとしても、それが社会のなかで美しい身体として提示されていない限り、唇に緑色を塗りたくることはまずない。もちろん提示される身体像が絶対的に美の基準というわけではなく、もともと私たちが「美しい」と感じる身体がメディア上で提示される像に影響を与えている。いうまでもなく、メディアと意識の関係には、相互作用があり、互いが互いを規定するという再帰的な関係がある。ゆえに、「実際」の私たちの身体意識が先にあってメディアに影響を与えているか、メディア等で提示される身体像が先にあって私たちの意識に影響を与えているかを考えても意味がない。意識がメディア表象に影響を与え、メディア表象が意識に影響を与える相互作用があるとしかいえないからだ。よって、ここでは意識が先かメディアが先かという不毛な議論は行わず、むしろ「いったいどのような身体像がメディア上で提示されているのか」を明らかにすることを主眼とする。

したがって、本章では、化粧品とマスメディアの交差する地点＝「化粧品広告」を考察し、身体表象の変化が、最終的には美容整形にいたるような身体観の登場を「表している」と同時に「押し進めてきた」ことを確認していくことになるだろう。また、美容整形に関する広告は近年になって登場したものなので、美的な身体観について歴史的に理解するためには、化粧品広告の方が適していると思われる。

まず、1節で広告資料について説明する。次に2節で、化粧品広告が主として身体の美しさを示すものであることを確認し、化粧品広告を分析すれば「どのような身体が美しいものとして表象されているか」が分かることを示す。3節で、具体的にどのような方法を採れば、うまく身体像を抽出できるかを検討する。4節で、美しい身体を構成する要素を抽出していく。最後の5節で全体をまとめていこう。

1　化粧品広告について

対象とする化粧品は、トイレタリー商品と香水をのぞいた、いわゆるメイクアップ商品とする。ただし特に化粧品として扱われている洗顔料は分析の対象とする。資料は、明治から平成にわたる（一八六八〜二〇〇〇年）[*2]、紙媒体（雑誌、新聞、ポスター）の広告六〇三〇点である。[*3]化粧品が日本製であれ海外からの輸入品であれ、広告はすべて日本国内に向けてつくられたものを対象とする。

①資生堂企業資料館にて保管されている資料を閲覧・撮影したもの。主として雑誌広告。資料撮影は一九九九年一二月一四日、および二〇〇〇年四月一〜二日に行った。明治期〜二〇〇〇年までの五五五五点。[*4]

②株式会社コーセーの社史。コーセーが広告活動を本格化した昭和二〇年代以降のものを九二点。

③『コピー年鑑』（ただし一九九〇年以降『TCC広告年鑑』と名称変更される）、誠文堂新光社。一九六九〜一九七一年、一九七四〜一九九八年に渡る二八冊分から二〇三点。

④『日本の広告美術――明治・大正・昭和2　新聞広告・雑誌広告』（東京アートディレクターズクラブ編、一九六七年、美術出版社）。明治から昭和期までの四三点。

⑤『日本の広告美術――明治・大正・昭和2　ポスター』（東京アートディレクターズクラブ編、一九六七年、美術出版社）。大正から昭和期までの一三点。
⑥『昭和広告六〇年史』（山川浩二編、一九八七、講談社）。昭和期の三九点。
⑦『日本の広告写真一〇〇年史』（伏見文男編、一九八六、講談社）。一九二〇～五〇年代のもの九点。
⑧『クラブコスメチックス八〇年史』（クラブコスメチックス株式会社、一九八三）。明治から昭和期までの三一点。
⑨『平尾賛平商品五十年史』（平尾賛平商店、一九二九）。明治から昭和初期までの四五点。

上記以外に『美と知のミーム、資生堂』（一九九八、資生堂）、『資生堂のクリエイティブワーク』（一九九八、資生堂）を、および画像は収集していないが『花王石鹸八十年史』（一九七一、花王石鹸株式会社資料室）、『鐘紡百年史』（一九八八、鐘紡株式会社）を参考にしている。

本書に記した広告の年代はすべて資料に記載されている年代にしたがっている。ただし①の資料に記載されている年と、③～⑦の資料に記載されている年とでずれている場合があった（②⑧⑨に関しては重複していない）。そこで、年に関する記載がずれている場合は、③～⑦の資料にしたがって記している。

さて、広告をどのように見るかという大きな問題がある。一つひとつ個別の広告を（記号論的に）分析するやり方は、広告を素材に扱った研究で時おりなされている。ある一つの広告を読み解き、「新しい美意識の登場を表わしている」、「女の価値を見た目で判断する支配体制が表れている」などという解釈をくだすようなやり方である。

ところが実際に私たちが、個々の広告の意味を解釈することはまれであり、多くの広告をなんとなく目にし、その広告「群」が醸し出す雰囲気に捉えられることの方が多い。したがって資料を分析するときに、一つひとつを解釈するよりも、ある程度まで広告を量的に扱っていく必要があるだろう。広告を群として扱うことではじめて、その中で描かれている身体像の特徴を抽出することが可能になると筆者は考える。したがって本書では広告一つひとつを解釈するのではなく、量的にまとまった「群」として捉えることにする。時代によって広告の見方は違っているだろうが、その違いはあえてここでは重視しない。

とはいえ、実際に議論する中では時代をゆるやかに区別して記述した方が分かりやすいと思われる。よって本文では、一八六八～一九一一年の明治期、一九一二～一九二五年の大正期、第二次大戦を含む一九二五～一九四四年の昭和初期、戦後の一九四五～一九五〇年代、一九六〇年代、一九七〇年代、一九八〇年代、二〇〇〇年を含む一九九〇年代の、八つに区分して論じる。

なお、この八つの区分は資料の量に依存している。資料は古いものは少なく、一九六〇年代以降は多いことから、明治・大正・戦時中・戦後は時代区分でかためて、資料の増える六〇年代以降は一〇年おきに分けた。[*5] エポックメーキングな広告の登場によって時代を区分する方法も考えられるが、その分け方は広告個別の意味解釈に依存することになるので採用しない。

2　化粧品広告が表すもの――身体と美

身体の美を考察するのに化粧品広告が適切な素材であることはすでに述べた。とはいえ、化粧品広告に表現されているものは、身体美だけとは限らないと考える人がいるかもしれない。化粧品広告の特徴は、身体美の特徴ではなく、化粧品という商品の特徴であると考える人もいるかもしれない。[*6]そこで、まず、化粧品広告が身体美を表現していることを示そうと思う。

まず、実際に化粧品広告において最も表現されるものは「人間の身体」であることを見ていこう。もちろんそれが広告である以上、商品を表す画像や文字が記されているのは当然のことだ。だが場合によっては、人間の身体は、商品よりも重要な要素として表されるのである。人間の身体が画像に表されている割合は、明治期には六九・二三％、大正期は五四・一七％、第二次大戦時期を含む昭和初期では七七・三三％、戦後から一九五〇年代までは七〇・五八％、一九六〇年代には五八・三三％、一九七〇年代には九七・六八％、一九八〇年代では七六・九三％、二〇〇〇年を含めた一九九〇年代には六四％にのぼり、明治から現在のほぼ一五〇年間ものあいだ過半数を超えていることが分かる（図6）。

これは文字による身体の表現を抜きにした数値であるので、文字による身体の表現を含めれば、ほとんどの化粧品広告内に人間の身体が表現されていることになる。さらに、具体的な広告を見ても商品や企業のロゴだけ入れて人物のみを写した広告もあるほどである。以上から、やはり化粧品広告において特に表現されるのは人間の身体であると結論づけてよいだろう。

次に、今まで「人間の身体」という漠然とした書き方をしてきた。それはいったいどのような身体なのかということを見ていくことにしよう。

図6　広告上の「人間の身体」画像

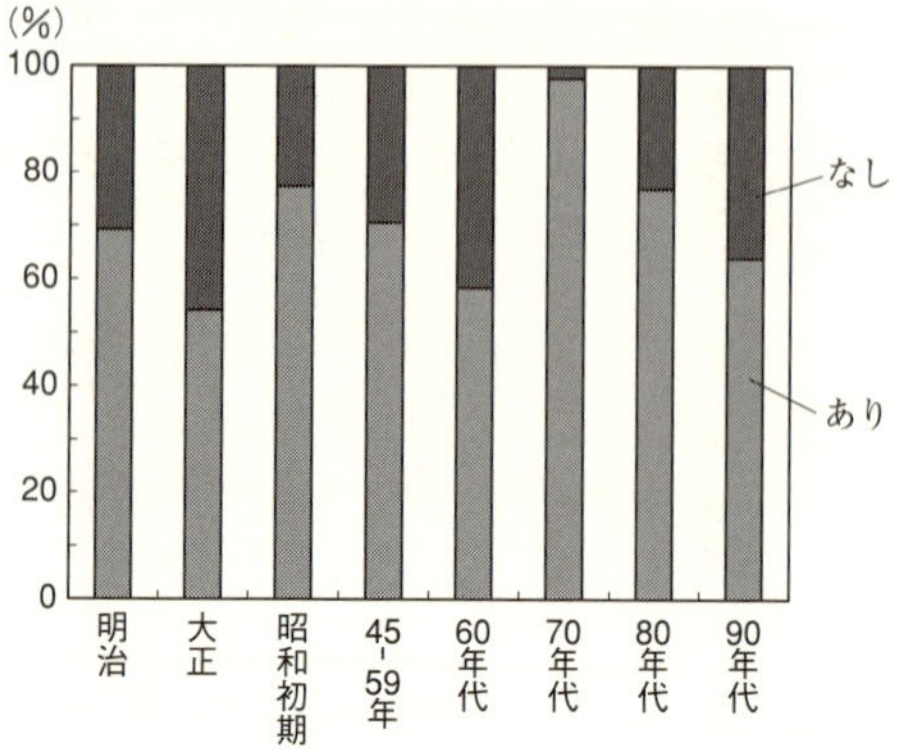

化粧品広告でなくても、広告上のモデルはたいてい「美しい」。広告写真を撮るカメラマン波多野不二雄（一九五二）は次のように語っている。[*7]

「広告は美しくあらねばならない。美人というのは美しい女のことである。だから美人の写真を広告に使えば広告は美しくなるだろう」という不思議な三段論法がある。こんな馬鹿げた論理もないのだが、実際問題としてこれ程手っ取り早くて楽なやり方もないのだから困ったことになる。それがこの美人論法のワナであり、相も変わらぬ美人ポスター、その他のハンランを招く結果になっているのだと思う。

このように「美人」がハンランする広告の中でも、特に「化粧品」の広告は、商品の特徴を考えれば「身体の美」と切り離して考えることはできない。もちろん、化粧品広告が伝えるものは美しい身体イメージだけではないかもしれない。だが、実際に化粧は「身体を美しくする」ことを目的とした行為である。化粧品が「美を購買できる」商品として提示される必要がある限り、化粧品広告は「化粧品が『美しい』身体を創出する」と語り続けなければならない。実際の広告例（一部）を見てみよう。

明治期（一八六八〜一九一一年）
「クラブ洗粉は衛生美身術に適合す」1907
「高尚なる素顔の美を保護せらるる」1908〜1911
「人間の美を装うものは『レート（化粧品）の』効なり」1909
「化粧の時も、素顔の時もいつも綺麗よ艶やかよと　ほめられるのは皆美顔水のお陰！」1911

大正期（一九一二〜一九二五年）
「常に皮膚を整えて肌理を細かく色艶美しくなる事［中略］美しい自然の生彩を表すお化粧が出来ます」1912
「自然に近き人工は最も美なり」1913
「清新な美の創造者たるクラブ」1920

昭和初期（第二次大戦時期を含む、一九二五〜一九四四年）
「美を助け美を増すクラブ白粉」1927（次頁の図7）
「美しくなる純良無鉛」1928
「高貴で美を増し美を養い美を整う」1928
「生地迄美しくする類のない白粉」1931
「美しき地肌の護り」1932

図７　「美を助け美を増すクラブ白粉」1927

出典：④『日本の広告美術——明治・大正・昭和２　新聞広告・雑誌広告』(東京アートディレクターズクラブ編, 1967, 美術出版社), 268頁

「こぼれる美」1932
「ああ！　永遠の麗容に君が青春の祝福を　コロンの一滴　無量の効果」1935
「美肌効果絶大な栄養素を豊富に乳化した理想的な栄養化粧水」1936
「みなさまの自然美は何んなにか輝かしさを増す事でしょう」1937
「いきいきした素肌美を創りお化粧効果を倍加します！」1937

戦後から一九五〇年代まで（一九四五～一九五九年）

「ラブ乳液で肌をお手入れして輝く素肌美をつくりましょう　貴女の微笑も、個性の輝きも美しい素肌あってこそ！」1931
「よい品質は貴女をより美しくします」1949

「美しいお肌をつくる」1949
「お肌に栄養を与え素肌を美しくする」1950
「カラー化粧は蛍光灯の下でも美しさの変わらない」1955
「透き通るように美しい自然のお肌色」1955

一九六〇年代

「美しさを深める」1961
「生きた美」1968
「スペシァルは高めるもの」1968
「効果的なシャドウは眼をふせても美しい」1969
「パック。ひそやかな静止した時間です　ほっとしたあと、美しくなってます」1969

一九七〇年代

「太陽に輝く美しさ」1971
「美人より大切なものがあるなんて男のウソです」1973
「ううっ、美少女…」1975
「イオナ　わたしは美しい」1976
「素肌美人」1979

一九八〇年代

「美しさがしのんできます、19分」1980
「美しさは、鮮やかな言葉です」1980
「君は薔薇より美しい」1980
「女性の美しさは都市の一部です」1981

一九九〇年代（二〇〇〇年を含む）
「キレイに自信」1991
「じぶんの『キレイ』を大切にしたい。ゆっくりと育てていきたい」1991
「きれいになるとき」1991
「今日の肌、朝の乳液ひとつできれい」1994
「チャーミングをアップする色」1994
「飾る宝石などいらない、美しい肌色」1995
「ふんわり美しい肌色に」1997
「美しい美白へ」1997

このように、広告においては化粧品が「美しい」人間の身体を創出するものとして語られる。言いかえれば、化粧品広告は「あなたを美しくする」と語り続ける必要があるのだ。したがって、広告表象の中心は「美しい身体」で占められることになる。

3　身体美の要素を抽出する

では、明治から現在までのおよそ一五〇年ものあいだ、化粧品広告上に現れる（美しい）身体像を構成する要素を取り出していきたい。仮に「A、B、1、2、3、あ、い、う、え」の要素があるとしよう（図8）。ただしそれらの要素は、多岐にわたり、なおかつさまざまに変化し、しかもヒエラルヒーをなしているわけではない（「A、B、1、2、3、あ、い、う、え」がヒエラルヒーをなしているわけではないということ）。よって、どの要素を特権的に扱うのかは難しい問題である。

そこで本書では、明治から平成の時代にわたって継続的に現れる共通要素（「B、3、う」）に注目していくことにしよう。ただし、特に取り上げる共通要素が美しい身体像のヒエラルヒーの頂点に立つ要素であるとか、その共通要素が美しい身体にとって本質的なものだとか主張するつもりはない。ただ、取り上げる共通要素が、この一五〇年もの間、美しい身体を表現するものとして表象され続けてきた要素であるということなのである。

図8　広告に現れる（美しい）身体の構成要素

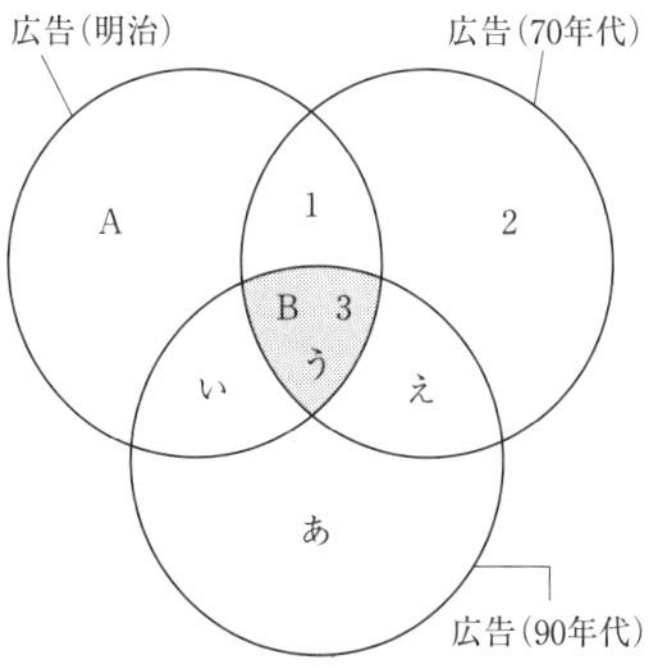

（共通要素〔B,3,う〕を抽出）

3―1　要素を抽出する方法

さて、重要な問題として、どのように身体美を構成する要素（「A、B、1、2、3、あ、い、う、え」）を抽出するかということがある。多様な要素を抽出するのは非常に難しい。たとえば一枚の写真はさまざまな印象を与えるが、その印象一つひとつを抽出するのは至難の業である。画像からいきなり要素を抽出するのは無理があり、（現時点では）ほとんど不可能といってもよいだろう。画像そのものを言葉に移しかえて分析する方法論は確立されていないからである。

ではいったい身体美の要素をいかにして取り出していくのか。その手がかりとして、さしあたりキャッチフレーズに注目していくのが有効である。キャッチフレーズはR・バルト（Barthes,1982=1984）もいうように広告を方向づける「投錨」の役割をしている。

映像はことばを明確にしたり、《現実化》したりするのではない。ことばの方が映像を崇高にし、悲愴にし、あるいは、理性的にするのである。［中略］かつては、映像がテクストに挿し絵をあたえた（テクストをより明確にした）。今日では、テクストが映像を重くし、映像に、文化や道徳や想像力をになわせている。[*8]

またW・ベンヤミン（Benjamin,1936=1970）も「複製技術時代の芸術作品」の中で写真に付けられる「解説」によって「読者は、その受け取り方を一定の方向に規定されてしまう」と指摘している。[*9]したがって、キャッチフレーズを見ていくことで、身体美と結びつけられている要素にどんなものがあるのかが、あるていど分かるはずである。

キャッチフレーズは文節で分けて、それらの文節を類型化する。広告に書かれている言葉はちらっと見て分かる大きい文字のキャッチフレーズ、商品の機能を細々と書いた小さな文字の説明文などあるが、類型化には文字の大きくて目立つキャッチフレーズを利用する。[*10]

書きそえる必要があるのは、キャッチフレーズを一括して類型化することの困難さについてである。時代により言葉のもつ意味合い（言葉への感覚）は異なる。また、時代によって人々の広告の見方（受容の仕方）も変化している。たとえば、何を「自然」と捉えるかは明治期と平成期ではズレがあるはずである。しかし、それでもキャッチフレーズ（の文節）を類型化することで、身体美がどのような要素から成り立つかを、あるていどまで推測することができるという立場を本書はとる。なぜならば、ここでは広告をあえて量的に（群として）扱う方法を採っているからである。つまり大まかな身体観の流れをつかむことができればいいので、時代による言葉のニュアンスの変化を細かく検討することはしない。

また、何をもって「自然」と認識するかは、時代によるズレをはらんでいても、やはり同じ事物で認識されることもあるからである。具体的にいえば、「花」というタームは、明治期と平成期でニュアンスが変わっても、自然物であることは変わってないだろう。特に、化粧品広告のキャッチフレーズに関しては、言葉の意味合いはあまり変わらないとされている。化粧品広告のキャッチフレーズを作っていたコピーライター土屋耕一（一九九七）は、「コピーは時代を反映するものだ、コピーを見ると時代が分かるという人もいますが、化粧品コピーに限っていうと、どうもそうじゃないような気がする。［中略］化粧品の広告はあまり時代と密着していない、いつでもどういう言い方でも通じるようなところがあるんです」と述べているほどである。[*11]

したがって、本書は時代による化粧品の位置づけや広告の需要の仕方が変化していることに配慮しつつも、同じ言葉は同等の意味をもつものと捉え、キャッチフレーズを文節で区切り、文節群を類型化する。そして、そこで現れた複数の要素が身体美を構成すると考えることにしたい。

表6　主な美の要素

	継続的に登場，かつ割合が多い								
	①自然	②科学	③あこがれ	④身近さ	⑤美しさ	⑥異性	⑦国威	⑧状態	⑨その他
明治	9.73	37.17	30.09	5.31	6.19	0	6.19	0	7.08
大正	5.81	37.21	17.44	2.32	9.3	0	5.81	0	19.77
昭和初期	6.49	23.78	5.41	9.19	13.51	1.08	10.27	0	35.14
45−59年	5.41	27.03	5.41	9.01	12.61	7.21	2.7	0	30.63
60年代	23.64	2.07	4.55	8.82	10	2.73	0	14.55	33.64
70年代	12.53	4.59	4.28	12.23	4.89	3.36	0	7.03	51.07
80年代	12.98	18.7	1.91	10.69	2.67	2.67	0	8.78	30.15
90年代	13.94	28.85	2.4	8.65	3.85	6.25	0	11.05	36.54

3―2　身体美の要素

キャッチフレーズの長さは時期によって異なる。明治期にはキャッチフレーズは説明的で文章が長いのに対して、別時期のそれはキャッチフレーズの名にふさわしく短い。だが、文節を類型化するときに、時代別の割合を出すので、キャッチフレーズの長さの違いはあまり考慮に入れる必要はないだろう。

キャッチフレーズの文節数は、明治期一六三〇[*12]、大正期一八六〇、昭和初期四〇三五、戦後から五〇年代まで二三三二、六〇年代三六一六、七〇年代三三二五、八〇年代四一四四、九〇年代三四九六であった。

さて実際に類型化を行った。[*13] 作業はすべて、筆者を含むグループ四人で行い、一致率は出していないが、結果がほぼ一致するまで類型化の作業は継続することにした。その結果、キャッチフレーズの文節は大まかに九種類に分けられた。[*14]

①自然物や自然性を持つもの
②科学や医療を中心としたテクノロジー
③あこがれを煽るための優位な他者を表すもの

④自分も広告のモデルのようになれるという身近さ
⑤美・美しさという言葉そのもの
⑥異性を惹きつけること
⑦日本の国威を見せつける商品としての側面
⑧身体（顔）が美しい状態を表す言葉
⑨以上に当てはまらない表現

（①～④の詳細については後述。⑤～⑨は注14を参照）。これらの要素の割合は表6に示している。前の五つ（①～⑤）は継続的にあったのに対して、後ろ四つ（⑥～⑨）はすべての時代にあったわけではない。⑥「異性を惹きつける」表現は昭和に入ってから、⑦「日本の国威を表す言葉」は明治から第二次大戦直後までは見られるがそれ以降は廃れてしまっており、⑧「美しい状態の表現」は六〇年代に入ってから登場する。

継続的に表現されている⑤「美・美しさという言葉そのもの」については、化粧品広告が美しさと結びついていることを示しているという2節の主張を裏付けるものとして示唆するにとどめておく。身体美を表現するのに、⑤（＝「美しい」という言葉）が継続的に存在するのは当然のことだからである。

本書で扱うのは、継続的に登場し、かつ割合の多かった、①「自然性をもつもの」、②「科学や医療、テクノロジー」、③「あこがれ」、④「身近さ」の四つの要素である。言いかえれば、以上の四つの要素は身体美を表象するのに欠かせなかった要素なのである。

キャッチフレーズは投錨の役割を果たし、広告上の画像もそちらの方向で解釈される。また、商品の種類によっては、キャッチフレーズと画像のズレを作為的に作り出すことによって「おもしろみ」を演出する広告もあるが、化粧品はあくまでも美を創出する商品であることから、その広告は画像と言葉の両方が一致協力して「美しさ」を演出することが多い。したがって、画像の類型化を行っても、キャッチフレーズによる類型化と似たような結果になるであろうと推察される。

以下では、継続的で割合の多い、①「自然性をもつもの」、②「科学や医療、テクノロジー」、③「あこがれ」、④「身近さ」のそれぞれについて、画像にも注目しながら見ていこう。そして、キャッチフレーズについては文節に分けたまま記述すると読者に対し不親切であろうから、文章として提示していく。キャッチフレーズはすべて原文のままである。

4　身体美の四要素

4―1　自然性

化粧品広告では、女性の美を表すのに、植物や動物、鉱物、食べ物、織物、水や光といった「自然を連想させるもの」が数多く利用されている。あくまでその転用物が実際に「自然物」かどうかより「自然ぽさをもつもの」かどうかが重要になる。また、人間そのものを自然性を持つもので表す場合だけでなく、化粧品を自然的なもので表す場合もある。結局どちらの場合も「自然」物は人間（女性）の美と結びついていく。自然性を付与された化粧品をつけるのだから。

さらに、素肌や素顔など（自然ぽさを強調した）身体表現も目立つ。加工を加えていない身体を提示することで自然性を醸し出すのである。

以下で、自然物・自然ぽさを表現した場合と加工していない身体の場合における、自然性を強調した表現をそれぞれ見ていこう。

＊自然物・自然ぽさの表現

明治期

「美しい自然の生彩を表すお化粧が出来ます」1912

「レート自然色白粉…は美しき自然の肌色なるを以て之を薄化粧用に」1912

「自然美を保つ」1912

大正期

「自然に近き人工は最も美なり」1913

「美しい自然の生彩を表す」1912

昭和初期（第二次大戦時期を含む）

「陽春サンサンとして風に薫る！」1930

「草木に萌す春のいぶき　ああ！　永遠の麗容に君が青春の祝福を」1935

「繻子のように輝く柔肌に！」1938

「美肌に微笑む紺碧の空」1938

戦後から一九五〇年代まで

「バニシングクリーム　淡雪のようにサラリと溶けこんで」1950
「お手入れ次第で美くし《ママ》い花も　美くし《ママ》いお肌も……」1954
「透き通るように美しい自然のお肌色です」1955
「水の軽さが恋しくなる」1958

一九六〇年代

「スイートピーのほほ」1960
「雲が白くなる　肌が白くなる」1960
「レインボウカラー」1961
「絹の肌」1962
「宝石のかがやき、宝石の高貴さ［中略］天然のバラの香り、バラの華やかさ」1963
「フルーツカラー」1963
「花になる蝶になる」1963
「薔薇とダイヤモンド」1963
「花から肌へとんできた」1963
「密の泉が見つかりました」1964
「夢の色チェリーピンク」1965
「〈真珠の輝き〉をどこに生かしますか?〈30号パール〉は目もとを輝かせます」1967
「水とメイクアップとの調和」1968
「太陽の輝きを全身に」1962
「フルーツの唇」1963
「美人になるキャンディ」1965

「太陽に愛されよう」1966
「水とメイクアップの調和」1968

一九七〇年代

「赤道をこえて、南の色がやってくる」1970
「太陽に輝く美しさ」1971
「目は光」1972
「秋に熟すのは自然の色と女の美しさ」1972
「光を逃げるふたり」1972
「水に咲く花のような」1973
「彼女はフレッシュジュース」1975
「海岸通りのぶどう色」1975
「素肌を薄絹みたいな白さに見せるメイクアップ」1975
「描いてごらん海の色で」1975
「あなたはほの白く夕顔のように見えたのです」1976
「くちびるのブランデー」1976
「春の日射しよりもあなたの唇がまぶしい」1976
「うれしくて、バラ色」1977
「雨に洗われた風景のうるおい、あの感じの肌」1977
「あのこのあだ名はマスカット」1979

一九八〇年代

「君は薔薇より美しい」1980

「水の不思議」1981
「すみれ September Love」1983
「人、芽ぐむ。［中略］そのとき、人は、花だから」1984
「海の色選ぶ」1989
「ラズベリーレッド」1989
「肌が光とおどっています」1989
「花の色、ピックアップ」1989

一九九〇年代（二〇〇〇年を含む）
「くちびるで、さんごピンク」1991
「初めての空気みたいな肌ごこち」1994
「人間だけでは美しくなれない。自然もないとね。」1996
「くちびるに光のしずく」1996
「移り気なバラ色に恋してしまった」1996

＊加工していない身体の表現
明治期
「素顔地肌の美」1912
大正期
「生地の色までも白くなる」1917（1908にもあり）
昭和初期（第二次大戦時期を含む）
「白粉の美しさより素肌の美しさ」1932

「初夏の表情美　自然美」1935
「いきいきした素肌美」1937
「みなさまの自然美は何んなにか輝かしさを増す事でしょう」1937

戦後から一九五〇年代まで

「ラブ乳液で肌をお手入れして輝く素肌美をつくりましょう　貴女の微笑も、個性の輝きも美しい素肌あってこそ！」昭和30年代

一九七〇年代

「素肌負けないで」1976
「素肌有情」1978
「素肌美人」1978
「素肌郷愁」1978

一九八〇年代

「素肌春風」1980
「素肌青空」1980
「顔も裸になりたい」1982
「くちびるヌード」1985

一九九〇年代（二〇〇〇年を含む）

「顔は、ハダカ」1997

以上のように、広告において人間の身体――化粧品広告の場合には主として女性の顔面の美しさに特化されるが――は自然的なものと結びついていることが多い。特に一九六〇年代から一九八〇

年代にかけて多く、その他の時代には若干少ないが、一貫して身体が自然的なものと結びつく。別言すれば、身体の美しさは自然なものとして可視化されていくのである。

4―2　科学・医療・テクノロジー

化粧品広告上で身体（女性の美）が自然的なもので転用されているのを見てきた。だが、おもしろいことに全く逆の表現も数多い。それは科学技術や医療衛生といったテクノロジーが女性美に貢献していくとの表現である。それはたとえば、「顔手足等あれ性の人常に之を用ゆれば皮膚を美麗滑澤ならしむるのみならず（にきび、そばかす）顔の小じわ等の生ずるとなく又白粉下となし使用すれば本邦在来の鉛製白粉と雖も中毒を起こすとなし」、「ビタミンDの美肌効果　日光に当たるとビタミンDに変化するエルゴステリンのほかアルモンドの仁から得た美肌効果絶大な栄養素を豊富に乳化した理想的な栄養化粧水」、「科学の力でお化粧が美しくでき、化粧崩れも防げる」、「ＳＡアミノ酸配合、そしてアルブチン効果　澄んだ素肌へ」といった表現に見られる。

身体美は、自然的なもので比喩されながら、同時にテクノロジーによって媒介されるものとして表されているのである。そして、操作可能で、数値化可能なものとして表現される。以下では科学や医療、テクノロジーを彷彿とさせる表現をまとめて見てみよう。

＊科学・医療・テクノロジー

明治期

「此小町水は［中略］あせも・そばかす・はたけ・手足口中のアレ・ふきで物・かみくひ・またのすれ・やけど・ひび・あかぎれなどに妙也」1881

「顔手足等あれ性の人常に之を用ゆれば皮膚を美麗滑澤ならしむるのみならず（にきび、そばかす）顔の小じわ等の生ずるとなく又白粉下となし使用すれば本邦在来の鉛製白粉と雖も中毒を起こすとなし」1905

「一国の船来石鹸よりもクラブ洗粉は衛生美身術に適合す　千種以上ある洗粉の中にもクラブ洗粉は石鹸に優れたる特點あり」1907

「にきびはたけあせぼ吹きでもの　顔のあれ等を治することぬぐうがごとし」1909

「文明のトイレット」1911

「携帯用に便利なる　最新進歩の新容器」1911

大正期

「如何な寒中にもけっして肌膚の荒れる事無く、常に皮膚を整えて肌理を細かく色艶美しくなる事、不思議の効能があります」1912

「生地の色までも白くなる」1917 （次頁の図9）

「日本に於ける模範的化粧法」1918

「古きを脱ぎ捨てて新しい化粧美に解放された」1920

「新時代」1920

「果たして……此大問題　鉛毒の害を一掃せんとして立てる率先者は御園白粉本舗伊東胡蝶園で御座います。果たして近来諸博士間に白粉の鉛毒の害が力説され、益々恐ろしい事実が明らかにされて参りました。現に本年の医会で『乳児の所謂脳膜炎は母親の使用する鉛白粉から起こる』と確定いたしましたに見ても此際みなさまはけっして鉛を含む粗悪な白粉をお使いくださいますな……。みなさまの

図9　「生地の色までも白くなる」1917

出典：⑧『クラブコスメチックス80年史』（クラブコスメチックス株式会社, 1983）, 47頁。薬学士 P.L. スミス氏が広告に載っている。

ご健康の為めにも、また美容の為めにも有名な御園白粉のご愛用をおすすめ申し上げます。」1925

「数滴で数分で立派な化粧！　衛生上にも優秀第一の白粉」1925

「文化婦人」1925

「アレ止に一番よくきくクラブ美身クリーム」1925

昭和初期（第二次大戦時期を含む）

「純良無鉛　アレ、日やけ止めに一番よい」1928

「日やけ止めによくきく」1928

「美しくなる純良無鉛の」1928
「ぜひ常備せられたき皮膚衛生薬」1931
「異常のツキ……異常の冴え……代表優良国産品　白粉の粒子微細にして化学的に皮膜力強く」1931
「ビタミンDの美肌効果　日光に当たるとビタミンDに変化するエルゴステリンのほかアルモンドの仁から得た美肌効果絶大な栄養素を豊富に乳化した理想的な栄養化粧水」1936
「コティーは十二の色調をもつ粉白粉を完成して居ります　ご選択の方法と配合によって」1937
「一歩進んだ超微粒子クリーム」1937
「お肌を護る純白のお肌料！　ウテナバニシングは乳化作用が完全なため、さらりと快くお肌に溶けて均等にノビ、烈しい陽の直射を遮り陽ヤケを未然に防ぎます。尚皮膚深部に浸透した美肌素の培いは、ニキビ、吹出物を改善させ、いつも白粉ノリのよい［中略］青春肌と致します」1937

戦後から一九五〇年代まで

「明治大正から昭和へ　香料油脂の研究に献身してきました」1948
「お肌にも栄養を！　コールドクリーム　コールドの良否は見た目や匂いだけではありません。乳化状態が完全であるかどうかにかかっています」1950
「吹出物やニキビ、肌アレを防ぎます」1950
「両性ホルモンの作用で皮膚細胞を若返らせる」1952
「科学の力でお化粧が美しくでき、化粧崩れも防げる」1954
「カラー化粧は蛍光灯の下でも美しさの変わらない、光彩科学の新化粧です」1955
「これさえあれば白い肌　シミ、そばかすをなおします」1957

一九六〇年代

「新しい固形の油性の化粧料です」1960

「色の区画整理ができています」1962
「なぜこれほどまでに乳化したのでしょうか」1967
一九七〇年代
「肌荒れを防ぎ若々しい肌を保ちます」1973
「モイスチュア効果」1979
一九八〇年代
「日やけ・日やけ防止に指数がつきました」1980
「メイク23秒」1981
「ミネラルサイエンス」1984〜1985
「肌の水分　10%〜20%に保ちたくて」1985
「天然色素β-カロチン」1985
「サイコロジー」1986
「夏に向かって紫外線は冬の約3倍にもなる」1987
「紫外線A波B波を防いで」1988
「（薬用C）ホワイトパウダー　メラニンのバランスをととのえて、しっとりと（オールシーズン）ホワイトパクト　紫外線A波B波を防いで、うるおいを守ります。」1989
一九九〇年代（二〇〇〇年を含む）
「ビタミンCとビタミンEを統合させたアクティブCE配合の保湿クリーム」1990
「アルブチン効果の発見」1990
「SAアミノ酸配合、そしてアルブチン効果　澄んだ素肌へ」1993
「初めてのレチノール効果」1993

「天然成分WAA配合の新スキンケア」1993
「目もとにチカラ、口もとにチカラ。リンクルリフト。初めてのレチノール効果」1993
「まだ見えないシミも美白する、そのメカニズムについて」1994
「シミができない、そばかすをつくらない、それがアルブチン効果の『美白液』」1995
「十分進歩した科学は、魔法と区別がつかない」1995
「100％天然トレハロースの効果」1995〜1996
「あなたの肌の、製造年月日はいつですか」1997

以上で見たように、身体美は、科学や医療、テクノロジーによって変えることのできるものとして可視化されていく。数多く目に飛び込んでくる広告の身体美が、時間をかけながら緩やかに私たちを捕らえていく。そうして、少しずつゆるやかに、身体美は数値化可能で操作可能なもののように感じられるようになる。

つまり身体の美しさは自然的なもので比喩されながら、テクノロジーに媒介されるものとして表現されるのである。

4―3　あこがれ

広告で表現される「身体に関わる美しさ」が私たちにとって遠い存在である場合が多々ある。つまり、化粧品広告において身体美は「あこがれを煽る優位な他者」と結びついて表現される。

「他者」といえばアイデンティティをめぐる議論で「排除すべき差異を持つ者」が語られる場合

もあるが、[15] 化粧品広告の場合にはむしろ「あこがれられる優位な者」が語られる。その例として皇族や外国人（欧米人）が挙げられよう。たとえば、皇族に関しては「尊しや園生《そのう》の君より常にご用を忝《かたじけな》ふせるクラブ洗粉　巳に貴族の御用品たるに至れるクラブ洗粉　世界一の尊き園生より御用を忝ふせる」というキャッチフレーズで表されている。欧米人は、画像でひんぱんに登場したりキャッチフレーズで「外国婦人が信用せる化粧品」と表されたりしている。

画像に関していえば、生活感よりなモード感があふれる画像もあこがれを煽るような他者性を構成していると考えられる。そういった画像に登場するモデルはおいそれと微笑んだりしない。キャッチフレーズに関していえば、地位上昇の契機を含むという意味で「高尚」「高貴」といった言葉も含まれるだろう。

また、都市化が進む以前の一時期までは都市的表現も他者的なるものの一つであったと考えられる。実際に一九七〇年代より以前までは都市の表現が多く、それ以降減少していく。

それでは具体的に人物が明らかな他者として現れる（すなわち優位な者の）例、都市的な表現の例を見ていこう。

*優位な者

明治期

「高等の化粧料なれば貴婦人令嬢方の必要品にして」1905

「尊しや園生の君より常にご用を忝ふせるクラブ洗粉　巳に貴族の御用品たるに至れるクラブ洗粉　世

界一の尊き園生より御用を忝ふせる」1908〜1911
「今や上流の紳士方は挙ってクラブ洗粉を実用せらるるに至れり」1908〜1911
「外国婦人が信用せる化粧品」1908〜1911

大正期

「金碑以上のクラブ白粉は貴婦人令嬢の有力なる」1915
「貴婦人令嬢御採用」1918
「淑女式」1919
「高尚で美しいクラブ白粉」1925

昭和初期（第二次大戦時期を含む）

「高貴」1928
「高尚」1928
「艶々と滑らかな肌がシックガールスの第一要素です」1934
「豪華な威厳を有つ化粧品の王妃」1937
「いきいきした素肌美を創りお化粧効果を倍加します！」1937 **（次頁の図10）**

戦後から一九五〇年代まで

「舶来と同品質を作ることが一つできました」1948
「ねがいは日本のトップです…なんてうぬぼれてはおりません世界のトップを目指しているんですから」1948
「いつも優雅な粧いを…」1954
「ひきつける愛の色調　愛をささやく時、ほんのりあわいピンクのムード　殿方の魂を奪うような魅惑の色調！　欧米の上流社会で旋風のように流行を呼んでいるセクシーピンク」1959

図10　優位な他者の図像例　1937

出典：④『日本の広告美術――明治・大正・昭和2　新聞広告・雑誌広告』(東京アートディレクターズクラブ編, 1967, 美術出版社), 283頁

一九七〇年代

「黒い瞳は装飾されるべき宝石である」1970

「時代の女はつねに時代の目をしている」1970

「ううっ、美少女…」1974

「佳人あり」1974

「美しく立っていることができますか」1978

一九八〇年代

「アシュラとアフラと私の国のアリス」1980

「大きな目、彫りの深い顔立ちへの、あこがれ」1980

「Ms.ニッポン」1984

一九九〇年代（二〇〇〇年を含む）

「プリンセス　レッド」1990

＊都市的なるもの

明治期

「東京婦人界に盛んに流行せる」1908

「今や東京紳士の如く高尚なる素顔の美を保護せらるる紳士は洗面用としてますますクラブ洗い粉を実用せらるるに至れり」1908〜1911

大正期

「新都の花白粉」1912〜1916

昭和初期（第二次大戦時期を含む）

「ロサンゼルスに雄躍するヘチマコロン嬢　ヘチマコロン嬢は健康美の記録保持者です」1932

「仏蘭西化粧界」1937

戦後から一九五〇年代まで

「パリの新流行」1955

一九八〇年代

「女性の美しさは都市の一部です。」1980〜1981

「ロンドンが、そそのかす」1986

図11　モデルの性別と人数

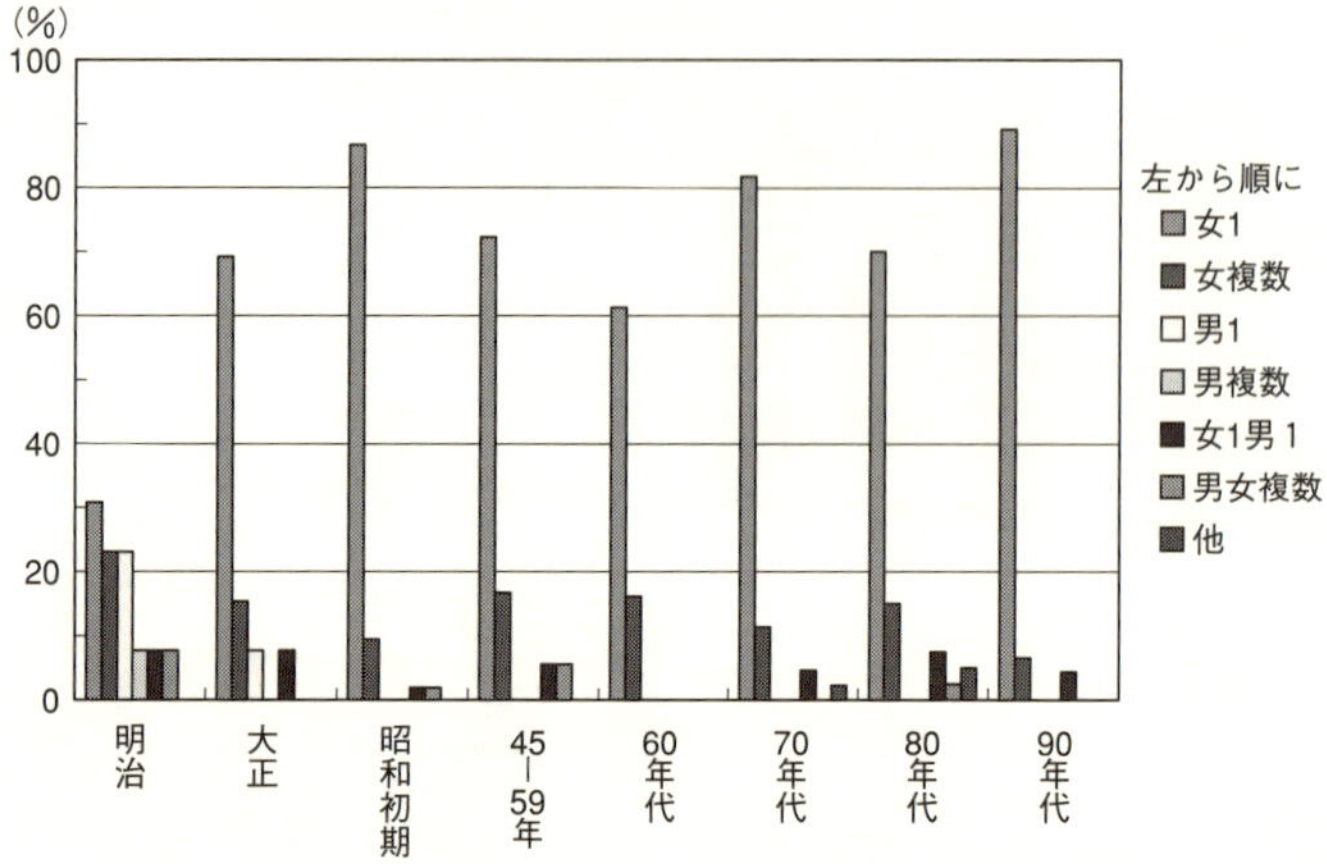

こうして身体美は、自分が容易には得ることのできないもの――あこがれ――として表現され、可視化されていく。

4―4　身近さ

先に、化粧品広告上であこがれを煽る優位な他者の例を見た。では反対に化粧品広告上の人物がより身近で、「私」や「自分」に近い例を見ていこう。ここでは身体美が平等なものとして視覚化されていくことになる。

「その商品が、女性用のものなら広告上のモデルは女性、男性用のものならモデルは男性が多い」という一見当たり前の事実から議論を始めよう。実際に、化粧品広告における人物が女性なのか、男性なのか、それとも男女なのか、一名なのか複数なのかを調べたところ、圧倒的に女性が一人であることが分かった（図11）。

（女性を対象とした）化粧品広告において男性が表

される例は少数であった。しかしよく考えると、男性が化粧品広告で描かれてもそれほど不自然ではないはずである。たとえば、広告は「この化粧品を使用することで魅力的な男性をあなたは手に入れることができる」という約束を提供することが可能であり、その際に広告上で男性モデルが表されてもかまわないからだ。事実そのような広告もないわけではない。だが、そのような広告は今のところ少数なのである。

このことによって、広告上の人物が、第一義的には私をとりまく「他者」ではなくて「私自身」であると想定されていることが分かる。広告上の人物＝モデルは、「私を見つめたり評価したりする他者」であるよりも、「私自身」なのである。だから、対象年齢層が低い商品の広告にはそれ相当の年齢の人が広告に表されているし、逆に対象年齢層が高い商品には年輩のモデルが広告上に表れる。

また、「朝夕の洗面後、入浴後には必ず美顔料御園クレーム」、「おやすみなさい。ナイトクリームの習慣だけ残して今日が終わります」のように化粧を日常の習慣・身だしなみとして表す広告もある。この場合、画像の中に日常生活を思わせる小道具が入ることも多い。たとえば、モデルが持つ野菜の入った買い物袋、電車やバスのつり革などである。

あるいは「貴女の純情と気品をこの一壜でいつまでも！」、「女学校のお姉さま方！　もうすぐ、卒業式ですね」などとまるで私たち自身に語りかけてくる雰囲気のものも挙げられる。この場合、いわゆる「美人モデル」ではなくて「個性派」モデルや「素人」モデルが画像の中に表れることもある。この親しみやすいモデルの起用について興味ぶかいエピソードがある。「三枚目」といわれていた、一九七〇年代に資生堂の広告に登場したあるモデルは次のように語っている。*16

うちでは丸顔の子は不要だって、『花椿』（資生堂の愛用者組織の機関誌）の仕事が決まりかけたとき、初めて資生堂に行って言われた言葉です。モデルといえば、細面で、非常にやせていて、胸も腰もない時代です。とくに資生堂は、面長で、美人型のモデルを使うことで定評のある会社です。［中略］コマーシャルが作られたときにはまだ、全員反対でした。

だが、結果として彼女を起用した広告は好評を博し、それ以降は同様の手法で広告が作られることも増えたという。それでは習慣・日常生活を思わせる表現、私たちに語りかけたり個性派モデルを使ったりして親しみを持たせる表現を見ていこう。

＊習慣・日常生活

明治期

「夜目遠目傘の中より美顔水　夏が来てさても困るは汗が出てつい其のために吹出物　あせぼに悩み日焼けして色が黒いと噛わるる　然ういうことの無いように朝夕欠かさぬ身だしなみ　入浴洗面に美顔水白粉溶くに美顔水」1911

大正期

「化粧水御園四季の花を朝夕欠かさずに用いて居りましたならば」1912

「肌が荒れては美しいお化粧が出来ません、殊に是からは肌が荒れ勝ちですから朝夕の洗面後、入浴後には必ず美顔料御園クレームか、化粧水御園四季の花をおつけ遊ばせ」1920

昭和初期（第二次大戦時期を含む）

「御家庭にはぜひ常備せられたき」1931

「明朗・快活な健康美」1938

戦後から一九五〇年代まで

「女学生もこっそり使ってる　校長先生が云いました。『ウムッ　すばらしい魅力！　山田君が倒れるのもムリない。我輩もイササカ傾いた。』」1955

一九七〇年代

「おやすみなさい。ナイトクリームの習慣だけ残して今日が終わります。」1976

「ルームクーラーと化粧水」1979

「もしお化粧のりが悪いなら、夕べを反省してください」1979

一九八〇年代

「ムッとしないで、夏」（つり革を小道具に電車に乗ってる女性をイメージさせる広告）1987

一九九〇年代（二〇〇〇年を含む）

（洗顔している女性）1990

（自転車に乗っている女性をうつして日常性を強調した広告）1991

「さびない、ひと」（買い物袋からのぞく野菜で、日常性を強調）1999

＊語りかけ、個性派モデルによる親しみ

大正期

「さればお年長の方々にもお若い令嬢方にも何より重宝で御徳用の白粉で御座います」1920

図12　「みんな朗らかだ　みんな新鮮だ　みんなモダンだ　みんな若々しい　みんなクラブのすばらしい美容効果だ」1935

出典：④『日本の広告美術——明治・大正・昭和 2　新聞広告・雑誌広告』（東京アートディレクターズクラブ編，1967，美術出版社）212頁

昭和初期（第二次大戦時期を含む）

「論より証拠！　妾自身が証明してよ。」1926

「クラブ白粉よ！　どうりでうっとりさせられたよ」1933

「みんな朗らかだ　みんな新鮮だ　みんなモダンだ　みんな若々しい　みんなクラブのすばらしい美容効果だ」1935（図12）

「化粧に馴れぬお顔なら」1935

「銃後の女性へ　健康化粧をおすすめ下さい！」1937

図13 「ひかってるネ、あのこ。」1976

出典：③『コピー年鑑』(1976, 誠文堂新光社), 82頁。一人ひとりに呼びかけるように構成された広告。

「貴女の純情と気品をこの一壜でいつまでも！」1937

「卒業近し！　女学校のお姉さま方！　もうすぐ、卒業式ですね。蛍雪の業といいますが、ほんとに永い間御苦労様でした。定めし、ホットなさると共に、懐かしの母校や、数々の思い出を包む制服には、尽きぬ名残がおありでしょう。」1941

「隣組の花嫁」1941

戦後から一九五〇年代まで

「よい品質は貴女をより美しくします」1949

「ほんとのお化粧《おしゃれ》は三十才から」1952

「母美しく‼　娘よ更に美しく」1952

「優しく美しいあなたの粧いに…」1955

「魅力のもんだい　若い肌は健康であれば、それだけでも美しい。けれども疲れたり、アレたりして若さはヒフから逃げてゆきます！　若い肌専門に作られたラブ乳液で肌をお手入れして輝く素肌美をつくりましょう　貴女の微笑も、個性の輝きも美しい素肌あってこそ！」昭和30年代

一九六〇年代

「1人1人のベスト」1969

「スペシャルは『変える』もの？　スペシャルは『高める』もの！」1968

一九七〇年代

「あなただけの夏の肌がつくれます」1970
「10代20代30代40代…それぞれに女の表情がある」1971
「ひかってるネ、あのこ。」1976（前頁の図13）
「鏡の前では姉も妹もないことよ」1976

一九八〇年代

「私の肌は、私自身の作品である」1980
「アイ・ラブ・ミーでいいんじゃない」1985
「素肌のお手本は、身近にありました。」1987
「ハリウッド・スターの顔をつくった。でも、普通の顔の方が、難しい。」1988
「肌は『私』を語ります」1988
「専攻は自分らしさ」1989

一九九〇年代（二〇〇〇年を含む）

「会えたね、これからの、じぶん色」1992
「メイクを落とすと、誰だかわからなくなる有名女優がいます。お化粧は変装じゃない。あなたは、あなたでいてください。」1996

このようにして、身体美は自分も獲得できる「身近さ」を持つものとして表現され可視化されていく。「身近さ」が強い広告では、化粧品は「私」自身を「変える」のではなく、「私」がすでに持っている魅力をせいぜい「引き出す」「高める」ものと位置づけられる。

5　四つの要素によるせめぎあい

本章において化粧品広告から抽出された身体美の要素は、主として以下の四つであった。

①自然性……光・水・花・果実
②科学・医療・テクノロジー……機能・可視・数値化可能性
③あこがれ……皇族、外国人（欧米）、地位上昇
④身近さ……美の平等主義

①〜④の要素は、本書が広告を量的に扱い「どのようなものとして身体美が可視化されたか」という問題に集中することによって抽出された。個別の広告を意味解釈するやり方では、これまでの研究が主張してきた結論しか導けないであろう。曰く、「化粧品広告の女性像は○○という社会意識を反映している」、「化粧品広告はジェンダーの差別構造を維持する」、「化粧品広告に提示された像に私たちは同一化しようとする」、「身体美が社会的に構築され押しつけられるものである」など。[*17]

さて実際の分析において、化粧品広告が提示する身体美は、この四つの要素をはらむことを指摘した。広告において、美しい身体とは、自然物にたとえられるもの、同時にテクノロジーによってつくりだすことも可能なもの、また一方で自らが獲得できないゆえにあこがれられるもの、他方で

自らが変身することが可能なものとして提示される。つまり、身体美はそのようなものとして可視化されるのである。[*18] そしてそのように可視化された身体美は、あらゆる人に美的な身体像として所有される。ある意味では架空のものであった身体美の条件は、緩やかではあるが、リアルな条件となっていく。

しかも、大事なことは、近代以降の化粧品広告において、①〜④の要素が混ざり合いつつせめぎあいながら、継続的に提示されてきたことである。先の例は、分かりやすくするため、各々の要素をより強く持つものを代表例として紹介したが、実際の広告ではさまざまな要素が混ざり合うケースが多い。よって、「どの広告が○○性を持つのか」＝「どの要素が身体美を構成するヒエラルヒーの頂点に立つのか」と問うことに意味はない。個別具体的な広告Aが自然性を持ち、広告Bがテクノロジー的であるといった峻別も重要ではない。どの身体美も、自分も所有していいという身近さをもつと同時に、容易には手に入れられないあこがれの部分ももつ。そして自然性をもつと同時にテクノロジーの要素も持ち合わせるのである。

図14　美の構成要素（せめぎあう要素）

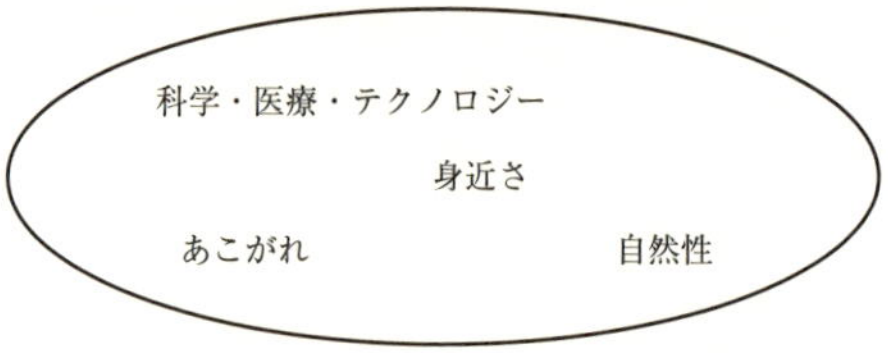

美しい身体像は、厳格なものでも厳密なものでもない。むしろ、それは落ちつきのないデコボコの像である。さまざまな要素から成り立ち、そしてその要素の増減によって変化する像である。たとえるならば「モザイク」のようなものだ。[*19] 異なれる要素がせめぎあっているから、近寄りすぎる

と（広告を個別に解釈しても）よく見えない。しかし離れて見れば、多くの要素の混ざった緩やかな統一体として浮かび上がってくる。本章において、化粧品広告を通して重要なものと思われる要素は、①自然性、②科学・医療・テクノロジー、③あこがれ、④身近さ、として抽出できた。

ただし、時代によっては各々の要素がもつニュアンスは若干異なること、①〜④以外の要素もあることは忘れてはいけないだろう。そして本書にとっては、時代によってどの要素が強くなるのかが重要になる。どの要素が強くなってきたかに関しては次章で詳述することにしたい。

5章　身体表象の要素の変化

前の章で身体がどのように「美しいもの」として表現／可視化されるかを明らかにした。身体美は、「自然性、科学・医療・テクノロジー、あこがれ、身近さ」といった要素で構成されること、より正しくいえばそれらの要素のせめぎあいの中で可視化されることが分かった。

本章では、その各々の要素がどのように変化してきたのかを見ていく。その準備段階として、まず1節で各要素について検討し、それぞれの要素について理解を深めておきたい。その後に2節で、それらの要素が時期によってどのように増減してきたかを見ていく。そして3節では、その増減が、美容整形に関する言説と関連していることを確認しつつ、現代における身体観を表していることも検証していきたい。

1　各々の要素をめぐる議論

1―1　身体にまつわる自然の幻想

春のパレットを取り出し、思いきってアザレアと椿のピンク、柔らかい緑と黄、青とシラのライラックやアネモネやトキワバナを混ぜてみる。すると……リンゴの花びらのような肌や、アンズまたはティーローズの花びらのような肌になる。

（一九五七年、ファッション雑誌『ザ・クイーン』の記事[*1]）

ここでは自然性について見ていこう。これまでも私たちは、抽象的な事柄や動物・植物などの人間以外の存在を、人間になぞらえたり人格化したりして表してきた。G・ヴィーコ（Vico, 1953＝1979）は以下のように述べている。

あらゆる言語にあって、無生物に関する表現の大部分が、人間の身体やその各部、また人間的感覚や情念から転用されたものであるということは注目に値する。［中略］彼は自分を材料として全宇宙を作り出せると考えたからである。[*2]

だが逆に、私たちは人間の身体を人間でないものから転用して表現することも同時に行っている。実際の化粧品広告においてもそのような転用は頻繁に行われる。言葉の面において「スイートピーのほほ」「絹の肌」「その肌、桃の肌」「彼女はフレッシュジュース」「花になる　鳥になる」といった隠喩・換喩がたくさん見られるし、画像面においても、自然物（空気や水）を連想させるものがたくさんある。人間の身体――化粧品広告の場合には主として女性の顔面の美しさ――は人間以外の自然的なものと結びついていたわけである。

ここで、より広告の特徴を捉えるために、比較対象例として女性の美しさを讃える詩を考えてみよう。F・パクトー（Pacteau, 1994=1996）によれば、[*3]ルネサンス期におけるそれらの詩――カノーネ・ルンゴ、カノーネ・ブレーヴェと呼ばれる――は、隠喩が頭部と胸を指すために使用されたことを一つの特徴とする。[*4]それらの詩の隠喩は、女性の目の輝きが太陽や星の輝きに、髪は黄金に、頬は白バラか雪に、胸はミルクか大理石に喩えられた。やや時代を下ってブラゾン・アナトミークと呼ばれる定型詩の例を見てみよう。[*5]

卵よりも白き、洗練された乳房、
新品の白いサテンの乳房、
バラを恥じ入らせる乳房、

いかなるものよりも美しき乳房。
硬い乳房、いや、乳房ではなく、
いかにも象牙の小さな球、
その真ん中には、
苺か、サクランボが嵌めこまれている。[*6]

次に現代の詩を見てみたい。現代の詩においてはルネサンス期と異なり「女性が美の対象とされ、男性詩人がそれを讃える」という図式を修正するような女性詩人の詩が登場する。にも関わらず、同様の表現が見られ、自然的なものは相変わらず、比喩として使われている。

もし　わたしが窓のところに立って
わたし自身の家で裸になって
わたしの乳首を　窓ガラスに押しつけたなら
それはちょうど　ガラスに体をすりよせる黒い小鳥
なぜって　わたしがいまいるのは
〈新しいもの〉のなかだから[*7]

このような詩の比喩は、F・ルセルクル（Lecercle, 1987）の言葉を借りれば「エクリチュールの

『視覚欠如』の埋め合わせ」をするべく「暗示的な力」を発揮するものである。[*8] 分かりやすくいえば、エクリチュールとは「書かれたもの」のことであり、この場合は詩（文章）の視覚表現のなさを比喩によって補うということが主張されているのだ。

さて、広告が詩と最も違う点は、写真・イラストといった画像の存在にある。つまり、広告は身体を視覚的に写しとることができるので、比喩の暗示する力で身体を表現する必要はない。そもそも「視覚欠如」は埋め合わせる必要がないのである。それにも関わらず、広告でも隠喩や換喩はひんぱんに用いられて、詩と同様に「自然なるものの隠喩」としての身体が表現されている。

もちろん、同じく身体の美を表現するものであるからといって、現代の広告と詩を完全に同列に語ることはできない。詩における美の表現には一定の修辞法があるが、広告においては修辞法よりも現代のリアリズムから身体の美が表現されるはずだからだ。しかしながら、地域も時代も超えて、女性の身体（的美しさ）の表現方法が、類似していることはやはり注目に値する。すなわち、「美しい身体」——むしろ端的に「身体」と書くべきか——の表現は、一般的に「自然的なもの」を借りて表現される。このことを少し考える必要があるだろう。

J・オニール（O'Neil,1989=1993）によれば、[*9] かつては社会把握の基礎に身体がはっきりと位置づけられていたのに、近代社会の登場は、身体から乖離した視点による社会把握を生みだした。それは、私たちから安定し共有されたコスモス＝世界像を奪うことになった。そしてオニールは、社会の人間的な再編成のために、崩壊したコスモスの復権を、人間の身体の自然性・直接性から世界との関わりを再構成することで生みだそうとする。

だが、私たちは、「自然」であったはずの身体を、わざわざ自然を比喩に使うことによってしか表すことができない。もはや社会把握の基礎から切り離された身体は、不安定にしか認識しえないのかもしれない。具体的な生活においても、身体は、それ単体だけでは意識しがたく、なにがしかの媒介を通じて初めて意識されるものである。実際に普段、私たちは自分の身体を意識していない。それは、化粧をほどこすため鏡を見る時、スポーツをした後で筋肉痛になった時、お風呂に入って身体が温まった時、きついコルセットをはめる時、しみを取るためレーザーを顔に当てる時、初めて強く意識できるものである。つまり、身体を安定した状態で認識するためには、別のもの（媒介）を借りた形式が必要となるのである。よって身体を美しいものにするためにも、身体そのままを写しとるのではなく、自然という媒介物を付与したかたちで表すことが必要となるのである。

もしかしたら、オニールのいうような身体の自然性・直接性・十全性という考えこそが幻想なのかもしれない。逆に何らかの自然的なものを材料として自らの身体を仮想（空想）することで初めて、安定し共有されたコスモスは得られるのかもしれない。

したがって以下のように結論づけられる。身体／身体美は、別の自然物を借りた形式で表現・認識される。それは私たちが身体を自然なものとして認識しているからではなく、自然性をあえて付与することでしか身体を表現しえないためである。

1―2　技術が切り分ける身体――新たな身体美としてのパーツ

ここでは科学・医療・テクノロジーについて考察したい。前章で身体美が科学や医療衛生やテク

図15　パーツに特化した広告の事例

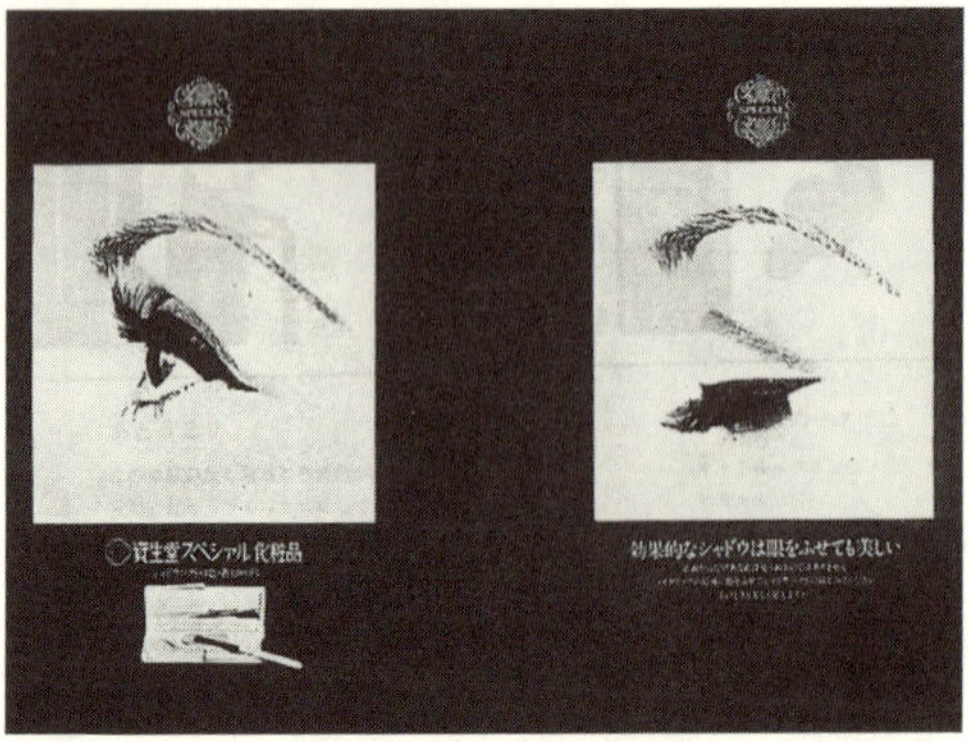

出典：③『コピー年鑑』(1969，誠文堂新光社)，125頁

ノロジーによって媒介されるという表現について見てきた。それは広告内部において「テクノロジーが身体美をつくる」という表現がなされているという議論である。この点に関しては（非常に重要であるが）、前章で既に確認できたので、ここでは全く位相を変えて、広告というテクノロジーそのものが、身体美を構成する点を確認していこう。

そもそも明治期において、美しさは「全体的な顔の造作」、とりわけ「肌」の美しさを指すことが多かった。たとえば、明治三六年の『男女美顔法』には「而して美の天性を発達させると云ふことに大切なる方法は皮膚を美しくするにあります」（坂本李堂）とあり、明治四一年の『欧米最新美容法』には「美は［中略］若く生々しい容姿と良く整へる顔面である」（東京美容院編）とある。[*10]

だが、化粧品広告では顔のアップや上半身・全身を写した画像も多いが、目や唇だけを写した「顔の断片」の画像も多い。たとえば「目が忘れられない……これは女性への最大の賛辞」（一九七一）、「女性もまた最後の仕上げで評価される（チークの広告）」（一九七一）、「目を見なければ美しさのすべてはわからない」（一九七二）、「唇から始まる」（一九七三）、「目は大せつにしましょう」（一九七三)、「ほほ、それは年齢、季節、流行をうつし出す鏡」(一九七三)など、パーツに特化した広告は数多くある。

もとは顔の美しさは顔の造作を指していたのに、なぜあえて顔を断片化した画像を使うのだろうか。顔のパーツ(部分)にかかわる議論でよく知られているのは、精神分析学的な解釈であろう。たとえばG・ポロック(Pollock, 1988=1998)の顔のパーツに対する議論を見てみよう。[*11]

ここに描かれているのはひとりの女の姿ではなく、切り離された身体の一部であることを、なによりも強調しておきたい。[中略]口唇の換喩(メトニミー、すなわち、一部をもってその全体を表す比喩)はさまざまな含意を伝えている。ルビー色の傷口のような唇は、女のセクシュアリティ、つまり彼女の性器に替わる記号として機能しうる。しかし、別の解釈では、口唇部に強調を置くのは、性的差異に出会う前の前エディプス期という口唇期への退行の暗示とも読める。[*12]

目に関する比喩表現の長い伝統がある。これは攻撃的なまなざしなどと呼ばれたもので、それというのも目が槍や矢を射放って恋人を刺し貫くという想像がされたからであるが、これには明らかに男根の含意がある。[中略]もう一方で、目が女性性器のシンボルであるという伝統もある。[*13]

こういった精神分析学の言説は、もちろん有効ではあるが、やはり一定の限界がある。ポロックの解説から分かるように、くちびるにしろ目にしろ、女性器の記号とよむこともできるし、その解

図16　身体の写し方（顔全体か顔のパーツか）

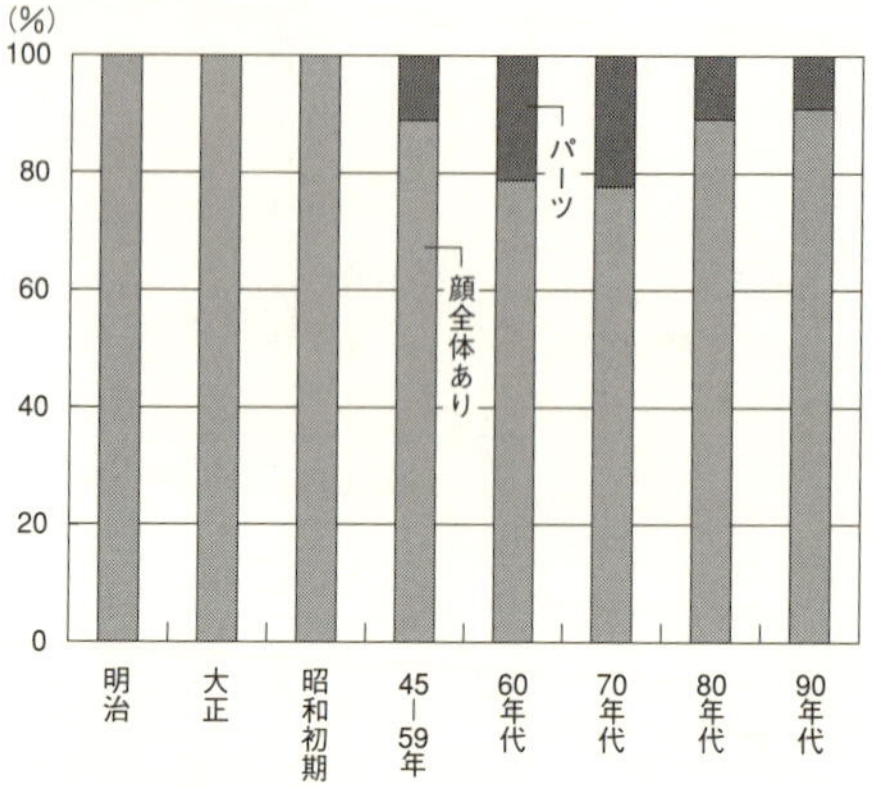

図17　写真・イラスト・文の割合

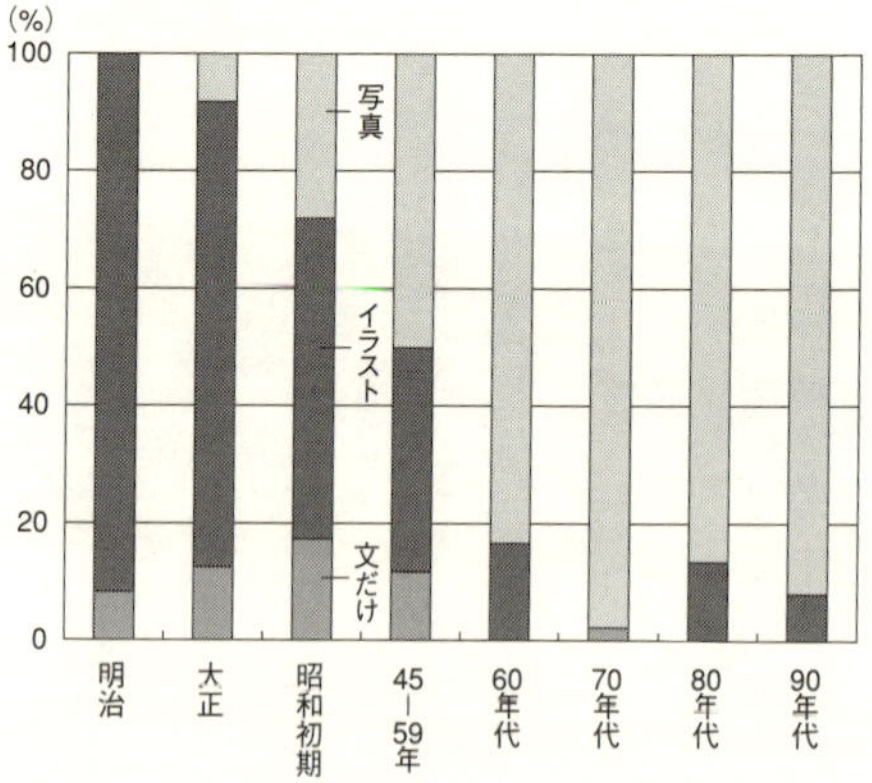

釈を否定することもできるという解釈の恣意性から逃れられないからである。それよりもっと問題があるのは、どのようなパーツも女性器（あるいは男性器）の象徴にされてしまうことである。

化粧品広告上で顔のパーツが表現されることは、むしろメディア論的に読むべきである。まず、身体の写し方として、顔のパーツだけを載せた広告の割合を調べた。パーツだけを写した広告が登場したのは戦後であり、増加したのは六〇年代以降であることが分かる（図16）。

顔のパーツだけの画像は、明治、大正、第二次大戦時期を含む昭和初期にはほとんどないが、戦後から一九五〇年代までに登場して、一九六〇・一九七〇年代には約二割、一九八〇・一九九〇年代（二〇〇〇年含む）でも約一割を占めている。

次に、広告のうちでイラストを使用するものと写真を使用するものの割合を調べた。すると六〇年代に写真が増加していることが分かる。（図17）。戦後から一九五九年まではイラストと写真の割合は拮抗しているが、六〇年代には写真が優勢になっている。水尾順一（一九九八）の言葉を借りれば「イラスト中心からリアリティー溢れる写真重視の内容に変化」したのである。[*14] 顔のパーツ画像が戦後すぐに登場し六〇年代以降増加するのと、動向がパラレルである。

写真が増えると同時に顔のパーツ写真が出てくるわけである。写真というメディアが「顔のパーツの表現」を生じさせたと考えることはできないだろうか。

写真は新しい視覚経験を生みだすメディアである。写真家たちは一八四〇年代以降急速に、写真が無作為な記録以上のものになるように、これを絵画的構図に合致させ、人々が慣れ親しんできた絵画的伝統へと回収することで、みずからも芸術家たらんとするようになった。それを絵画主義（ピクトリアリズム）といい、写真の内容がより「絵画風」になったことについてはよく知られている。たとえば次の写真（図18）は、「絵のような」背景の前に人を立たせ、絵画に特徴的な小道具（つっかい棒など）を利用し、美的基準の名の下に「装飾」されている。

しかし写真を絵画的に構成することはできても、写真という形式（写真という現象）の新しさは、そのような絵画的伝統に回収できるものではなかった。C・P・ボードレールのように「芸術の純粋性」を主張しようとしているのではなく、写真という形式がもたらすのは全く新しい視覚経験で

図18　絵画主義（ピクトリアリズム）の写真の例（1900年頃）

出典：Buck-Morss, S., 1989, *The Dialectics of Seeing*, MIT Press, p.135.

あるといっているのだ。それは、私たちが肉眼では捉えていない世界の細部を捉え、その細部を繰り返し見ることを可能にする新しい視覚経験である。馬が走るのを肉眼で見ていても、馬が走るときの足の動きはそれまでよく知られていなかった。連続写真の登場によって、馬の足の動きを捉えることができたというのは有名な「新しい視覚経験」の例である。

事実、二〇世紀初頭にはピクトリアリズムをやめるような動きが起こり、写真そのもののインパクトを生かしたような撮り方がなされるようになる。たとえばヌード写真に関しては「全体性を重んじる一九世紀的な調和から、裸体の一部を切り取り画面に構成することによって、ヌードにおける新たな調和とリズムが生まれた」とされている。[*15]

一方で、肉眼から見る世界は、実際には、自分にとって必要な情報だけを選択して見ている世界である。他方で、カメラのレンズが捉える世界は、目の前にあるものを取捨選択せず平等に捉えている世界である。写真の世界をベンヤミン（Benjamin,1936=1970）は「無意識の空間」と呼んでいる。

カメラに語りかける自然は、眼に語りかける自然とは違う。その違いは、とりわけ、人間の意識に浸透された空間の代わりに、無意識に浸透された空間が現出するところにある。[*16]

私たちが肉眼のみで見ていた時期には、身体美は「全体的な顔の造作」、とりわけ「肌」のことを指していた。事実、化粧品広告のキャッチフレーズを検討すると、写真が主流になる以前は肌や顔そのものに言及されているが、目やくちびるといったパーツについては語られていない。しかし広告で写真が主流になっていく一九六〇年代以降、キャッチフレーズにおいても目・くちびる・頬・眉という顔の部位の表現は増加する（図19）。

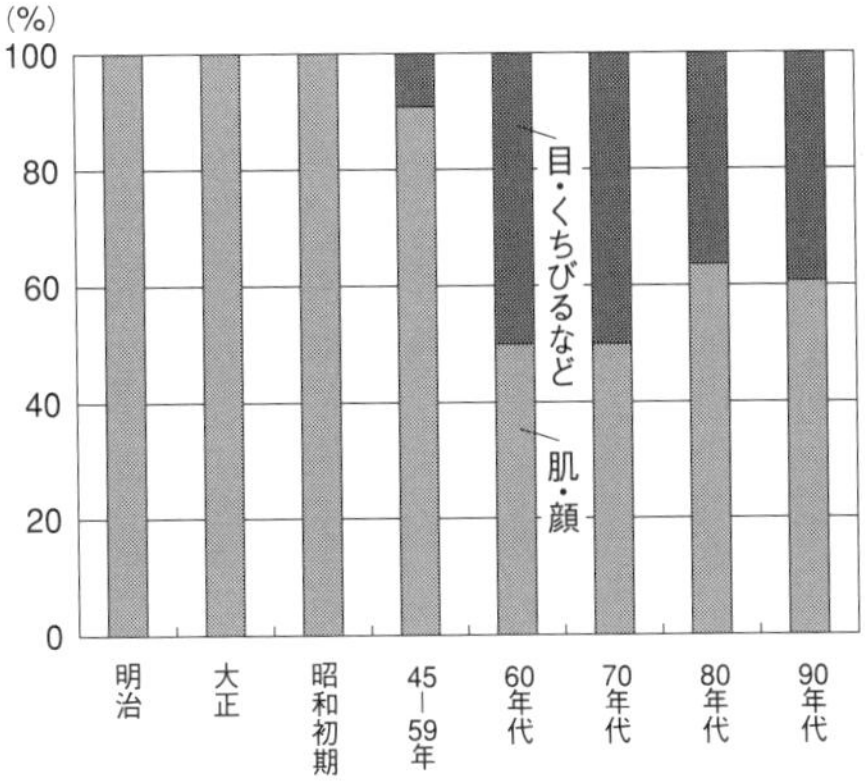

図19　美しさの部位

身体（顔）美として「顔の造作」や「肌」を見ていた私たちが、「目」「くちびる」「頬」「眉」だけの画像を否が応でも見ることになる。広告写真は顔を断片化し、そのうえで意識して見ていなかったパーツ（＝部分）を注視させた。特化した「パーツ・部分・断片」が「美しい顔」と同等のものになることを知らなかった私たちにとって、「無意識の空間」が出現したことになる。ただし、無意識も意識化されることで意識となる。[*17] 顔のパーツを繰り返し眺めることで、身体の美しさは、顔のパー

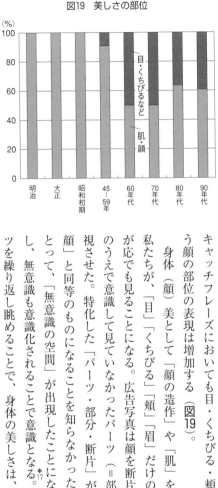

ツで代表させることができるようになっていった。「目もと美人」「口もと美人」という言葉も登場する。写真によって、広告の画像によって、美しさが顔の造作や肌だけでなく、目やくちびるや頬だけで表すことができるようになった。*18

一九七〇年には化粧品広告上で写真が主流となり、しかも商品とモデルの並置、キャッチフレーズの洗練化、野外撮影といった「広告の文法」の現代型が完成する。この流れの中でパーツの画像が登場する。*19 目だけの写真が「美しい」ものとして可視化され、私たちは日に何度もそれを眺める。そうして顔に関する美は、パーツ（部分）に特化することが可能になっていった。身体美は、広告の内部で科学・医療・テクノロジーによって作りうるものとして表現されるだけでなく、実際に広告というテクノロジーによって可視化されることで変化することがあるといえる。

1―3 あこがれるということ

ここではあこがれについて考察していく。従来、広告上に表れる人物像は特定のタイプの人間を表しており、私たちはそれとの同一化をうち立てようとすることでアイデンティティを作りだすと語られてきた。本来は意味のない商品が広告上でモデルを通じて「クールである」「おしゃれである」「シックである」「若々しい」などと意味づけされ、そのような商品を使う「私」も「シック」になったり「おしゃれ」になったりする。デュ・ゲイ（Du Gay,1997）たちの言葉を借りれば「おそらく我々は、製品の小さな助けを借りりて、ある日、広告に出てくる人と同じくらい価値があって魅力的でスポーティーになると夢を見る」のである。*20 広告上の人物像と私たち自身には関連があることは疑いもない。

だが、ここで立ち止まる必要がある。はたしてその関連はデュ・ゲイらが述べているようなストレートなものなのだろうか。[*21]「私たちは広告のモデルにあこがれて同一化しようとする」と簡潔に言ってしまえば、確かにそうなのかもしれない。しかし、同一化のプロセスがどのようなものかをもう少し考えることが必要であろう。そのプロセスにはねじれやせめぎあいが含まれているかもしれない。

前章で化粧品広告上の人物が「あこがれの他者に近い例」と「身近な自分に近い例」を見てきたが、そもそもここで検討しようとしている身体美は、単一の要素から成り立つのではなく、交ざりあう複数の要素から成り立っている。広告に示される「美しい人物」が、「自分」なのか「他者」なのかを完全に分けて決定することはできない。むしろ、「自分」であり「他者」でもある広告上のモデルが、身体美と結びついていくさまを描くことで、同一化と呼ばれるプロセスが単線的なものではないことが示されるだろう。まずは、一口に他者といっても、化粧品広告におけるそれが「排除・抑圧すべき者」ではなくて「あこがれられる優位な者」であることを確認しよう。

そもそも人間はなぜ写真やイラストで表されるのだろうか。多くの社会学的な議論において、それは「管理」のためであるといわれてきた。管理の対象を図像化した例として、犯罪者の顔写真や精神病患者や肉体的奇形の人々の写真が挙げられる。

何らかの個人性は――下層社会のそれや一般大衆のそれは――、記述の対象の水準以下にとどまってきた。注目され、観察され、詳しく物語られ、絶え間のない書記行為によって毎日跡づけられるということは、一つの特権的事態であった。［中略］ところが、規律・訓練のさまざまな方式は、こうした関係をあべこべにし、記述可能な個人性の水準を下へおろして、この個人性の記述を一つの取締手段、一つの支配方法に化すのである。[*22]（M・フーコー（Foucault, 1975=1977））

こうして、写真やイラストにおいて人は「支配され管理される対象」になり、見るものと見られるもののあいだに支配・被支配の関係が成立する。ここで画像上の人物は、あくまでそれを見る「私たち」にとって「他者」、それも抑圧され、支配され、排除される「他者」である。

ところが化粧品広告上の人物は「高尚」「高貴」な皇族、昭和以降は外国人——それもたいてい白人——である。規律・訓練のさまざまな方式と異なる特権的事態として表象される人間が登場して、広告を見る人々のあこがれを煽ろうとする。広告上の人間は讃えられる存在なのである。生活感よりモード感があふれる映像によって、あるいは、都市化が進む以前までは「東京」「ギンザ」「パリ」「仏蘭西」「ニューヨーク」といった都市の表現によってもあこがれを煽ろうとする。[*23]他者といっても、化粧品広告の「他者」的なるものは、「抑圧される者」ではなくて、「そうなりたいとあこがれられる優位な者」になるのである。

次に確認すべきなのは、従来のように「広告のモデルに私たちはあこがれて同一化しようとする」と端的に語っていいのかどうかである。本当に私たちはモデルに同一化しようとしているのだろうか。

私たちが「広告上の人物になりたい」と単純に欲望するだけなら、メルロ゠ポンティ（Merleau-Ponty, 1964=1966）がいうところの「自分が見ているものになろうとする人」になってしまう。[*24] そうして、自己と他者が未分化なアイデンティティを受け入れていることになる。

しかし、私たちに化粧広告上の優位な「他者」と同一化する可能性を信じる気持ちが本当にあるのだろうか。「広告上の人物になりたい」と願うなかに、「高貴」で「高尚」で都会的な「私」になりうると、上流階級や西洋人になりうると、実際に感じることはあるのだろうか。言いかえれば、私たちは自己と他者が未分化なアイデンティティを受け入れているのだろうか、ということである。

このような視点に立って広告を見た場合、そこで表現されている人物はむしろ明らかに自分とは異なる他者として立ち現れていることが分かる。「欧米の上流社会で旋風のように流行を呼んでいるセクシーピンク」を身につけたところで、欧米の上流階級にはなりえないことを私たちは分かっている。だから簡単に「同一化しようとしている」とまではいえない。画像に写る自分とかけ離れたモデルを見ても、彼女に同一化しようと思う人はおそらくほとんどいないだろう。あまりにも自分からかけ離れているからである。

そもそもあこがれを抱かせるような他者は、G・ジンメル（Simmel, 1908=1994）のいう、「私という特殊」になってしまうようではいけないのかもしれない。

もともと優雅なものは、特別な個性への先鋭化を避ける。［中略］長いあいだ着られた衣服は、あたかも身体と癒着しているかのようであり、親密さを持っているが、この親密さはあくまでも優雅の本質とは対立する。それというのも優雅は「他者たち」にとっての何ものかであり……。[*25]

ジンメルの言葉で「親密さ」と対立的に語られる「優雅なもの」とは、自分と全く異なる「美」と置き換えてもいいだろう。自分から遠い「美」は、特別な個性からかけ離れ、「私という特殊」にとって親密なものではない。だから「私」は、他者Aにあこがれこそすれ、同一化できるとは考えない。というのも私たちは直感的に、自分とかけ離れた「美しい」モデルになりえないことを知っているからである。したがって、「広告のモデルに私たちはあこがれて同一化しようとする」と端的に語るのは早計といえるだろう。

（「私」からかけ離れた）美しい他者A

→←

「私」

以上の議論から、身体美は「届きえない他者性」によって表現されていることが分かった。ではなぜ、あこがれを煽るような「なりえない他者」が広告上で表現されているのだろうか。

それは、むしろなりえないような人物像を提示することが、広告の一つの戦略になるからではないだろうか。つまり、獲得できないものだからこそ、広告上のモデルは魅惑の対象になりうるということだ。

「あこがれる」とは辞書的には、理想とするものごとや人に心が惹きつけられることである。この「心が惹きつけられる」というありようは「恋愛」に似ている。人が「恋愛」という事象に惹かれるのは、それが「相手を得るもの」であるからではなく、「得ようとする運動」であり「獲得へいたるプロセス」であるからだ。[*26] 何かを獲得することそのものが快楽なのではなく、獲得と非獲得のあいだを揺れ動くことが快楽なのである。この揺れは、ジンメル (Simmel, 1919=1976) の言葉を借りれば「生の未決定性を快楽にする形式」である。[*27] 獲得しようとするプロセスは、最終的に獲得するわけではないので、贅沢な活動にみえる。いわば、何も生産しない、ただ消費するだけの贅沢な運動こそが「あこがれ」なのである。届かないものに対して、獲得できないものに対して、心は惹きつけられていく。獲得できるものにあこがれは生じないのである。

また「心が惹きつけられる」ことは「物語を読む快楽」にも似ている。磯谷孝 (一九七九) は、物語の作者は物語に「分からなさ」を導入することで読者の興味を引っ張るという。[*28] 結末の分かっている物語はおもしろくないので、予測できる結末を遅延・障害物・迂回によってたえず延期してしまうか、または終結するのを全く拒むというわけだ。それは快楽が「完成させる方法」や「できごとと、できごとを起こし続けること」、そして「どう起こるか」ということに存在するからである。E・カウイ (Cowie, 1984) 流にいうと、快楽は「もう起こってしまって、それが喪失、すなわち過去へ戻ることになる瞬間にはない」のである。[*29]

これまで語られてきた「広告のモデルに私たちはあこがれて同一化しようとする」という言説を再検討してきた。「あこがれ」の場合、広告のモデルが私たちにとってむしろ同一化できない存在であることで、魅力がつくりだされることを発見した。自分がけっして到達しえない他者だからこそ魅惑される。だから広告上の身体美は自分が得ることのできないものとして提示されるのである。

1—4 身近さ——美の平等主義

ハリウッド・スターの顔をつくった。でも、普通の顔の方が、難しい。

（一九八〇年代の化粧品広告）

広告上において、身体美は「届きえない他者」と結びつくことで、私たちにあこがれを抱かせるのとは逆に、「私も美人になれる＝身近さ」とも結びつき、私たちの心をくすぐる。つまり広告の身体には、「なりえないことの魅力」があり、また逆に「なりうることの魅力」もある。この一見、矛盾した要素が共存しているのである。では、「身近さ」の場合を見ていこう。

広告上の女性と自分が同一になるということが、私たちの欲望をかきたてることになる、と単純に理解することもできる。しかし、やはりここでも、同一化と呼ばれるプロセスがそれほど単線的であるかどうかを検討する必要がある。広告と自己をめぐる既存の議論を見てみよう。

広告は私たちの前に他者の像をちらつかせるが、また私たちに同一者になるよう誘いもする。［中略］記号とその指示対象とが「鏡」像とその主体（自己）である場合には、広告を見ている人間と広告のなかの他者とのへだたりが消去させられてしまっている。自らを消去しようとする象徴界のこうした過程を基礎づけるものが欲望なのである。（Williamson,1982=1985）*30

このJ・ウィリアムスンの主張は、彼女のていねいな議論のすすめ方にも関わらず、最終的には「広告のモデル（あるいは商品）に私たちは同一化しようとする」という言説と根底でつながってしまう。なぜだろうか。それは、広告の議論の際に語られる自己の捉え方が類似しているからである。自己が「製品の小さな助けを借りて、ある日、広告に出てくる人と同じくらい価値があって魅力的でスポーティーになると夢を見る」（デュ・ゲイ）ような「何かになろうと欲望している私」としてつねに想定されているからである。

しかし何かになろうと欲望する私と何かになりうることを楽しむ私は異なるものだ。ある広告がある人の欲望を煽ることはありうるが、やはり一つひとつの広告は多くの人を何かになろうと欲望する存在に作り変えるほど強い作用をもっているわけではない。だから、「化粧品広告によって意味付与された商品を消費することで私たちのアイデンティティが作られる」とか、「化粧品広告が身体美を獲得したいという欲望を作りだす」とか語るのは、まちがっていないが大袈裟である。

むしろ、これまで見てきたような化粧品広告は、自分も身体美を獲得しうることを感じさせる。「美しくなりたい」という欲望を作りだすというよりも、「美しくなれるのだ」と気付かせるメディア（媒体）なのである。具体的にいうと、化粧品広告が（イデオロギーの力よって）、私たちに「美しくなりたい」とただちに欲望させるというよりも、「その気になれば、自分も美しくなれるかもしれない」という可能性を示唆するということである。言いかえれば、何かになろうと欲望する私を主体化させるというよりも、何かになりえる可能性を提示するということだ。いわば、美に関する平等主義が普及しているともいえる。しかも、その場合の身体美は「１人１人のベスト」（一九六〇年代のキャッチフレーズ）といったような複数性をもつものである。

したがって通常よく語られる「自分が広告上のモデルと同一化しうることが私たちの欲望をかきたてることになる」という解釈は、やや適切さを欠くと考えられる。私たちは、広告のモデルのようになりたいと欲望するというよりも、いつでもモデルのようになりうることを提示され、その可能性を楽しむのである。あるいは美しくなる手段が用意されていることを楽しむのである（それは欲望と呼ぶには、軽やかすぎる）。

「身近さ」というのは、私たちが広告のモデルに到達できることによって欲望を煽るというよりも、美の所有可能性が平等であると感じさせるものである。そしてモデルのような身体を手に入れるのも、入れないのも自由である。欲しいときに手に入れればいいし、なりたいときになればいい。いつでも私をキレイにすることができる。「なりうることの魅力」はいつでも今の自分を「越境」し、高めていくことができるところにある。

「私」
⇄
「私」に近い他者B

さて、「あこがれ」と「身近さ」を通じて、これまでの「広告のモデルに私たちはあこがれて同一化しようとする」という言説を検討した。そしてモデルにあこがれて同一化しようとするプロセスは、単線的ではないことを示してきた。広告上に示される美しい人物は私なのか他者なのかを分けることはできない。広告上のモデルは、私でもあり他者でもある。この二つの要素がせめぎあう中から「美しい人」のイメージは立ち上がってくるのである。

そして「あこがれ」においては、広告のモデルに「なりえないことの魅力」がある。それは物語を延期する快楽と言いかえることもできるだろう。また「身近さ」においては、逆に「なりうる手段が入手できることの魅力」がある。これは、広告のモデルになりうる「越境」の楽しさ、私がズレていく快楽ともいえる（それは「欲望」というよりも「快楽」である）。

1—5　補完関係

これまで主として「自然性、科学・医療・テクノロジー、あこがれ、身近さ」の各々の例を別々に見てきた。もちろん個別の広告がどの要素をもつのかを弁別しようとしたわけではない。そもそも広告群から検討しようとしている身体美は、単一の要素から成り立つのではなく、交ざりあう複数の要素から成り立っているのだから。

ここまでは身体美の要素を一つひとつ検討する必要があったことから、各々の要素を関連付けることはあまりしてこなかった。だが、それらの要素を掘り下げて観察し、時代によってどう増減しているかは見ておく必要がある（次節で詳述する）。同時に、諸要素が対立的なものというよりも相互補完的であることも指摘しておく必要があるだろう。

身体美は本質的に自然なものとして存在するわけではなく、別の自然物を借りた形式でしか表現・認識することができない。それは身体／身体美を表現する際の定式といえる。同時に、身体美が科学・医療・テクノロジーによって作りうるという事実もある。これら二つの事象は、どちらかがどちらかを覆い隠してしまうこともあるが、同時に「自然なテクノロジー」という新たな結合を生みだすこともある。「にんじんから抽出したβカロチン色素配合」といううたい文句に現れるように。[*31]

また、身体美は、自分がけっして到達しえないことで魅惑をはなつ。あるいは逆に手に入る（と思わせる）ことで快楽をひきおこす。これらは排他的なことではなくて、快楽という点で結びついている。「広告のモデルにあこがれて同一化しようとする」言説は同一化の過程を単純化しすぎており、実際にはその過程において「獲得できないことの魅惑」と「越境の快楽」が互いに互いを補完しあって、私たちの身体美に対する引力を強めている。美をめぐる領域は、誰でも参加できるが到達点がないということだ。これはまさに消費を促進するのに都合よくできた構造ともいえる。

さらに、科学や医療、テクノロジーが優位な他者を代理する時期もあり、現在ではテクノロジーの力をもって「私」もきれいになれるといった表現も目につく。そして自然性が高貴な他者を表すのに使われることもあるし、逆に日常生活のワンシーンを表現することもある。

つまり「自然性、科学・医療・テクノロジー、あこがれ、身近さ」はそれぞれ結びつくのである。よって、それぞれの要素は全く独立しているのではなく、それぞれに補完しあいながら、身体美を「見えるもの」にしてきたといえるのである。

2　要素の増減

「自然性、科学・医療・テクノロジー、あこがれ、身近さ」といった要素は全てが身体美を可視化しているのだが、時代によって増えたり減ったりしている。四つの要素の時代区分による増減を見た場合、奇しくも対のようになっている要素同士を取り出せば、興味深いことに、あるていど反比例していることが分かった。そこで、諸要素の増減を社会的コンテクストから根拠づける作業を以下では試みていきたい。

2―1　「自然性」と「科学・医療・テクノロジー」の時代による変化

「自然性」と「科学・医療・テクノロジー」はどちらも美のイメージを継続的に構成しているが、時代によって増減がある。キャッチフレーズの文節を割合別にした図20を見てみよう。明治（一八六八〜一九一一年）、大正（一九一二〜一九二五年）、第二次大戦時期を含む昭和初期（一九二五〜

図20　要素の変化

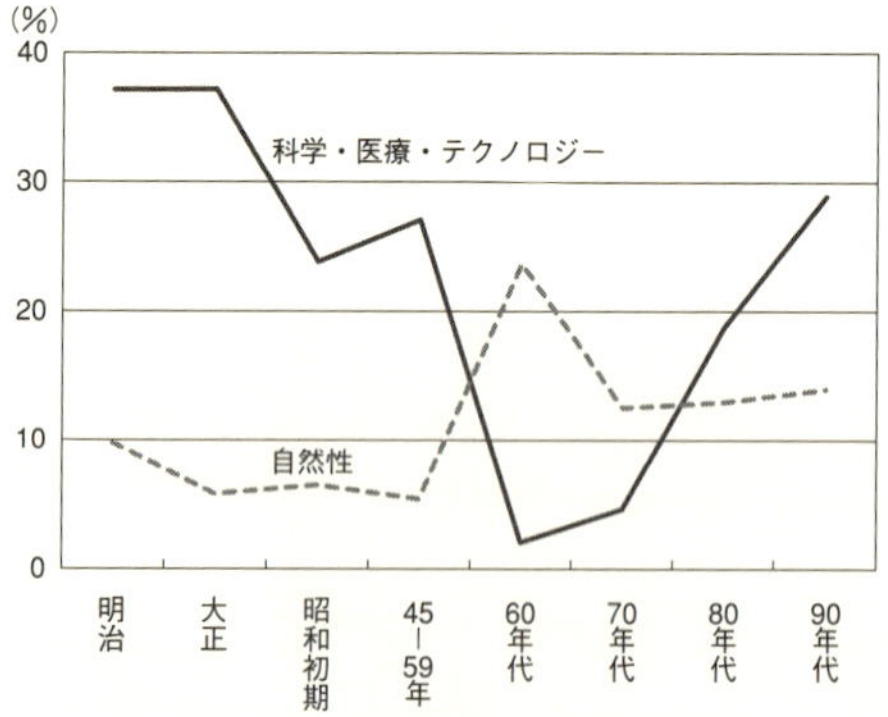

注記：キャッチフレーズをデータに作成した。時代によって「自然」「科学・医療・テクノロジー」のもつ意味やそれらに対する感覚は同じではないだろうが、あえてデータ的に数量として処理する。それに関してはすでに本書の立場を論じてある（4章1節参照）。

一九四四年）、戦後から一九五〇年代まで（一九四五〜一九五九年）はテクノロジーが優勢で、一九六〇年代、一九七〇年代には自然性が強まり、一九八〇年代、一九九〇年代（含二〇〇〇年）になると再びテクノロジーの要素が強くなる。

ただし、ここで言っている「自然性」「科学・医療・テクノロジー」の増減は、もっぱら言葉の面において見られるものであり、一九六〇年以降、画像の面では一貫してテクノロジーの要素が強いと考えられる。たとえば、本章1―2で述べたように六〇年代以降、目・くちびる・頬といった顔のパーツだけを写した画像（パーツの画像はテクノロジー的であろう）が登場している。とはいえ、画像上の要素の増減を、パーツの写真が登場したことだけから語ることはできない。画像を分析するには、それ相当の方法論を考え出す必要がある。したがって、ここでは、キャッチフレーズから見た要素の増減にしたがい、一九六〇年代から七〇年代にかけて身体美は「自然性」と結びつき、六〇年代以前と八〇年代以降は「科学・医療・テクノロジー」と結びついて表されると捉えておきたい。

一九六〇年以前の科学・医療・テクノロジー

まず、明治から一九六〇年代にいたるまで科学・医療・テクノロジーの要素が強かったのはなぜかを社会的コンテクストから考えてみよう。

明治以前にも今でいうところの化粧品メーカーは存在していた。元和元年（一六一五）「紅屋（現在の柳屋本店）」が、安永六年（一七七七）には「丁子木屋」、天明七年（一七八七）には「近江屋現七商店（後のヘチマコロン本舗）」、文政八年（一八二五）には「伊勢屋半右衛門（現在の伊勢半・キスミーコスメチックス）」、万延元年（一八六九）「三輪善兵商店（現在のミツワ石鹸本舗）」が創業している。だがそこでの化粧品は、まだ科学や医療と強くは結びついていない。

明治に入っていわゆる「文明開化」の流れの中で、化粧品は「殖産興業」の一翼を担うことになっていく。明治政府の化粧品産業に対する期待は、蘭学（とくに化学）へと向けられていた。たとえば、資生堂は、薬剤師の福原有信によって、日本初の洋風調剤薬局「資生堂薬局」としてスタートしている。また明治一一年に発売され爆発的ヒットとなった「レート化粧品本舗平尾賛平商店」の「小町水」は、化学者・松本順によって処方されている。「桃谷順天館」の店主・桃谷政次は薬学を学んで「にきびとり美顔水」を開発し、ヒットさせた。鉛を含有した白粉の害が指摘され[*32]、パリで化粧品の研究をしていた化学者・長谷部仲彦が無鉛白粉を開発したことも化粧品を近代へ転換させる契機となった。

こうして明治期から化粧品は保健・衛生・化学と結びついた商品になったのだ。よって明治期には化粧品は国威を示し科学性を強調した商品として表現される必要があった。

現在の化粧品広告はたいてい、一人の女性と商品が並列した画像、横にキャッチフレーズがあるという構成をとっている。この広告の文法は大正期になって成立し昭和期には完成する。だが、明治期には画像に男性――化学者や軍人――が多く、医学や科学を強く連想させている（4章、図11を参照。一四二頁）。明治期に化粧品と結びついた「保健・衛生・化学」は、以降の時代に（広告の文法は変化したが）継続していく。

大正期に入ると、皮膚医学や香粧品科学などの研究が盛んになり、大正元年には平尾賛平商店が平尾化学研究所、二年には英国リバーブラザーズ会社の尼崎工場、桃谷順天館の化粧品試験部、伊東胡蝶園麻布工場、四年にはミツワ化学研究所、中山太陽堂化学研究所、五年には小林商店科学研究所、資生堂化粧品試験部などが建設されている。

そして昭和初期も同様である。戦争状況が悪化し、昭和一五年（一九四〇）に広告取締条項ができて、広告のスペースがとれない時期は別として、昭和初期の広告には国威を示す手段としての科学や保健といった要素が強く出ている。

ここで最も大事なことは、化粧品広告を通じて科学や保健衛生が身体美に貢献していくという言説が流布していくことである。明治以降、身体美はテクノロジーに媒介されるものとして表現され続けることになる。私たちの中で、はっきりと意識されることはなくても、身体美は数値化可能で、薬剤によってつくりだせるもののように感じられるようになる。

六〇―七〇年代の自然性

次に、一九六〇年代から七〇年代にかけて、身体美は、科学・医療・テクノロジーよりも、自然性と結びついて表現されるようになることの理由を考えよう。

有名な「もはや戦後ではない」という言葉で高度成長期の幕開けを『経済白書』が宣言したのは、一九五六年（昭和三一）のことである。一九五九年には、マックスファクターがアメリカからマーケティング活動理念を日本に導入して、大がかりなキャンペーンを成功させる（図21）。

そして六〇年代になると、マックスファクターだけではなく他の化粧品会社もキャンペーンを行うようになる。一九六一年の資生堂と東レが組んだ「シャーベットトーン」キャンペーンなどがよく知られている。

図21　マックスファクターのキャンペーン

出典：水尾順一，1998『化粧品のブランド史』中公新書，117頁

マーケティングという概念が導入されたことで、広告の中身が変容する。それまでは単に化粧品の機能を紹介しようとするものだったのが、感性に訴えるために雰囲気を重視したものになったのである。コピーライター小野田隆雄はその時期の状況をこう語っている。*33

> 商品情報を正確に語るというテクニックだけでは、広告の言葉は消費者に届かなくなった。そこにある感性が一緒

にくっついていかないと、言葉は機能的なだけの、殺風景なものになる。

情報よりも感性が必要になってきたというのである。その流れのなかで、身体美を自然なものに喩えるという、いわばこれまでの定式や修辞法に立ち戻ったと考えられるだろう。

六〇年代以降に自然性が強調されたもう一つの理由として、高度経済成長によって極みに達した産業化・工業化に対する自然回帰もよみとれる。ちょうど公害が問題化した時期でもある。広告技術の変化をうけて広告の中身もソフトな路線へと転換したこと、時代が自然回帰を求めていたことから、六〇年代・七〇年代には、自然性をもつキャッチフレーズが増加したのだと考えられる。

八〇年代以降の科学・医療・テクノロジー

最後に八〇年代以降に再び科学やテクノロジーの要素が強くなるコンテクストを考えよう。実は八〇年代に入るとそれ以外にも化粧品広告の質が変化してくる。一つには、身体を食べ物や花にたとえることが（なくなるわけではないが）少なくなる。二つ目には、身体に映像処理を加えるものや、モノとして身体を陳列するごとき画像がでてくる（図22〜24*[34]）。

以上のことは八〇年代以降に「身体意識」が変化してきたことと関連している。*[35] 鷲田清一（一九九八）によると、八〇年代には身体の記号化が進んだ。それは、八〇年代には、健康・フィットネス・身体表面の浄化（清潔志向）・身体内部の浄化（自然食品）・ボディコンシャスなどの流行に見

図22

図24

図23

図22　出典：③『コピー年鑑』(1984, 誠文堂新光社), 111頁
図23　出典：③『コピー年鑑』(1985, 誠文堂新光社), 278頁
図24　出典：③『コピー年鑑』(1985, 誠文堂新光社), 278頁

られるように「ボディ・コントロール」——身体を着替えること——が目指され、身体が「物体」となっていったからであるという。[36]

また九〇年代には、CTスキャン、バイオサイエンスにおける生命の操作、臓器移植など医療技術によって、ますます物体的身体へと向かうとし、鷲田はその身体を「精密機械のようなクールな身体像」と呼んでいる。身体を物体と捉えて加工をしてもいいという発想のもとで、化粧品広告においても、科学やテクノロジーの要素が強くなったのであろう。

身体意識の変化以外の理由には——というよりも身体意識の変化と軌を一にして——経済や技術の領域における変化も挙げられる。八〇年代はバイオテクノロジーやハイテクノロジーが話題になった時期である。たとえば一九八四年（昭和五九）には、資生堂がバイオ技術で化粧品の有効成分であるヒアルロン酸の量産化に成功し、それを用いた化粧品をヒットさせている。カネボウはバイオ色素成分シコニンを応用した口紅を年間二〇〇〇万本売り上げ、日本経済新聞社の年間優秀製品賞の最優秀賞に選ばれた。

また、一九九〇年（平成二）から美白化粧品市場が拡大・成長したのだが、それには新規薬剤の開発が大きく貢献している。シミ・そばかすを防ぐ新規薬剤には、皮膚のメラノサイトの中にあるチロシナーゼに働きかけるアルブチン、メラニン色素に働きかけるコウジ酸などが挙げられる。しかも、それまでの広告では、薬剤の名称が前面に押し出されることはなかったのだが、九〇年以降の広告では薬剤の名前や化粧品の機能が目立つように描かれている。

さらに、九〇年代は化粧品に限らず広告自体が変容している。モズデル（Mosdell, 1995）がいう

「ソフトセル（情緒的・間接的な広告手法）」ではなく、商品情報の豊かな広告＝インフォマーシャルが増えてきたのはまさにこの頃のことである。[*37]
八〇年代以降に再び科学やテクノロジーの要素が強くなるコンテクストとして、一つは経済・技術的変化、もう一つにはそれにともなう身体意識の変化が挙げられるだろう。[*38]

図25　要素の変化

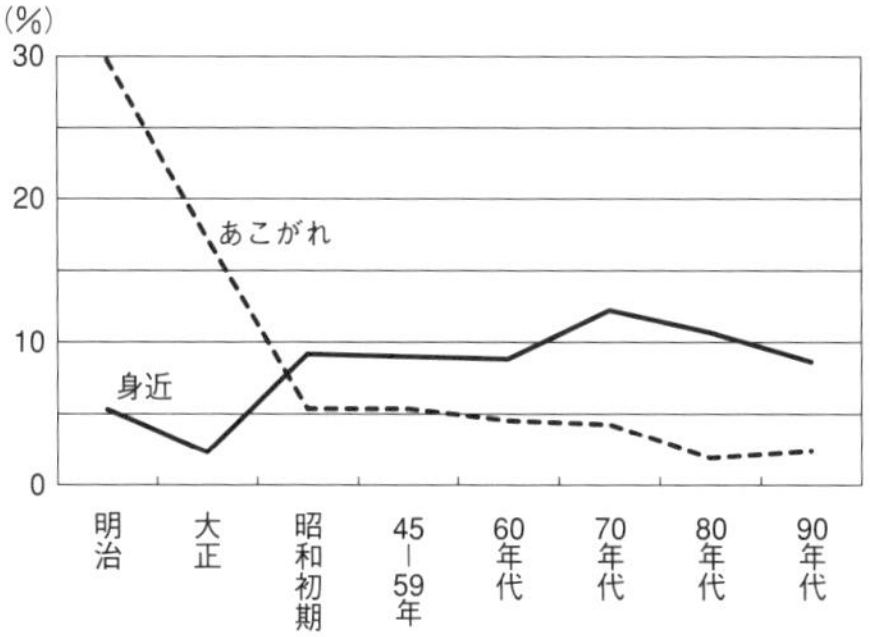

注記：キャッチフレーズをデータに作成した。時代によって「あこがれ」「身近さ」のもつ意味は同じではないだろうが、あえて数値として処理する。だがそれに関しては既に論じたので割愛する（４章１節参照）。

2―2　身近さとあこがれの時代による変化

あこがれを煽るような側面と、美しさを自分も享受できる美の平等主義に基づいた身近な側面は、どちらも美的身体イメージを継続的に構成しているが、ここでも時代によって増減がみられる（図25）。明治期から一九九〇年代にかけて、「あこがれ」は減少し、「身近さ」が強まってきている。特に、明治・大正期まではあこがれの方が強く、昭和に入ると身近さの方が強くなる。身近さは一九七〇年代以降さらに増加傾向になる。

明治・大正期には「あこがれ」が強く、昭和期以降に「身近さ」が強まる二つの理由が考えられる。一つには、化粧品企業が一部の顧客を相手にするのではなく、大衆に訴えかける戦略を採ろうとして、化粧品を「高級品」から「多様な人が使用できる商品」という意味づけに変えていったという、①化粧品の意味づけの変化である。それには企業・化粧品自体も増加し、多様化したことも関係しているだろう。もう一つは、②美人像の変化であり、それは知（言説）のレベルにおける変化と、広告をめぐる社会的な文脈のレベルにおける変化の二つがある。

化粧品の意味づけの変化

亡くなった祖母が私に言ったことがある。「昔は化粧品は高級品だったのよ。今みたいに、学生さんが電車で化粧直ししてるなんて考えられなかった」と。「かつては化粧品は高級品」という言説は他にも見ることができる。大正も半ばを過ぎたあたりに資生堂が七色の粉白粉を発売したことをうけて、廣澤榮（一九九三）が化粧品は「高級品」から「多様な人が使用する商品」になったと書き記している。

それまでは一部の上層階級の女が米国製のメイベリンのマスカラやアイシャドウ、口紅などを使っていたが、これで国産の化粧品がかなり高価ながら一般の人々の手にもわたるようになってきた。*39

商品の意味づけが変わったのは、化粧品企業や化粧品の多様化、出荷量の増大によると考えられる。そのなかで、日常的に使用する女性の割合も増加したことは予測できる。[*40] 実際に、化粧品の生産高は明治から現在に至るまで基本的に増加している（表7）。

とはいえ、本当にすべての化粧品が一般の人に手が届きやすいものになったかどうかは疑わしい。統計資料が乏しいので、正確とはいえないまでも、化粧品価格と当時の人々の平均月収を割り出してみた。『値段の明治・大正・昭和風俗史』に載っている全ての白粉の値段とその年代を参考に、[*41] 筆者が『日本帝国第十六統計年鑑』『日本帝国第二十四統計年鑑』『日本帝国第四十五統計年鑑』『日本帝国第四十六統計年鑑』『日本帝国第五十九統計年鑑』および『日本統計年鑑第一回』『日本統計年鑑第二回』から工業従事者の月収を調べたところ[*42] 表8のようになる。この表から、月収あたりの化粧品価格の比率をグラフ化してみた（図26）。

表7　化粧品生産額

年度	価　額	対前年度増加率(%)	生産額の推移グラフ
明治42	1,486,066		
大正 3	1,936,203	30.29	
8	10,731,210	454.24	
9	21,872,357	103.82	
10	17,656,817	-19.27	
11	21,152,222	19.80	
12	13,496,400	-36.19	
13	23,426,900	73.58	
14	27,094,116	15.65	
昭和元	23,922,840	-11.70	
2	28,886,244	20.75	
3	28,620,535	-0.92	
4	31,627,633	10.51	
5	30,028,828	-5.06	
6	30,313,815	0.95	
7	29,269,751	-3.44	
8	35,196,563	20.25	
9	37,674,108	7.04	
10	38,110,381	1.16	
11	43,438,264	13.98	
12	49,292,001	13.48	
13	60,939,705	23.63	
14	73,570,421	20.73	
15	93,172,054	26.64	
16	100,375,762	7.73	
17	116,833,081	16.40	
20	75,004,381	-35.80	

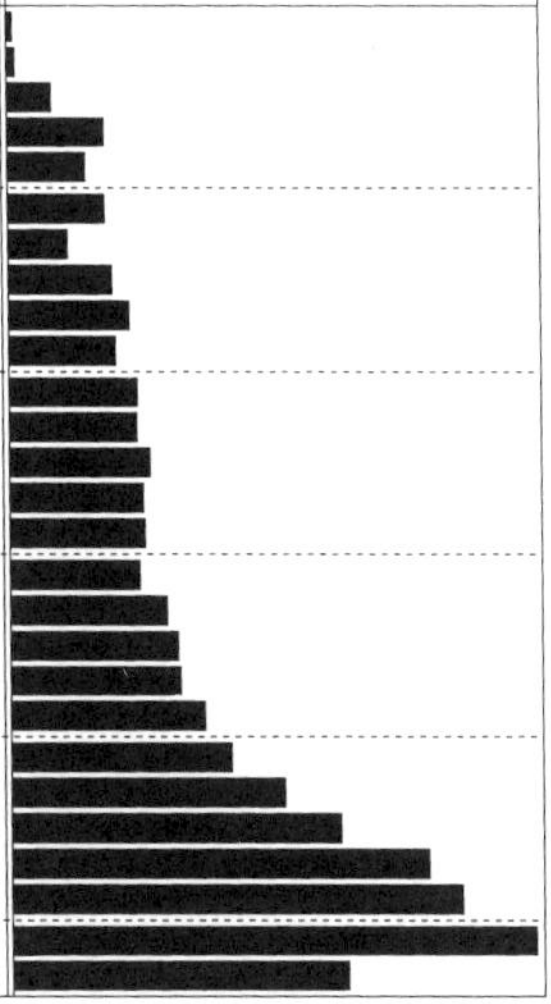

出典：水尾順一, 1998『化粧品のブランド史』中公新書, 86頁
資料：日本化粧品工業連合会編・発行『化粧品工業120年の歩み（資料編）』平成7年

グラフから分かることは、完全に

表8　化粧品価格と月収

年代	化粧品（銭）	月収（銭）
明治26	15	783
明治34	18.5	1494
大正 2	22.5	2190
大正10	35	6420
大正15	40	6810
昭和 6	50	7039.5
昭和 9	50	7187.7
昭和11	70	7187.7
昭和14	80	7632.3
昭和18	110	11250
昭和20	450	16680
昭和23	50000	639500
昭和35	50000	2440000
昭和40	80000	3940000
昭和42	150000	4870000
昭和45	280000	7440000
昭和49	350000	17700000
昭和54	400000	24800000
昭和57	500000	28900000

図26　月収あたりの化粧品価格の比率

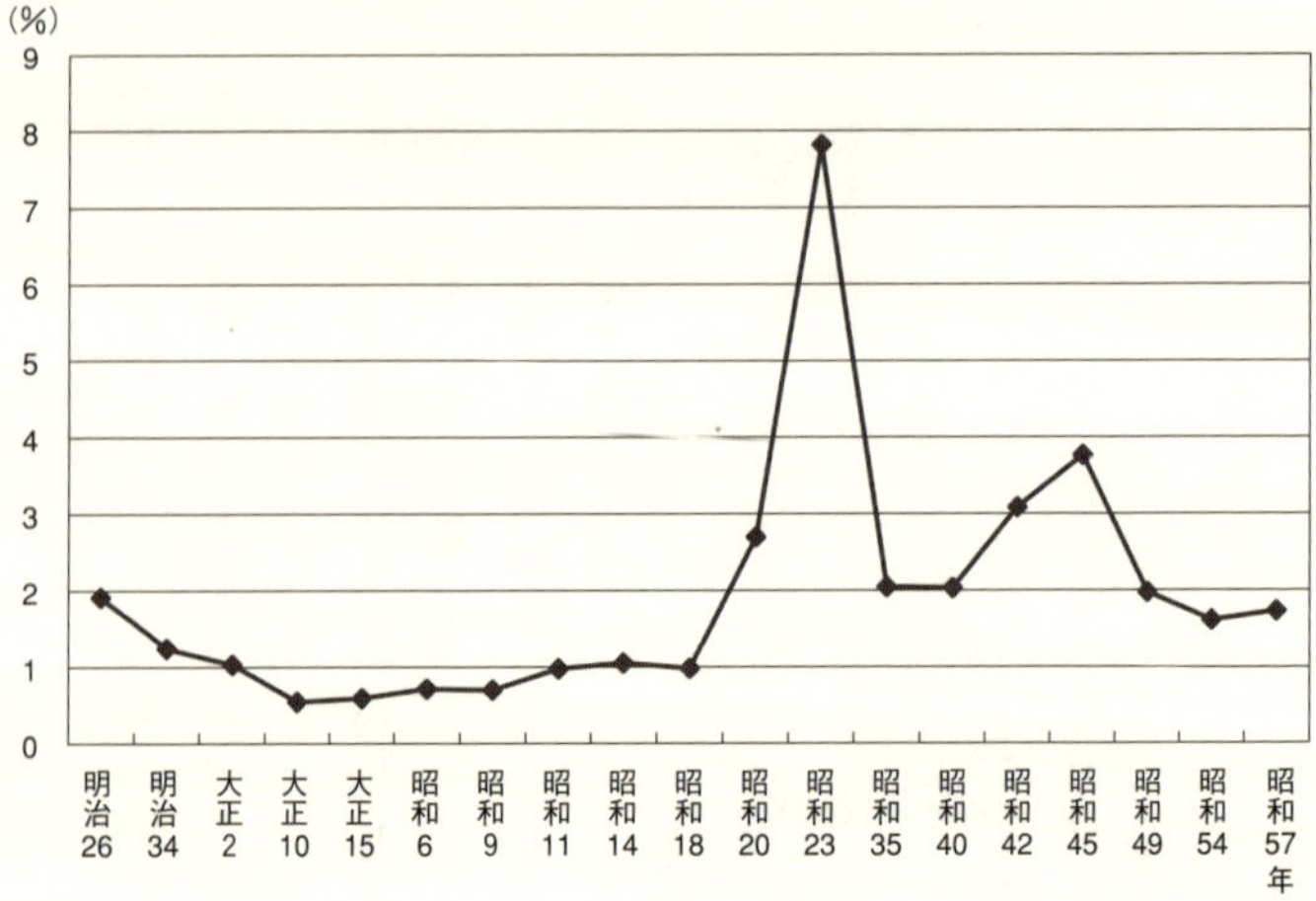

一貫して化粧品が廉価化しているわけではないことだ。明治から昭和初期にかけて化粧品の価格は月収の約二%から一%に漸減しており、確かに明治から大正、そして昭和初期に「あこがれ」から「身近さ」へと要素が強まってきた変化と一致している。この時期だけを考えれば、化粧品の廉価化が、「あこがれ」から「身近さ」への変化をひき起こしたともいえる。ただ、昭和二〇年の化粧品は戦時中ゆえの統制価格であり、統制のなくなった戦後すぐ（昭和二三年）にはインフレの影響で化粧品の価格が跳ね上がっている。それ以降の比率は二%前後になっていて、ずっと廉価化しているとは言いがたい。

大事なことは、実際の値段が（収入に対して）廉価になったかどうかということではなくて、化粧品の意味づけが変わったことだ。広告が「私も使用できる商品である」という気分を作りだそうとし、その戦略があるていど成功していることでもある。

あこがれから身近なものへという変化は、広告の意味づけを変えたいという企業側の戦略によってひき起こされている。つまりそれは、商売のあり方が、少数の人々を相手にしていたところから、不特定多数を相手にしようと変化してきたということでもある。その変化は、日本の化粧品広告からは大正から昭和初期に見られることが分かる。

美人像の変化——知（言説）の変化

「身近さ」とは「私も美人になれる」ということである。第二次大戦以前においては、少なくとも、美人というのは全ての人に該当することばではなかった。明治・大正期の言説空間において美

図27　フランス直輸入のコートを羽織るモデル

出典：廣澤榮，1993『黒髪と化粧の昭和史』岩波書店，23頁
（『婦人画報』1931年2月号）

人と不美人がはっきり区別されて描かれていることはすでに指摘されている（井上章一、一九九一など）[*43]。また前述の廣澤榮も、「大正から昭和にかけての婦人雑誌を見ると、巻頭のグラビアにはほとんど必ず、何々子爵の令嬢とか何々実業家の令夫人などが舶来の高価な婦人服を着た写真を麗々しくのせ、《S男爵令嬢は近代的なご趣味の方で》などと書いている。今日なら反感がおきるところだが、当時はこういう上流階級の女性がまるでスターのような憧憬の眼で見られたものである」と語っている[*44]。当時の雑誌のピンナップは、手の届かないようなものを讃える風潮があった（図27）。読者は、この写真を眺めては、獲得できない優雅さにため息をついていたであろう。

以上から、美人は、なりえない（優位な）他者として立ち現れていたことが分かる。

それが戦後、ある種の平等主義が起こる。井上が指摘するように、民間企業レベル（化粧品会社など）の要請から「誰もが美人」という言説も生まれた。図27のフランス製コートを羽織るモデルと対照的に、一九四七年の雑誌（『婦人公論』一九四七年三月号）には、毛糸を自分で編むことで、工夫次第で美しい装いができることを記した記事が載っている。また、第二次大戦後に世界的に流行

図28　ニュー・ルックを模倣する女性たち

出典：廣澤榮，1993『黒髪と化粧の昭和史』岩波書店，243頁（『婦人公論』1950年10月号）

したクリスチャン・ディオールが発表した「ニュー・ルック」という服は、当時の値段で一万五〇〇〇円から五万円と非常に高価であったため、多くの日本人の手に入るものではなかったが、一九五〇年の雑誌記事に掲載された写真を見て分かるように（図28）、自分たちで手作りをして工夫を凝らすことで、ニュー・ルックを模倣した（廣澤はこの日本人の努力をフランスのデザイナーが「赤ん坊をおんぶしていてはロングスカートが泣く」となげいたことを記述している）。ともあれ、美しさが努力によって獲得できるという意識が、徐々に広まってきていることは分かるであろう。

ところで、美人に関する言説の変化（優位な他者から身近な存在へ）を、G・ドゥボール（Debord, 1967＝1993）のいう「スペクタクル」から説明するならば、[*45] スペクタクル化の進行したこと、あるいはスペクタクルの内容が変容したこととして考えることが可能である。スペクタクル化の進行は、世界のもろもろの事象が、事実としてすべての人には所有できない不平等なものであっても、誰にでも所有できるものであるかのようなイメージを与えた。つまり、ある商品が本当であれば特定の富裕層にしか入手できないものであっても、ショーケースに飾られ展示されることで、多くの人が入手できるかのような幻想を作りだしたとされる。そして、「身近さ」は美しい身体をみんなが手に入れられるイメージを作りだしている。となれば、「身近さ」が広告表象の中で強まっていくのは、一方ではスペクタクル社会の特徴であり、スペクタクル化の進行と捉えることができる。

他方で、別の考え方をすればスペクタクルの変容といってもいいかもしれない。スペクタクルには「見せ物」という意味がある（もちろん、そのような狭い意味だけに限定されるものではないが）。それまでスペクタクルとしての身体とは、見せ物小屋の人々、死体、医学写真の患者といった、通常の身体から異化された身体を指していた。見られるべき美しい身体もその一つであった。つまり、それらの身体は、何らかの欲望（たとえば「こわいもの見たさ」）をかきたてる「自分とは異なる身体」「非日常的身体」であったのだ。それが今では、美しい身体は「私もなりえる身体」「日常的身体」となった。「日常的身体」がスペクタクル（見せ物）となる。これはスペクタクルの変容といえるだろう。

美人像の変化——広告にまつわるコンテクストの変化

明治・大正期に「あこがれ」が強いのは、広告にまつわるコンテクストにも依存しているだろう。北田暁大（二〇〇〇）によれば、明治後半から大正までの広告は、「伝統的」な美人像を内容／素材とし、下絵となる絵画の特性をそのまま流用（appropriate）したものであった。[46] たとえば、当時の三越の広告戦略に「美感」「意匠」といった〝芸術〟的要素を挙げることができる。そういった状況を、中川静（一九二二）はこう語っていた。

最近までは――現在とても大部分は――化粧品であろうが、呉服物であろうが、酒其他の飲料であろうが、一切の商品広告のポスターといえば美人でなければならず、しかもその美人の容姿がどれもこれも人形のように生気のないものばかり描かれていた。[47]

中川の表現にある価値判断はともかくとして、大正期までの広告が、それまで絵画で描かれてきたようないわゆる「美人像」を提示していたことが分かる。しかもそのような「美人」広告を受容するあり方は、絵画を鑑賞するようなやり方だった。当時の代表的広告形式の一つ、石版ポスターは、前述の北田によれば、駅の構内や旅館・湯屋・床屋といった「公共性を帯びた空間」の「比較的高いところに」はられていた。そして「室内装飾品的な扱い」を受けつつ、いわゆる「展示的価値」を所有する「作品」として眺められていたという。絵画作品としての広告に登場する「美人」は当然、讃えられるべき「他者」として現れていたことだろう。

それが昭和期に入って、広告は量的には増え、空間的には広がりを見せるにつれ、絵画作品としての価値を失っていく。広告受容のあり方の変化と対応して、広告のモデルが「あこがれる」対象から変化していったのではないだろうか。

企業の売るべき対象とする人間が、特定の人たちから大衆へ移行し、さまざまな人たちが化粧品を使うようになったこと。美人に関わる知（言説）が変化し、また広告にまつわるコンテクストが変化したこと。以上のような歴史的変化が、明治・大正期には「あこがれ」が強かったものが、昭和期以降に「身近さ」が強まるという変化の背景になった。

ただし、忘れてはならないのは、化粧品広告上の「美人」「美しい身体」には、「あこがれ」と「身近さ」のどちらもが孕まれているということである。単純に、美しい身体が他者のものから私のものになったというわけではない。繰り返しになるが、広告上のモデルは私でもあり他者でもあるのだ。つまり、「なりえないことの魅力」＝物語を延期する快楽も、「なりうることの魅力」＝「越境」の快楽も孕むのである。この二つの魅力が、矛盾したり結びついたりしてせめぎあう中から、美しい身体の表象は作りだされている。

3　身体像の変化——化粧品広告と美容整形記事

以上で「自然性、科学・医療・テクノロジー、あこがれ、身近さ」の時代による増減を確認した。明治、大正、第二次大戦時期を含む昭和初期、戦後から一九五〇年代まではテクノロジーが優勢で、一九六〇年代、一九七〇年代には自然性が強まり、一九八〇年代、一九九〇年代（含二〇〇〇年）になると再びテクノロジーの要素が強くなる。また、明治から一九九〇年代にかけて、あこがれは減少し、身近さが強まってきている。特に、明治・大正期まではあこがれの要素が強かったが、昭和期に入ると（特に一九七〇年以降）、身近さの要素が強くなっていた。

これらの変化から身体像はどのように変化したかを考えてみよう。身体は自然にたとえられることでその美しさを讃えられてきたが、それは逆に言えばそもそも身体の自然性が幻想であって、あえて自然性を付与したかたちで表現しなければならなかったからである。むしろ、身体は、つねに技術でもって加工されてきた存在であるといえよう。前章で見たように、化粧品広告の内部において「科学や医療が身体美をつくる」という表現がなされ、本章で見たように、広告というテクノロジーそのものにおいて、身体美がパーツとして切り出されるようになってきた。特に一九八〇年代以降、広告の内部においても、広告というテクノロジーそのものにおいても、その傾向は強くなっていったといえる。

また、あこがれと身近さにおいても、自分がけっして到達しえないからこそ魅惑されることと、なりうる「越境」の快楽の両方を往復しながらも、後者（「越境」の快楽）により強調点が置かれるようになってきた。美の平等主義が広まり、美人はあこがれの存在よりも、自分がなりうる存在として提示されるようになるのである。

こういった、化粧品広告上の身体像の変化は、雑誌記事に美容整形をテーマに持つものが一九八〇～一九九〇年代に急増していた事実と、強く関連している（3章、図5を参照。九七頁）。すなわち、広告から明らかになった「身体像が変化する時期」と、「美容整形言説が増える時期」が一致しているのである。

時期だけではなく内容的にも、化粧品広告上の身体像の変化と、雑誌における美容整形記事は関連しているだろう。特に以下三つの点で関連が強い。

第一点目に、身体に科学や医療の力を借りて手を加えることが（少なくともマスメディア上では）当然のこととして描かれるようになったことである。以下は全て一九八〇年代以降の雑誌記事である。

◆あごや頬のたるみ、目尻やほうれい線のシワをなんとかしたい［中略］切るに勝るものはないけれど、コラーゲンやニューフィルを入れる方法も。ニューフィルはポリ乳酸を注射する方法で、引っ張るというより脂肪層を増やしてふっくらさせるから、ほうれい線にも効果的だと思う。[*48]

◆みんなの〝知りたい〟に答えます‼

Q。肌のたるみやシワはどうやって起こるのですか？

A。そもそも肌内部には、張りをキープするための〝繊維芽細胞〟というものがあります。この繊維芽細胞で生成されるべきコラーゲンの量が減少すると、シワやたるみが発生するんですね。

Q。スーパーRFってなんですか？

A。高周波の熱エネルギーによってたるんだ皮膚の細胞を引き締め、コラーゲンを増幅させるという美肌施術です。……スーパーRFはいままでの高周波治療と違い、熱エネルギーを数回に分けて少しずつ与える新しい治療方式なので、痛みが少なく、はれやかさぶたなどの心配がないのも大きな特徴です。また、ニキビの原因であるアクネ菌を減少させる効果や、ボディのセルライトを破壊し、脂肪を燃焼させる働きもあるので、部分やせにも大変すぐれています。[*49]

◆クリニック処方の超低濃度（0.025パーセント）のレチノイン酸ジェルにはシミに効果が。肌の反応を見ながら濃度を変えていく。トランサミン錠。肝斑が薄くなる作用がある。[*50]

◆フラクセルは〝スキンリプレイスメント〟（肌の取り換え）とも呼ばれる注目の美肌治療器。肌表面に肉眼では確認できないほどの穴を開け、その周囲を囲む生きた組織の力で再表皮化を促すのです。しかも、角質層自体は水分を含んでいないので周囲の皮膚がダメージを受ける心配もなく、治療後にすぐメイクできるほど、肌への負担も少ない。1回の治療で12～20％の皮膚の入れ替えができるので、3～4週間おきに4～5回受ければ、シミの目立たない美肌を取り戻せるでしょう。[*51]

など、医療雑誌かとも思えるような言葉が一般的な雑誌に躊躇なく載せられていることが分かる。これらの専門的なタームは雑誌をめくればすぐに見つけることが可能なのである。

第二点目に、美しい身体が、顔のつくりだけではなく、目やくちびるのようなパーツとしても認識できるようになったことである。広告上だけではなく雑誌でも同様に描かれていることを確認しよう。

◆（美容整形では）顔全体を特定のタレントに似せたいという要望は少ない。あくまでもパーツとしての希望だ。目と鼻なら4～5年前は松嶋菜々子、今ならモデルの森泉やブレンダが人気という。[*52]

◆観月ありさのようなパッチリ二重、ミポリンのシャープなアゴライン、松たか子のような気品のある鼻になりたい！といった願望。[*53]

◆部分やせは可能？……今はリスクの高い脂肪吸引よりも、脂肪溶解注射や脂肪を破壊するレーザーや超音波が主流。脂肪溶解注射はメソセラピーといって、脂肪分解剤を二の腕やお腹などのやせたい部分に注射する方法。[*54]

◆年齢を最も強く感じさせる部位、といえばやはり目元だろう。子ジワやクマも大きな悩みではあるが、さらにやっかいなのがまぶたや目の下のたるみ。[*55]

◆年が出るのは目元と首筋。気を使っていても衰えが表れやすい、目元と首筋。逆にここさえ死守すれば、若い印象は保てるのです。[*56]

◆サンドイッチを作るのにも、パンのタイプや、マスタードを入れるか、トマトはどうするかを選ぶ。それと同じ。好きなパーツを選んで楽しく生きていく方が絶対、得だと思うから。[*57]

これらの雑誌記事にはパーツの重要性が描かれている。サンドイッチの具を選ぶようにパーツを選ぶことで美が完成するという言い方などは、パーツを変えることの重要性を端的に現した記事であろう。

第三点目に、美しい身体が、あこがれる存在として存在するだけでなく、自らもなりえる存在として立ち現れていることである。それは普通の女性が美容整形をするという言説にもなるし、美容整形がメイクやアクセサリーと同じようなものだとする言説にもなる。また男性が美容整形するという言説も含まれよう。

◆あなたの妻、恋人、会社のOL、娘などもすでにプチ整形しているかもしれない。[*58]

◆ひと昔前は水商売の女性やニューハーフご用達のイメージもあったが、今やフツーの学生やOLも美容院や歯医者の感覚で（美容外科に）通うとか。[*59]

◆若いコはプチ整形のカミングアウトにほとんど抵抗がないようです。ご飯を食べながら友達に報告していますよ。［中略］プチ整形は顔の中の1〜2ミリが変わっただけで印象が変わる、メークアップの延長のようなものと考えています。[*60]

◆女性は自分を美しく見せるためにメイクをしたり、アクセサリーをつけたりしますよね。美容整形もそういった自己演出の手段の一つになってきた気がします。[*61]

◆欧米では、ビジネスマンのアンチエイジング意識が非常に高い。30代後半からボスに専門医を紹介されて、ヒアルロン酸やボトックス注射、レーザー治療を始める人が大半です。……（日本でも）管理職や営業職の男性向けに、会社が一部費用を負担して、『エクゼクティブコース』（あるクリニックの美容コース）を勧める、という会社も増えています。ようやく日本の経営者たちも、アンチエイジングと業績利益が正比例することを、認識しはじめたといえるでしょう。[*62]

ちなみに誰もが美容整形に手を出しはじめているという言説は、雑誌の中だけではなくマンガにも見られる。たとえば、テレビドラマ化（二〇〇〇年、二〇〇一年、テレビ朝日系列）され話題を呼んだ

『OLヴィジュアル系』（かなつ久美、二〇〇六）では、[*63]「整形なんてイマドキ普通じゃないですかぁ誰だってやってますよ　右子の友達だって二重やプチ整形　みぃーんなやってますよぉ？」というセリフが登場し、そのセリフが主要登場人物に変化をもたらす重要なキーワードとなっている。別のマンガ『美容外科医　山田美人』（さかたのり子、二〇〇五）には、[*64]「美容整形　そーゆーものは芸人とかお金持ちの奥さんとかがするもんだと思ってた」患者が登場する。彼女は、三〇歳の時に初めて美容整形をし、五〇歳になった「今も　あたしの整形人生は続いている」キャラクターとして描かれる。このマンガの中で彼女は「美容整形のイメージも昔とは変わってきたわ　前みたいなうしろめたさはないみたい　今の時代に生まれていたら　あたしもこーならなかったのかしらね」と締めくくる。ここでポイントとなるのは、マンガの中でも、ここ二〇年の間に整形を誰もが受けるようになったという言説が登場していることであろう。

以上、三つの特徴に分けて美容整形に関わる言説を紹介してきた。重要なことはこれらの言説の真偽ではなく、このような特徴をもつ言説が私たちに提示されていることである。しかもこれらの雑誌記事やセリフは恣意的に選んでいるわけではなく、実際に近年によく見られるタイプのものなのだ。ゆえに、化粧品広告が提示するようになった身体像（美人像）は、八〇年代以降増加した美容整形の記事と、時期的にも内容的にも連動していると考えられる。そして同時に、美容整形が普及してきた事実とも関連していいると考えていいだろう。

おわりに

1　美容整形とアイデンティティ

1—1　オルランの衝撃

本書は、これまで歴史的にタブー視されてきた美容整形や化粧などの美的な身体加工に注目したものである。「はじめに」で記した「ボディプロジェクト」という概念が指し示すように、身体の問題が自己アイデンティティの問題と密接に結びついているからである。特に美容整形について、現代人のアイデンティティのあり方を幅広く考察できる現象と捉えて注目してきた。実際、美容整形の広まりは、一般的な身体加工に対する意識と地続きの現象であり（2章）、身体表象（およびそれと再帰的関係にある身体意識）とリンクする現象であって（4章・5章）、特定の人だけに関わるものではなく、現代人一般と深く関わる現象であるといえる。

ところでフランス出身の女性アーティスト、オルランは自分の整形手術をパフォーマンスとして

図29　オルランのパフォーマンス

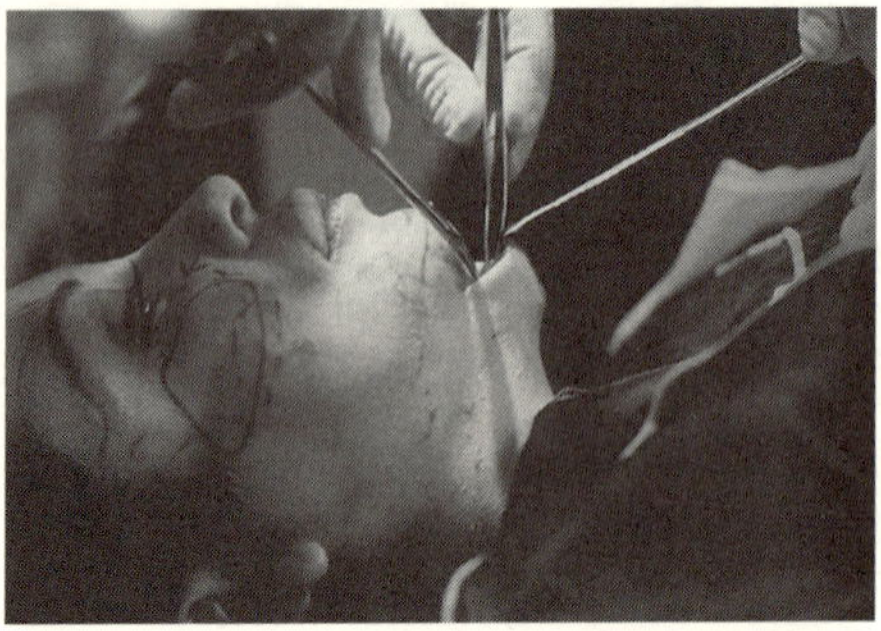

出典：Wilson, S., etc, 1996, *Orlan*, Black Dog Pub Ltd, p.76.

発表していることで知られている。[*1] 近年日本でも注目を集め、二〇〇七年に国立国際美術館の展覧会で展示されるなどしている。[*2] 彼女は「これが私の身体――これが私のソフトウェア」や「聖オルランのリーンカーネーション」などと題される作品群で、美容整形を受ける自分自身の姿を私たちに見せつけようとする（図29[*3]）。

　こういった彼女のパフォーマンスを見れば、私たちは衝撃を受け平静ではいられなくなる。ある人は気持ち悪いと感じたり、ある人は興味深く感じたりするであろう。それは、彼女のパフォーマンスが、身体とアイデンティティをめぐる現代のゆらぎを視覚化しているからである。

　身体とアイデンティティ。この二つのテーマは現代における重要な考察対象である。身体とアイデンティティに深く関わる美容整形は、当然ながら多く論じられるべき社会事象であろう。にもかかわらず、これまでに美容整形は、ある種の病理として捉えられたり、女性たちを美へ駆り立てる強制力として批判されたりしてきた経緯がある。美容整形が認知されつつある現代でも、その理由として「劣等感」や「コンプレックス」、「異性にもてたい」といったものが喧伝され、美容整形を実践した者たちのそれ以外の語りは取り上げられてこなかった。

そこで、本書は、実践者本人たちの語りを拾い上げるインタビュー調査をはじめとして、先行研究の検討、アンケート調査、広告や雑誌記事などメディア言説の検討を行っている。それは、整形実践者――ひいては現代社会に生きる人々――の「身体加工へのモチベーション」、モチベーションから透けて見える「アイデンティティのあり方」、「アイデンティティを支えるメカニズム」を捉えるためであった。

1―2 動機の語彙としての自己満足

本書では、まずアンケートから美容整形に関わる意識を抽出したが、特に重要な特徴は次の三点であろう。一点目は、整形をはじめとする身体加工へのモチベーションとして「自己満足」が主流になっていることである。自己満足の中身を検討することはできなくても、自己満足というタームが正当なものと認識されているという事実が重要なのだ。ここでは、身体を自分以外の誰か（神であれ、親であれ）のものとする意識が希薄化し、全く自分個人が好きにしていいものであるという感性が見られる。二点目に、「異性にもてたいから身体を変える」という発想が、男性に強く見られることである。美容整形は「もてたい」からするという発想自体が、男性の身体観に強く影響を受けていることが推測される。一つ目の特徴と合わせて考えれば、歴史的に正当化されてきた動機の語彙（劣等感）からも、男性的身体認識図式（異性にもてたい）からも、美容整形に関わる身体意識が脱却しつつあることが分かるだろう。三点目に、特に自己満足という動機を挙げるのが「外見を誉められる人」であったことから、この語彙を用いる人が他者の実際の評価をそれほど必要としていないことも分かる。

またインタビューを通じ、アンケートで見えてきた特徴をさらに深く考察していった。「自己満足」という理由はインタビューにおいても主流である。たとえば「ほんま自己満足なんですよ。わー（二重に）なってるって。自分だけの満足。キレイになった（満足）でもなく。（ただ）うれしい」などに表れている。その語りの中で「ビフォー／アフターのなさ」、「想像上の他者・想像上の自己」、「モノに支えられる想像力」、「技術が侵入する身体」、「自分らしさ」といった特徴が見いだせた。これらの特徴は、一つは整形実践者のアイデンティティのあり方として、もう一つはそれを支えるメカニズムとして解釈することができるだろう。アイデンティティのあり方から、自分の存在基盤は内面（心）にあるのか／身体にあるのかという問題（心身二元論）に新たなパースペクティブがもたらされるかもしれない。また、アイデンティティを支えるメカニズムからは、自分を対象化して自己評価をする時に誰の視線を借りてくるのかという問題（自他関係）にも新たなパースペクティブがもたらされる可能性がある。

本書を閉じるにあたって、これまでの議論を振り返りつつ、整形実践者のアイデンティティのあり方、それを支えるメカニズムという観点から、これらの新たなパースペクティブについて考察していきたい。

2　アイデンティティのあり方——彼女たちの跳躍力

2―1　行為や感覚に宿る自己——心身二元論を超えて

「（変わったことは）そんなにない。性格も別に変わってないし。」

「鏡で見た（整形後の）顔は大して変わんないんですよ。」

「本当に自分でしか分からない程度の差なんです。」

「いい心の変化とかはあったけど、自分という根底は変わらなかった。」


こう発言する彼女たちには、アイデンティティの一貫性を担保する傾向がみられ、それは整形によるビフォー／アフターのイメージを否定するかのような語りとして表れている。周りの反応がないことの強調、自分自身でも外見は少ししか変わっていないと思うことの強調を通して、「自分は変わっていない」という主張がある。あるいは、もし変わったとしても、整形前の身体に対する違和感を修正した、本当の自分に戻ったというべきもので、生まれ変わったという類いのものではないという主張もある。これらのビフォー／アフターを否定するような契機は、アイデンティティの一貫性を担保すると同時に、アイデンティティのあり方も示唆している。

ここでは、身体を変えても「自己」というものが変わっていないことから、身体そのものには自己は宿っていないことが分かる。たとえば生まれたままの身体にアイデンティティを感じるならば、「生まれつき背の低いのが私」、「醜いからこそ私」、「美しいからこそ私」といった認識が成立する。自己は体の外見に支配されることになるはずだ。整形以前の身体に違和感をもち、変化した後の身体にこそフィットしたアイデンティティを覚える実践者たちに、そのような認識はうかがえない。ある意味では、ボディプロジェクトが提唱してきた「身体は自己表現のための乗り物になった」という主張と重なり、身体は自己アイデンティティを表現する道具になっているともいえる。したがってアイデンティティは身体そのものに宿っているわけではない。

では確固とした自己アイデンティティが内面（精神）に存在し、それに合わせて身体を加工しているのだろうか。しかしそれも違っているようだ。実践者たちが整形するに当たって大事にした内面は、自己アイデンティティというより、「まぶたがかぶさっているような」違和感であったり、「視界がせまいんですよ、一重だと」という身体の感覚であったりした。よって内面に宿るのはちょっとした違和感や感覚であって、アイデンティティそのものとは言いがたい。アンケート上の美容整形をしたい理由で最も支持された「自己満足」の「自己」とは、内面＝アイデンティティというより、内面＝ちょっとした感覚のことなのである。

むしろ、「内面に外見を合わせる」という言い方にしっくり合うのは、「自己満足」より「自分らしくある」というタームで表現される事象であろう。だが美容整形をしたい理由として、「自己満足のため」は四〇・七％と支持が高い一方で「自分らしくあるため」は三・八％とあまり多くなく、「自分らしさ」は整形において「自己満足」よりも重要ではない。*4

また整形実践において「自分らしくある」ことの意味をあえて引っ張りだした場合でも、いわゆる一般的な「自分らしくある」ことと意味が違っていたのは、インタビューから既に明らかにした。整形実践での「自分らしくある」こととは、生まれたままの姿を受け入れることでもなく、自分が内面的に信じる自分らしさを実現するべく身体加工することでもなく、「素の顔に味付けし」、「自らのテイストをキレイに出す」ことである。もともとある身体のマイナーチェンジともいうべき自分らしさにおいて、内面には自分らしさは存在しない。もともとある身体が自分らしさの出発点になるからだ。

結局のところ、身体を変えることで自分が変わる（自己は身体に宿る）と考えても、内面に合わせて身体を作り変えていく（自己は内面に宿る）と考えても不十分なのである。それらの考え方は、私たち人間という存在を身体／内面（心）の心身二元論で捉えているといえよう。心身を二元論的に捉えると、内面であれ身体であれ、どちらかに確固たるアイデンティティ（自己）があると信じることになるからだ。

しかし、本当に、そんなものが「確固」として「ほんもの」として存在するのだろうか。市川浩（一九九七）に言わせれば「心身二元論の世界は、本当は生きられない世界である」[*5]。事実、美容整形の言説に表れる自己（アイデンティティ）は、身体／内面という二元論の枠組みではうまく説明できない。この言説は、身体と内面という二元論的な図式のほころびをさらけ出してしまっているのである。

「自己」は「身体」や「内面」に宿るというよりむしろ、加工するという「行為」や、このパーツが好きであるという「感覚・嗜好性」に宿るのかもしれない。[*6] 整形実践者たちの言葉からは、先に行為や感覚があり、あとから「ほんもの」の自己を内面や身体に設定するような説明をしているようにも感じられる。実際に、彼女たちは、「指とか、なんかこう先がとがったヤツとかあるじゃないですか、鉛筆とかシャーペンとかでこうやったら（＝二重まぶたにしたら）全然違くて」という行為そのもの、あるいは「（二重まぶただと）何か視野が暗くなるっていうか。重たい感じがするんですよ」、「そのときは、そっちの方が好きだったんですよ、顔が」という感覚そのものを大切にしていた。身体を変化させる行為や、身体に関する感覚そのものが、自己のよりどころとなっているのではないだろうか。

2―2　好奇心や飽き

アイデンティティの置きどころが「身体」であったり「内面」であったりするよりむしろ、「行為」や「感覚」であるかもしれないことの証左は他にもある。

谷本　そもそもアイプチした時も「キレイになりたい」とか「もてたい」とか思わなかったのですか？

Aさん　んー、なかった。ふと鏡を見て、二重したらどんなんやろうみたいな。［中略］好奇心でしたのかな。

谷本　でも、好奇心なら一～二回やったらもうやめない？

Aさん　んー、ちょいちょいやりだして、ちょっとずつ、やったりやらんかったりの繰り返しで。最後らへんずっとやって。そんな感じ。学校卒業してからはつねにずっとやってます。見やすいし。ずっとかぶさってないから。（二重だと）目があきにくいっていうか。

上記は、Aさんが二重まぶたの手術を受ける前に、アイプチをはじめた時の話である。彼女はアイプチをしはじめた時の動機を好奇心からと言っている。「二重にしたらどんな風だろう」という好奇心はまさに、加工するという「行為」そのものに存するものである。あるいは、一重まぶただと「目があきにくい」というのは身体の「感覚」である。ここでAさんは身体加工を、行為そのものや感覚そのものを大事にする中で行っていることを語っているのである。

また別の証左を示してみよう。筆者の手元に、ある大学における実習の一環で、学生たち自身が自分たちの意識を調査した報告書がある。[*7] 報告書には整形に対する意識調査も含まれている。調査結果自体は、授業用に限定されたものなのでさほど重要ではないが、興味深いのは「整形をしてみたい1番の理由はなんですか」という質問に対する回答項目である。その回答項目とは学生自身が作成したものである。すなわち学生自身が「整形の理由としてありえる」と予想した項目なのである。「かわいくなりたいから」、「異性にもてたいから」といった私たちでも予測できる回答項目が挙げられているのだが、驚くことに、その中に「1回くらい経験してみたい」という項目が作られていたのである（ちなみにアンケート回答者の多くがその回答を選び、整形をしてみたい理由で二番目に多かった）。大学生自身が予測する整形の理由に、Aさんも語るような好奇心が、「一回経験してみたい」という項目の形で挙がっていることは注目に値しよう。

また、報告書の中でもう一つ驚くべきは「今の顔にあきたから」という回答項目も作成されていたことだ。[*8] それは、衣服や身体に関して古今東西の事例を紹介したB・ルドフスキー（Rudofsky, 1972＝1979）が、次のように語った感覚にきわめて近い。

人間が自分の肉体をかえたいとおもうその理由が何であれ、［中略］その執念を説明するのはけっきょく退屈ということである。自分の肉体の自然のままのかたちに飽きあきしている。[*9]

人の身体加工への欲望は自らの体への「退屈」や「飽き」にあると、ルドフスキーは指摘するのである。ルドフスキーの言葉と同じように、大学生自身が整形の理由として「今の顔にあきたから」が挙がってくると予測したことも注目に値する。

「好奇心」や「飽き」が指し示すのは、ためしに鉛筆で二重まぶたを作ってみて全然違う顔を発見したり、一重まぶただと視野が狭いと感じたりする、「行為」や「感覚」である。

確かに自己というものが「身体」や「内面」にあると考えた方が私たちは安心する。自己のよりどころがハッキリしているように思えるからだ。実際のところ身体も内面も存在としてハッキリと安定しているわけではないが、少なくとも「行為」や「感覚」よりは安定しているように思えるであろう。だが、整形実践者の語りを通して見た場合、自己は不安定に見える「行為」や「感覚」をよりどころとしていた。このような不安定な自己像に私たちは耐えられるのだろうか。

筆者には、整形実践者たちが、この不安定さを軽々と超えて、ポジティブな自己像を見いだしているかのように思えるのである。「すごい自分いいじゃん、いいじゃん自分」、「別に人にどう言われたからうれしいとかよりも、自分自身がうれしかったので。本当に。人には気付かれたら気付かれたで、良くなったんやなって思うし、気付かれへんかったら別に何も思わないし」といった語りは、まさに不安定さを超える彼女たちの跳躍力を示しているのではないだろうか。

3　アイデンティティを支えるメカニズム

3—1　化粧品広告・美容整形記事から見る身体観

先述したようなアイデンティティを生みだすメカニズムとして、本書で仮説として提示したのは「想像上の他者」と「想像上の自己」である。そして、その想像力を支えるのは「モノ・技術・テクノロジー」であるとも考えた。

「モノ・技術・テクノロジー」が身体に関与する例には、美容整形だけではなく、より一般に普及している化粧品がある。また、「化粧をしだすと、アイシャドウって塗りますでしょ、それが塗れないんですよ、一重だと。それが一番きつかった」、「アイシャドウとか色を重ねて塗ることができないんです」、「(整形後) 極端にアイシャドウを買うようになった」などの語りを見てきたように、化粧品がさらなる身体加工＝美容整形への動機につながることもある。かように重要な化粧品だが、その広告からある特徴が見いだせた。

一つには、美しい身体像は「自然」「科学・医療・テクノロジー」「あこがれ」「身近さ」を不可欠な要素として表現され、しかもこれらの要素は互いが互いを補完するようなかたちで成り立っていることである。*10 さらに、もう一つには、現代になるにつれ「科学・医療・テクノロジー」と「身近さ」が重要な要素になってきていたことである。

特に後者の特徴（「科学・医療・テクノロジー」と「身近さ」が重要になったこと）が注目に値するであろう。まず、「身近さ」が重要になったということは、①身体の美しさが、自分には容易に得ることのできないあこがれのものとして表現されるよりも、自分も獲得できる身近さを持つものとして表現されることが増えたことである。そして「科学・医療・テクノロジー」が重要になったことは、②身体を美しいものにするために、自然性を付与したかたちで（たとえば花にたとえるなど）表現されることよりも、テクノロジーに媒介されるものとして（たとえば有効な薬剤を塗布するなど）表現されることが増えてきたこと、③特に顔に関する美しさはパーツ・部分として表現されるようになったことである。この三つの特徴が注目に値するのである。

これらの化粧品広告における特徴が、美容整形の言説と結びついていたことは、5章3節においてすでに確認した。①身近さに関しては、（美容整形の言説だけではなく）美人に関する言説とも結びついている。一九八〇年代以降、化粧品広告のキャッチフレーズでは「私の肌は、私自身の作品である」（一九八〇）、「ハリウッド・スターの顔をつくった。でも、普通の顔の方が、難しい。」（一九八八）などが登場したが、陶智子（二〇〇二）は「本来、美人の門はごくかぎられていてしかもうーんと狭いはずなのに、現代はそこらじゅうにあってしかも間口が驚くほど広い。美人について、今は、甘く、ぬるく、そしてゆるい。飛び越えなければならないハードルは極めて低いのだ。もしかしたらハードルなど存在しないのかもしれない。誰でも美人になれてしまう」と述べている。[11] また井上章一（一九九一）も「女性はみな美しい」という言説が近年流布していると指摘し、[12] この言説は美容産業によってもたらされたという。身体美が獲得できる身近なものとして表象されること、誰もが美人になれるという言説、そして美容整形の隆盛は、軌を一にしているといえるだろう。

また、②科学・医療についても一九八〇年代以降、広告において「ビタミンCとビタミンEを統合させたアクティブCE配合の保湿クリーム」（一九九〇）、「SAアミノ酸配合、そしてアルブチン効果　澄んだ素肌へ」（一九九三）などが登場すると同時に、雑誌上の美容整形の記事でも「クリニック処方の超低濃度（0.025パーセント）のレチノイン酸ジェルにはシミに効果が。肌の反応を見ながら濃度を変えていく。トランサミン錠。肝斑が薄くなる作用がある」[13] といった類いのものが多く登場することはすでに指摘した通りである。

そして、広告と美容整形の記事において、③写真やコンピュータなどのテクノロジーを通して身体美がパーツとして捉えられるようになってくることもすでに指摘した。ここでは新たに特徴的な記事を見てみよう。美容整形外科に設置してあるパソコンで、自分の身体を痩せた状態に変形させて見ることができるという記事である。まさにテクノロジーによって自分の身体を再帰的に見ることを可能にし、そのこと自体が身体加工への欲望を煽るという事例である。

そんなヤセたいところが思いのままのダイエットシミュレーターで、スマートになった自分を見る！　自分のヤセた姿はなかなか見られないもの。でも、このシミュレーターでなら、即座に気になるアノ部分のヤセ姿を見せてくれるのです。まずは、顔や、お腹、二の腕など、ヤセたい箇所をデジカメでパチリ。それをパソコンに取り込んで、シミュレーターでお肉を削除。あっという間に、「おヤセ姿」が拝めます。*14

このように、化粧品広告、雑誌記事、あるいは美人に関する言説などから、ある身体観が浮かび上がってくる。科学や医療やテクノロジーを利用し、身体をパーツとして認識するがゆえに、自分の思ったように変換が可能となる身体である。その身体観が、ダイレクトに美容整形とつながっていくことは明らかであろう。そこには、自分が到達しえない美しい他者に「魅惑」されることより、自分の中での「美人モデル」になりうる「越境」の楽しさや、私がズレていく「快楽」が勝っていると考えられる。

3―2　モノや技術の自己主張

「モノ・技術・テクノロジー」が侵入することで、身体を変えたい欲望は加速する。先のシミュレーターの例をはじめとして、本に付属するCD-ROM、日常生活に普及した写真やビデオ、アイシャドウやアイプチ、流行りの服、そしてそれらを掲載するメディアが私たちに侵入してくる。時にはモノは「指とか、なんかこう先がとがったヤツ」や「鉛筆とかシャーペン」などでさえある。鉛筆でまぶたをいじっていて二重になった自分の顔を見て「全然違う」ことに気付くことで身体加工は促進していく。

ここで「侵入する」という点について考察をする必要があるだろう。「侵入する」ということは、たとえば「メディアによって私たちは踊らされている」、「技術によって私たちは身体加工を強いられている」といった種類のものなのだろうか？

ところで、科学や科学者集団を論じる科学論・科学研究が近年注目されている。科学論を専門とするM・カロン（Callon, 1986）やB・ラトゥール（Latour, 1987, 1999, 2005）は、アクター・ネットワークという議論を展開していることで知られている。[*15] アクター・ネットワーク理論は、様々なアクターがネットワークをなしていくことで科学が成り立っていく過程を記述しているが、その際の特徴の一つに、アクターを人間に限定せず、モノや技術など「非人間」をもアクターに含めることが挙げられる。彼らの議論に則れば、人、モノ、技術、社会制度は、同等なアクターとして扱われるのである。したがって、科学研究は、科学者集団のもつ特徴を社会学的に分析するだけでは不十分で、科学者、実験室、実験器具・装置、企業、社会制度などが不可分にネットワークをなしている様態を分析する必要があるという。しかもアクターとは、それ自体で本質的な特性を持つ「独立した存在」ではなく、ネットワーク上において「行為を発揮する能力（agency）」なのである。[*16] それゆえ、アクター単体を考察するのではなく、それらのネットワークを分析するのだ。

非人間アクターもまた、人間や社会組織と同様に、ネットワークの中で人々の思考や行為、社会関係に働きかけ、それらを形作り変化させる積極的な作用（agency）の担い手だからだ。とくに物質的なアクターには、人間の意図や行為に抵抗したり、ふいに人間世界に介入したりすることによって、予想外の方向に人間の行為やその帰結を押し進めていく独在性がある。（平川秀幸、二〇〇二）[*17]

こうした科学研究のカロンやラトゥールによる議論の展開は、一見、美容整形研究と何も関係ないように見えるかもしれない。だが、必ずしもそうではないだろう。むしろ、ある意味で、示唆に富んでいると思われる。それは、アクター・ネットワーク理論と美容整形研究、どちらの議論も、社会の概念があくまで人間を中心として構成されてきたことへの異議申し立てになっているからである。人間こそがモノを作りだし、人間こそが社会を作りあげているという、人間中心の社会概念はこれまで前提とされてきたものである。とはいえ、実際に、社会は、各々のアクターに還元できない一連の絡まりあいのなかで生成するものであろう。あるいは、社会は、一連の絡まりあいそのもの、人間やモノや技術が渾然一体となっている集合体ともいえる。

同時に、私たちのアイデンティティも、個体発生論的に個人の内面からのみ生じることはありえないにしても、社会決定論的に「社会によって形作られる」ものでもない。それは、個人と社会とともに生成していく（coproduction）ものとして捉えうる。

したがって、「モノ・技術・テクノロジー」が侵入することで、身体を変えたい欲望が加速することを、モノや技術が人を操作するという「技術決定論」として単純に考えるのは間違っている。「メディアによって私たちは踊らされている」とか「技術によって私たちは身体加工を強いられている」などというのも違っている。こういった考え方は、人間があくまで中心にいる発想からきている。これらは、人が作ったモノに逆に人が躍らされてしまうという「疎外状態」として、現状を捉えているにすぎない。だが、これだけモノや技術があふれる現代では、むしろ社会を人やモノや技術が渾然一体となった集合体として考える方が、アイデンティティ論に新たなパースペクティブをもたらす可能性がある。

アイプチを知って「(二重まぶたに)変えれるんだ！っていうのがその時すごく。変えたい！っていう願望がすごくなった」こと、二重まぶたの喜びが「すごいアイシャドウの数が尋常じゃなくて(笑)。青、緑、ピンク、紫とか各色そろえて。毎日、色を変えて」いく変化に象徴されること、整形後にファッションが「変わった、変わった！もう俄然変わった」ことなどは、モノが人に影響を与えたという単純な因果関係としては捉えられないだろう。モノや技術と人は、もっと生き生きと複雑に絡まりあっている。私たちのアイデンティティは、アイプチやアイシャドウやファッションのようなアクターとともに生成していると予測されるのである。

3—3 だまされたままでいたい想像力——自他関係への視座

さて、私たちと「モノ・技術・テクノロジー」とが渾然一体となったことによって支えられるのは、「他者や自己を想像する力」である。この想像する力は、さらにアイデンティティを生みだすメカニズムとして機能していた。ここでは他者や自己を想像するという観点から、自他関係について考察していこう。

通常、人が自分を評価するときには、自身をイメージとして見ること（＝自己対象化）が必要である。他者の視線が媒介しない、まったく自閉し完結した状態で、自己対象化は不可能だと考えられている。人間が社会的存在である限り、そのように完結した自己は存在しないだろう。

したがって、一般的には、自己対象化には他者（の視線）が重要になるといわれている。整形に関していえば、整形は他者（社会）によって作りだされた「美しくあるべきだ」という価値観を、嫌々ながら取り入れたり、あるいは喜んで取り入れたりして行われるとされてきたわけである。整形を批判するにせよ、容認するにせよ、他者の価値観を内面化していること自体は、前提とされてきたのだ。

だが美容整形実践者の語りから分かったように、他者がもたらす賞賛は最優先されるものではなかった。「ぜっっっったい自分のため」、「たぶん、周りはそんなに気にしてないと思います。私は、自分は、いや」、「自分の中でです。別に誰から何を言われるわけでもないんですけど、自分的に今日はかわいくないから前向きたくない」などという語りに表れているように、欲望は自分に向かっており、他者の視線はあまり関係がなかった。本書の事例における自己は、単純に他者の視線を取り入れるという論理では説明できないようだ。よって、自身を対象化して自己評価をする時に、誰の視線を借りてくるのかという問題が生じてくる。

ここでの自己対象化の特徴の一つは、「整形前後の断絶のなさ」から分かるように、想像力を駆使して「よき」あるいは「あしき」自己像を作りだすことにある。それは頭の中でこしらえた虚構性を帯びた身体である。現実的には、誰もが虚構性を持った身体と完全に一致することはできない。

また、どんなに理想的な美しい身体（あるいは醜い身体）を思い描いても、現実の身体は違っている。しかし、現実の身体から乖離した虚構の身体を空想し、信じることはできる。「もう自分の顔になっている二重マブタの身体」であったり「私の中では存在を確信できるシワのある身体」であったりするである。「すでにして自分はなりたい自分」、あるいは、「人に見えなくても、あるパーツが嫌いな自分」なのだ。だから「もとからこんな顔だったんじゃなかったっけ」という言葉や「今まではウソっこだったのが本当の自分になったって感じ」という言葉が表れるのである。

もう一つの特徴は、その妄想を支えるのが他者の視線に限らないことだ。それは写りのいい写真やプリクラでもいいし、わざと美しく描いてもらった似顔絵でもかまわない。何枚も撮った写真の中で、最もきれいに写っていると自分が信じる一枚を「自分らしい」と考える。他人から見ると別の写真の方がその人を表しているように見えても、それはさして重要ではない。「プリクラ撮りに行こうといったら『いいよ、いいよ』といって、自分の分もらって、自分の目が一重だったら、『私、いらないわ』みたいな感じで」といった、写りが悪いと「封印」されるプリクラのエピソードは、このことを端的に示唆しているといえよう。だから「顔が変わったとは思わない」のであり、整形後の周りの反応を楽しむ余裕があるのだ。

想像上の他者と想像上の自己は、「だまされたままでいたいという倒錯的意志」（M・バウィ、Bowie,1991）に通じるかもしれない。[*18] 井上章一（一九九一）が指摘する「女性はみな美しい」という言説の近年における流布も、「だまされたままでいたい」気持ちと無関係ではないだろう。あるいは、太ってないのに太っていると思うような自分の身体に不満をもつ「ボディ・イメージ・ディストーション・シンドローム」の流行も、[19]「だまされたままでいたい」気持ちと関係があるだろう。「ナルシシズム」あるいは「醜形恐怖症」のような「病理」として論じられる自己評価や他者評価を勝手に想像するこの現象は、必ずしも病理とはいえない。私たちが多かれ少なかれ持っている傾向なのである。私たち自身、実際の他者の言葉に耳を傾けたり、実際に鏡に映る自分を直視したりするより、「だまされたまま」でいることの方が楽に感じるだろう。「だまされたまま」でいるのは快楽なのだから。

4　スパイスとしての美容整形――越境の楽しさ・ズレていく快楽

1章で見てきたように、美容整形は一種の病理として、あるいは美の神話の押し付けとして論じられることが多かった。たとえば、ジェフェリーズ（2000）やブラム（2003）の議論において、美容整形は自傷行為やリストカットと同様のものと捉えられていた。

本章冒頭で紹介したオルランの作品を解説しているキュレーターの平芳幸浩（二〇〇七）も、「局部麻酔によって痛みと死の恐怖と闘いながら手術を受けるオルランの表情は常に微笑みを湛えている。その笑みが、メスによる皮膚の刻みの痛みを私たちの皮膚感覚に一層強烈に訴えかけてくることになる。傷つきやすい皮膚は、逆に傷つけられることによって、その痛みから自己の『生』を確認するツールとなっていると言えるであろう。リストカットによって自己をこの世につなぎ止める少年少女のように」と記している。[20]精神科医の斎藤環（二〇〇七）も「ともあれ、自我と同一視された皮膚は、ただちに『攻撃』の対象となるほかはない。タトゥーにせよリストカットにせよ、皮膚を通じた自我への攻撃という成分を少なからずはらんでいる。とりわけ美容整形外科手術を繰返して顔を作り替えるパフォーマンスで知られるアーティストのオルランは、こうした『皮膚－自我』のあり方に対して正面から異議申し立てを試みつつある。［中略］しかし、手術の過程、とりわけ術後の回復過程を示す写真にみてとれるのは、皮膚を通じて自分を作り替える行為が、医学的にコントロールされた暴力にほかならないという事実のほうだ。それはあるいは、拡張されたリストカットと呼ばれるべきなのかもしれない」と論じている。[*21]

ここで美容整形はリストカットと同じ機制《メカニズム》をもつ行為と捉えられていることが分かる。すなわち、整形は、生きづらさを抱える人々の痛み、そして身体に及ぼされる攻撃や暴力として解釈されているわけである。

また同じく1章で見たように、バルサモ（1996）は、美容整形に見られるような「身体の設計」において、伝統的なジェンダー的要素が残存していることを指摘していた。美容整形も自分勝手に身体を作り変えるわけではなく、社会に普及している典型的な女性美に合わせるよう身体を設計する行為であるという。そこでは、ジェンダー・バイアスは技術的に増幅され、文字通り肉化されるというのである。身体加工は、目ざされる女性の身体が非常に規格化されたものであることを批判する。ボルド（2003）も、「単なる個人の選択」、「個人の意志によるもの」、「自由にできるもの」と喧伝されているが、結局「個人的で自由な」ものではなく、人種やジェンダーに対する偏見が押し付けられた結果なのだという。よって、美容整形は、あくまで「社会による美の神話」が女性たち（時に男性たちにさえ）押し付けられた文化現象であると考えられるのである。ここでも、やはり、美容整形は社会的な暴力として捉えられているといってよい。

ジェフェリーズやブラムの指摘、平芳や斎藤の解説は、なるほどうなずけるものである。同時に、バルサモやボルドの指摘もまったく正しい。現代社会の中には、「生きづらさを抱える自己」に対する暴力、「社会に普及している典型的な女性美」の暴力が、確固として存在するだろう。だが、美容整形に関していうと、それらの議論だけでは見えにくくなっている側面もある。[*22] しかもその見えにくい側面について、「整形には自分を主体化させる側面がある」（デービス〔1995〕、ギムリン〔2000, 2002〕）と指摘するだけでは、まだ不十分と考えられる。なぜなら「主体化」に付随する特徴をもっとおさえる必要があるからだ。

本書はそれらの特徴を捉えようとしてきたものである。そして、実際に耳にする周囲の意見や評価を無視してでも身体を変えようとする願望が存在すること、その願望は「自己」に対する暴力でも「社会に普及する典型的な女性美」が振るう暴力でもないことを見いだした。同時に、整形実践における主体化過程で浮かび上がる特徴として、「ただ身体を変えてみたい好奇心」、「ビフォー／アフター感覚の少ない自己の一貫性」、「他者評価と自己像を好きに想像している点」、「モノに合わせて身体を加工していく側面」なども発見してきた。これらの特徴をおさえてこそ、身体とアイデンティティの問題をより深く考察することができるようになるだろう。[*23]

身体とアイデンティティの問題については、まず、自己の存在基盤が内面（心）にあるのか／身体にあるのかという問題（心身二元論）に対して、「内面」や「身体」にあるというよりむしろ、加工するという「行為」や「感覚・嗜好性」に宿る可能性を見いだした。同時に、自己評価をする時に誰の視線を借りてくるのかという問題（自他関係）については、通常考えられているように「他者の視線」が重要になるだけではなく、人間と同等のアクターであるモノや技術によって支えられた「自分自身の想像力」が重要になることを仮説として提示できたのである。

整形に関する言説に次のようなものがあった。「たとえていうなら、気にいらない服を着て出かけたら何に対してもノレない。外見も同じじゃないですか」[*24]。服を変えれば、自己を転倒させるほどの変化はないが、ちょっと違う自分を味わうことができる。気に入っている服を着ることができた一日は、確かに越境の楽しさや私がズレていく快楽を味わえる。だとすると、美容整形のように、身体を加工することは、少しだけ自分をズラし、ちょっとだけ自分の枠を越境できる経験を「味わう」ためのスパイスのようなものなのかもしれない。スパイスは確かに量を間違えると中毒にもなるが、生活を豊かに彩る調味料である。「素の顔に味付けしたみたいな。」という美容整形実践者の声は、まさにスパイスとしての整形を指し示しているように思える。[*25]

〈付論〉国際比較
——韓国・台湾・ドイツの整形調査と比較して

これまで本文では、美容整形に関するアンケートとインタビューから整形実践者のアイデンティティのあり方、および化粧品広告から美容整形の普及に至るような身体観の流れを見てきたが、それらは日本の事例に限られていた。本書の考察の中心はあくまで日本の事例であるが、そのための対照項として海外の事例も見ておきたい。

3章でも述べたように、筆者は二〇〇五〜二〇〇七年にかけて、日本、韓国、台湾、ドイツで調査を実施した。そのうち海外の対象者は、韓国の美容整形実践者六名、美容整形外科医二名、台湾の美容整形実践者四名、美容整形外科医一名、ドイツの美容整形実践者三名、美容整形外科医二名である。これらのインタビューを中心にして、各国の整形事情を簡単に見ておく。

量的な把握を行ったわけではないので、あくまでもその国の美容整形事情の一側面でしかないことは認識しておく必要があるだろう。だが、対照項としてある程度の参考になれば、付論としては十分であると考えている。

インフォーマントの選出の仕方、データの解釈の仕方については、3章で記述した通りである[*1]。インフォーマント一覧は3章の注に記載してある。

1　韓国

いまや美容整形大国として有名になった韓国。整形の盛んな国といえば韓国の名があがるほどである[*2]（日本の報道で、韓国は日本より階級社会なので、女性が玉の輿に乗るため整形をすると主張するものが散見される）。二〇〇七年二月付けの韓国内で報道されたニュースでは次のように美容整形について伝えている。[*3]

「二五～二九歳女性の六二％が整形」

成人女性一〇人中七人程は容貌ストレスに苦しめられており、美容整形手術が必要だと考えていることが明らかになった。また二五～二九歳女性の六二％が整形手術をしたことがあることが分かった。

二一日、慶熙大のオム・ヒョンシン氏の博士学位論文「顔に対する美意識と整形手術に対する認識」によれば、昨年九月、ソウル・京畿地域の一八歳以上女性八一〇人を相手にアンケート調査をした結果、「整形手術が必要なのか」に七七・五％が「必要だ」と答えた。反面「できれば、してはならない」という回答者の比率は二〇・四％、「してはならない」は二・一％に終わった。

「整形手術を受けてみたか」に四七・三％が「はい」と答え、五二・七％は「いいえ」と答えた。年齢別に社会に初めて出る二五～二九歳の場合、六一・五％が整形手術をした経験があることが集計された。

整形手術を経験した回答者比率は三〇～三九歳五六・六％、四〇～四九歳四二・九％、五〇歳以上三九・四％だった。

「容貌のためにストレスを受けたことがあるか」という問いに六九・九％が「はい」と答え、一八～二四歳（七九・六％）、二五～二九歳（七六・九％）、三〇～三九歳（七六・五％）で「容貌ストレス」が激しいことが明らかになった。

回答者らが最も不満足だと思う身体の部分(三個ずつ複数応答)では下半身(一七・一%)、腹部(一四・六%)、体重(一二・五%)、身長(一一・六%)、皮膚(一一・一%)、顔(九・六%)の順だった。

オム氏は「美容整形手術は美的権利であり、精神の治癒という肯定的機能を持っている」として、「単純な容貌劣等感を解決するために整形手術を受けるのではないとの正確な現実認識が必要だ」と語った。

「整形手術を受けてみたか」に四七・三%が「はい」と答えているのは、非常に高い数値といえる(筆者たちによる日本の調査では、美容整形をしたいという人が四五・二%にのぼっているが、実際に手術を受けた人の割合は減ると考えられる)。そのくらい美容整形手術がポピュラーなものとなっているにも関わらず、この紙面では、整形を単純な劣等感の解決手段ではないと主張し肯定的な権利として認めようとするものの、最終的には「精神の治療」といったオチに結びつけており、あまり斬新なものとはいえない。実際のところ、韓国における美容整形実践者や外科医はどのように感じているのだろうか。

まず、美容整形実践者たちに「なぜ整形をしたのか」や「整形をしたことの感想」を聞いてみたところ、日本の経験者とさして変わらない答えが返ってきた。まず、整形をするに際して重要なことは「自己満足」であるという。

谷本　美容整形はNさんにとってどういう意義がありますか?

Nさん　自己満足!　一番はじめに自己満足です。自分に満足すると、すべてのことがとにかく良くなるような気がします。

Mさん　まだよくは分からないんですけれども、自分が満たされないところが満たされたと思って満足しています。

Oさん（耳の軟骨を取ってきて鼻に入れて鼻筋を通す手術を行っている） 整形以前「(あなたは) 鼻が低くて、もったいない」、そんな話を聞いてました。手術したあとに「キレイになった」という声をよく聞きます。でも手術したということに気付く人はそんなにいません。まあ家族たちは分かるけれども、他の人たちはそんなに気付きません。だから、まあ、自己満足というのもあるし。手術をしてくれた先生に恵まれたのでよかったと思います。

Nさん 自己満足ですね。暮らしていく上で深みが出たというふうに考えてます。

また、整形の前と後で「あまり変わっていない」あるいは「周囲の人はあまり気付いていない」という語りも、日本と同様に見られた。自己満足しているという先のOさんの語りも、「手術したということに気付く人はそんなにいません。まあ家族たちは分かるけれども、他の人たちはそんなに気付きません」という周囲が気付かないという文脈から自己満足という言葉がでていることが分かる。

周囲が気付かないだけでなく、本人の意識の中でも大きな変化がないことは、眉間のしわ伸ばしと目の下のリフトを行ったNさんが、自分の手術は「おりてきた肉をちょっとあげただけ」であまり変わっていないことを強調し、その上で家族も誉め言葉に「自然な感じ」を挙げていることに表れている。Qさんも、何年も前にまぶたの手術を受けて二重にしたのだが、インタビューの二ヶ月前に再度手術を行ってまぶたの幅を大きくし、「もともと二重がなかったわけではないので大きな変化になっていない」と語る。自分のした手術が大したものではないという語りが存在するのである。

Nさん　私は昔っから顔に肉がなかったので、だからといってシワがいっぱいあったというわけではなくて、おりてきた肉をちょっとあげたというだけですから、ちょっとあげただけですから、そんなに気になりません。

Nさん　昨日家のものが集まったんだけれども、反応がとてもよかったです。すごく「うまくやったね」って。みんな「自然な感じだね」と褒めてくれました。

Qさん　私の場合はもともと二重がなかったわけではないですから、そんな大きな変化ではなかったです。それは、太った人がやせたとか、やせてた人が太ったとかいうくらいの差で、二重が大きくなった小さくなったという差なので、特には大きな変化になったわけではない。

また、二重まぶたにし、額にボトックスを打ってシワをなくし、眉間を広げる手術をした（まだ二〇代前半の）Rさん、鼻筋を通したOさんも同様に、変わらなさを強調する。

谷本　手術を受けて変わったところはどこですか？

Rさん　額に力を込めなくてよくなって楽になったくらい。気にしなくても目を開けることができるし。変わったというのはあまりないです。

Oさん　特に変わったことはないです。

Pさんは、インタビュー当時、数日前に目の下の脂肪を取ったところであった。さらに三年前には二重手術を行っている。彼女は目の下の脂肪とりに関して「目とか鼻のような目立つところではない」ことを強調し、周りの人が気付かないことを主張していた。そこで私が「二重手術の時はどうであったか」を改めて尋ねたところ、二重手術は「目立つところ」の手術であるにも関わらず、やはり周りの人にはよく分からないくらいであると一見矛盾した答えを返している。

Pさん　私は手術を受けたところが目とか鼻のような目立つところではないので、普通の人がないものをただとっただけで、知ってる人が見れば分かるけど、そうじゃない人が見れば分からないものだと思っている。

谷本　二重にしたときはどうでした？

Pさん　今の友達は「それは手術したんですか？　してないんですか？」と聞くくらい（自然）です。しかもそれ（目）を凝視するようなことではなくて、話が出たときに、二重手術をしたのかしてないのかっていう程度。

結局、Pさんは目立つところであろうがなかろうが、手術したと周囲には分からないというのである。ここで興味深いのは、美容整形が隠すべきものであるから「周囲には分からない」と実践者が力説するのとは違っていることだ。人の語りにおいて、自己正当化はよくあることだから、「周囲には分からないと語るのは、整形が後ろめたいことだからだ」と考える人がいるだろう。しかし、そうではない。韓国においてはインフォーマント全員が周囲に手術を公表していた。「手術のことは秘密ですか？」との質問に、みな一様に「みなが知っている」と答えている。

Mさん　自分が手術を受けたことは周りの人は知っています。家族も友人も知っています。

Nさん　みんな知っています。

Oさん　特に秘密にしているわけではないです。自分の周囲にいる近い友達はみんな知っています。でも、ただの知り合いくらいの人は自分の顔を見ても手術したとかしないとか分からないですから、そういう人たちに無理やり話すことはないです。でも秘密にすることもないと思ってます。

Pさん　いいえ、みんな知ってます。

Qさん　みんなに話しました。

Rさん　知ってます。全然以前の私を知らなかった人は（手術を）したかしないか分からないようですが。

　よって、ここで主張されているのは、周りは手術のことを知っているにも関わらず、手術が分からないくらい「自然なものだ」ということなのだ。手術に対する社会的な拒否反応や、自分自身の罪悪感から「周りには分かりません」と言っているわけではない。

　整形実践者たちが主張したいのは、以前の自分と変わらないくらいの自然さなのである。こうして、韓国でも、自己満足のための整形という語りがあり、同時に、周りの反応がない、自分の外見もたいして変わらないというビフォー／アフターを否定する契機が見られることが分かる。

　自己満足のための整形の場合、他者の実際の評価が重視されないことは日本の事例（3章）で述べたが、この現象は韓国でも見られた。Oさんは「自分でそう思うだけ」であること、二重まぶた手術を受けたQさんも「私だけは自分の目しか見えてなかった」ことに対して自覚がある。

Oさん　手術したあとは副作用が怖いとか、そういうことをよく聞きますし、自分も不安だったんですけど、一ヶ月経ってからもそういったものはなく、無事に過ごしています。そして、昔は鼻の手術をしたあとの話なんですけど、笑ったりするときに、口の上の部分が不自然な感じがしたんですが、最近は笑うともっと自然に見えるようになったし、目の二重のところも、手術したことによって変わったような気がします。自分でそう思うだけで、人が見てなにか言うほどではないんですけども。

Qさん　ええ。以前は、自分の顔の目しか見えないような感じだったんですけど、最近ではお化粧するときでも顔全体が見えているような、そんな風に思っています。私だけがそういう風に思っていると人から言われたことがあるんですが、私だけは自分の目しか見えてなくて、目だけが気になってた。他の人はそういうわけではない（＝目ばかり見ているわけではない）みたいです。

それでは手術前と後では何が違っているのだろうか。日本の事例では、変化そのものが重要なのではなく、整形前の身体に違和感を覚え、後の身体の方がしっくりくるということであった。韓国でも同様の語りが見られる。

Rさん　昔（手術前）の写真を見ると、もどかしいような重苦しいような。

Oさん　私は（大掛かりな）整形に近いですから、鼻を立てて作ったような顔ですから、自分の顔だとは言いがたいんですけども、自分を生かしてくれるようなそういうものだと思ってます。

3章における日本の事例で、二重まぶたの手術をAさんは「素の顔に味付けした」ようなものだと語っており、手術は自分を作り変える手段というよりも、自分らしさを実現するための手段となることを指摘した。韓国のOさんも同様に「自分を生かしてくれるような」ものとして手術（この場合は隆鼻手術）を捉えている。

ここまでの語りは日本と韓国で類似しているが、異なったところもある。それは「自信」である。この言葉は日本の美容整形実践談ではあまり聞かれなかったが、韓国では多く聞かれた。「美容整形とはあなたにとってどういう意義がありますか?」などの質問に対して、韓国では自信というタームは頻繁に登場する。

Mさん　私は(手術を)肯定的に考えています。手術をすることで自分が自信を持てるならば、いいことだと思います。

Pさん　自信の回復。自分が足りない部分を補充してくれるものです。

Qさん　社会人生活をしていると、いろんな人と会うようになって、自分の顔だけ見ていればいいというわけではなくなりました。人のことを見るようになるし、人と比較されるような場所も多いと思います。その中で自信があるのとないのでは、ある人の方が美しく見えるし、ない人はそんなに美しく見えない場合があると思います。ですから手術を受けたことによって自分に自信を与えるとしたら、それはとてもいいことだと思います。

谷本　美容整形とはあなたにとってどのような意味がありますか?

Rさん　自信です。[中略]写真一枚とるにしても、自信がついたような気がします。

谷本　手術を決めたきっかけは?

Pさん　(整形を決心する際に)全体的な(自分の気持ちの中での)方向性が変わったので、これというのはないけど、でも手術を受けて自分が変われて、自分の気分が良くなって、人に会う時に自信を持って会えるなら、手術はいいものです。

また自信というタームは、整形実践者から発せられるだけでなく、整形外科医によっても語られている。

谷本　クライアントの手術希望の理由で多いものはなんですか?

K医師　自分の持っている足りない部分、コンプレックスをよくするように。それと自信をもって社会生活を営むように。

L医師　何か足りないと思っている部分を、小さな変化なんだけど、それをちょっと変えることで患者の方々が自信を持つようになるのはとてもいいことだと思う。

　これらの語りを見る限り、韓国では「自己満足」よりも「自信」がキータームとなっていることが推察される。「自己満足」と「自信」は、類似したところもある。大きく外見が変化していないことの強調、周囲の反応は関係ないことの主張、整形前の身体への違和感、整形後の身体のなじみの良さ。これらは「自己満足」系美容整形も「自信」系美容整形も同じ特徴であった。

　ただし、違っている側面もある。前者（自己満足）が「自分が満足ならそれでいい」というより自分に向けられた言葉であるのに対して、後者（自信）は他者との対面状況を設定している言葉である。この両者の言葉の違っている面を端的に表すのが、メイクに関する語りである。3章・日本の事例では、二重まぶた手術後、アイメイクをするのが楽しくなって「青、緑、ピンク、紫とか各色そろえて。毎日、色を変えていった」というようなインタビューがあった。たとえて言えば、小さな子が「お絵描き遊び」に興じるような、自身だけの楽しみがそこにはある。だが、韓国の事例では、二重まぶた手術以後、逆にアイメイクをしなくなったと語られているのだ。

谷本　手術を受けて変わったことがありますか？

Qさん　内面的な問題ですか……。それはよく分かりませんけど、自信が出てきたということは言えると思います。人に会うときでも飾り付けて会わなくちゃいけないというのではなくてそのまま行ってもいいような自信があります。

谷本　手術後の方が着飾らないことが増えたんですか？

Qさん　はい。昔はこんな風（すっぴん）では外出しなかったです。昔は目も（＝アイメイクも）全部お化粧してきましたが、こんな風に（すっぴんで）出てきたことなかったです。

Qさんは、二重まぶたになって「楽しく」なったのではなく（＝アイメイクが楽しい！）、「自信がついて」人前に出ることができるようになった（＝メイクをしなくても平気！）という。手術を受けてモノの楽しみが広がるというより、自分自身の身体への自信が深まるのである。化粧品というモノに規定された身体像ではなく、身体そのものへの関心を見ることができよう。化粧品に合わせる身体ではなく、身体そのものの管理が韓国では重要なようである。

谷本　あなたにとってきれいな人とは？

Nさん　美しい人というのは、自分の心の決めたことを実践する人であって、あれをやったりこれをやったりする人ではないと考えています。結婚前は、皆さん痩せていて自分のことを管理したり気にしたりする。私は結婚する前から細かったんだけど、（結婚後の）今でも細くて、ちゃんと管理していて病気にかかったこともないです。

谷本　美容整形とはあなたにとってどういう意義がありますか？

Oさん　私にとっては鼻が低いということがコ

ンプレックスで、そのコンプレックスがなくなったと思っています。でもそれは欲を出して気に入らないところを全部直すような――それっていうのは自分の顔ではないですよね――のではない。それでもコンプレックスをなくすということは自己管理の一部ではないかと思ってます。

よって、韓国の整形と日本の整形は類似した語りもありつつ、韓国の方が、より身体を管理し、そのことで自信をつけるという側面も見いだせる。

それからもう一つ、日本の事例と大きく異なっていたのは、周囲の対応である。先に、韓国においてはインフォーマント全員が周囲に手術を公表していたことを述べたが、それどころか手術のきっかけに「他人の勧め」が多かったのである。3章における日本の事例で明らかになった「他者の実際の評価が重視されないこと」は、確かに韓国でも一部は見られた。だが、同様に正反対な事態も数多かったわけである。つまり、韓国では「実際の他者の評価」はそれなりには重視されていると考えられる。

Nさん　子供たちが「手術してみたら」といったのでしてみました。

Mさん　夫が「(手術を) やったらどうだ」と言ってくれました。勧めてくれたのです。

Oさん　一年前に自分の写真をみた友達が「鼻が低い」といって。「鼻さえ何とかなれば顔全体が生きるのにね」みたいな話をして。「でもそれにはお金かけないとね」という話をして。

それ以外でも、病院選びの時にPさんは「お母さんの知り合いの先生で。妹も鼻の手術をしている」、Qさんは「友達がここで手術をして紹介を受けた」など、家族や友達の勧めがあった例も多い。

実際に筆者が韓国で調査している時に、「日本では友達同士でもあまり外見の評価はお互いしないかもしれません。特に相手を美しくないと評価する時には言いにくいと思います」という話をインフォーマントにすると、彼女たちは驚いて「それは本当の友達ですか」、「本当の友達なら正直に外見の評価を言うと思います」と返答した。

韓国でも、実際の評価を受けなくても、自分だけが外見について何かしら思っているという例は見られたが、その事例は日本の方が多い。むしろ韓国は他者が「手術をしてみたら」という形で勧めるという他者の実際の評価が、整形の動機となることも、しばしばあるようだ。

したがって、あくまで仮説としてだが、韓国における美容整形の特徴を挙げるならば次のようになる。一つには、美容整形は自己満足のためするものであり、整形後はとても自然に見えることが強調されることである。この点は日本と同様である。

二つ目に、「自信」が大切であることだ。美容整形手術は「自信を補填してくれるもの」であるという意識を韓国の整形実践者に見ることができる。

三つ目に整形を自己管理の一環として捉えていることが挙げられるだろう。この二つ目と三つ目の特徴は日本の語りとやや異なっている。日本の実践が整形をあくまで自己満足の範疇で捉えようとするのに対して、整形を通じて自己を管理し周囲に対する自信をつけていくという「より主体的で積極的な」意識が感じられるからである。

そして四つ目に、日本のケースとはかなり違って、他者に勧められて整形するというパターンが多く見られたことである。相手の外見について言及することが日本よりはタブー視されないという事情があるようだ。

2 台湾

実は台湾は隠れた美容整形普及国である。二〇〇六年時、美容整形外科医は約三四〇人おり、業界の決まりで手術のデータを残すことになっている。二〇〇六年に、美容整形の手術した人数は約一七二万人、台湾の人口は二三〇〇万人なのでおよそ七・五%の人が整形を経験している計算になるという。[*4] 韓国ほどではないが、かなり高い割合といえる。しかも二〇〇四年のデータでは五・三%であったことから、二年の間にその割合はかなり上昇していることが分かる。美容整形外科医であるS医師はインタビューでこう語っている。

S医師 (手術が普及した)影響は韓国のドラマです。日本も流行ってますね? 韓国(人)のイメージは顔が広くてきれいとはいえないのですが、韓国ドラマの主人公はみんなきれいな顔してますよね。台湾は今四つの(手術)項目が人気があります。一つは二重まぶた、二つ目は鼻を高くする、三つ目は脂肪を取る、四つ目は胸を大きくする。一つ目は大体四〇%、二つ目は二〇~三〇%、三つ目は二〇~三〇%、胸は二〇%くらいです。

谷本 台湾で整形が盛んだという報道は日本ではあまりされていないようです。

S医師 台湾の美容整形のクライアントの数は今より三~五倍になるでしょう。これからもっと発展すると思います。今の七・五%という量は韓国の半分くらいでしょうか。これからたとえば大陸(中国)から来る人とか、さきほど言ったところ(ベトナム・タイ)から来る人々の、台湾に(美容整形を)求めるニーズは絶対倍以上になります。その時には日本でも報道されると思います。

韓国ほど美容整形が普及しているイメージはないものの、台湾でもかなり普及していることがうかがえる。また、美容整形にやってくる人たちの中には外国人も目立つという。先ほど、データから台湾の中で美容整形を経験する人が七・五％と述べたが、実は微妙なのである。今は台湾に住んでいるが元は海外からきたという人が、整形を受ける場合がかなりあるからである。先のインタビューでも少し触れられているが、ベトナムやタイから来る女性の手術が増加傾向にあるらしい。

S医師　もう一つ、たぶん日本にはないと思う社会背景があります。それは婚姻です。台湾に外国のお嫁さんが来ます。たとえばベトナム、タイから。こういうところからお嫁に来た女性は、まず台湾に来たら手術します。胸を大きくするとか、二重まぶたなどの。こういう手術をすることによって自分の結婚とかあるいは就職に有利になるようにするのです。もちろん台湾という土地柄も大事です。台湾、大陸（中国）、香港、シンガポール、アメリカがありますが、台湾の医療技術は優れているので、こういうところの人たち（お嫁に来る人たち）は台湾に来て手術するのですよ。もちろん、医者の考え方・価値観もありますね。香港の医者はとても保守的です。台湾の医者はとても積極的。大陸（中国）の医療は信用されていません。アメリカの医者だとやっぱり東洋人の美的感覚はちょっと違うんですよ。だからこういう人たちは台湾に（整形を）求めて来るのです。これは台湾に特殊な事情でしょう。

日本でも「海外の花嫁」はいるし、その人たちが美容整形を受けることもあるので、台湾だけの特殊事情とはいえないだろう。ただ、S医師の実感としてかなりの数が海外からの女性の施術であるというのは、確かに台湾美容整形事情の特徴であるとはいえるかもしれない。

それでは台湾の整形実践者の動機はどのようなものかを見ていきたい。まず、Tさんのインタビューを見てみよう。彼女は三〇歳代であったが若く見え、非常に美人で社会階層も高い人であった。彼女は「以前から美人だと誉められていましたか?」の質問に対して躊躇なく「はい」と答え、「自分が注目されることは当然のことです」と答えている。[*5] ただ、子どもを出産した後に太ってきたということで、それを契機に整形に踏み切ったという。レーザーと薬剤を組み合わせてシミを消し、脂肪溶解注射を打って痩せ(一五キロ減らした)、鼻を高くし、薬剤注射によりクマとシワを消していた。しかしながら、彼女は美容整形の前と後の身体における変化を小さいものであると語っている。その上で変わったのは、身体そのものではなく、服装や化粧であるとする。

Tさん 手術前と手術後の差はないです。全部自分です。自分のした整形は小さな部分が変わるくらいのものですから。自分もまったくの別人になりたくないです。[中略] 服は変わりました。前は、太っていた時は、おばさん服を着てました。いまは痩せているので、デザインした今流行っている服を着ます。もちろん若く見えます。[中略] 化粧する時間が増えてます。外出するのも増えました。化粧したいという意識も増えました。

Tさんにも日本の事例で見たような整形前後の違いを小さく見るような意識、そして洋服や化粧というモノに影響される身体観がうかがえる。それは、肌を白くしシミを消したUさんやWさんにも見ることができる。

Uさん 服は変わりませんがメイクは変えました。ファンデーションの色が明るくなった。その時はとても嬉しかった。店の人が以前のものよりももっと白い色を勧めたときは嬉しかった。

谷本 シミが取れて嬉しいって気持ちを具体的にいうと、どんな嬉しさなんですか?

Wさん　化粧品を塗るようになって、濃く塗っていたのが、その後はあまり濃く塗らなくてもよくなったんです。それが嬉しかった。

また、彼女たちに共通して、やはり自己満足という語りは登場する。

Uさん　（施術は）自分のためです。ファンデーションが白くなった時のような嬉しい気持ちのためです。

Wさん　特に誰（に見せる）ということはないです。自己満足みたいな感じ。［中略］もともと私の肌って白いじゃないですか。黒いところ（シミ）があっては気になる。

谷本　鏡を見て自分で発見したのですか？

Wさん　そうです。その時化粧とか全然してなくて、なんか気になるなあって。

谷本　誰かの目が気になるとか、誰かに言われたとかありましたか？

Wさん　それはなかったです。自分で思っただけ。

　これらの事例を見る限り、台湾の美容整形は日本のそれと類似していると思われる。ただし言葉や翻訳の問題もあるかもしれないが、筆者は日本の美容整形実践者よりも台湾の実践者から素朴な印象を受けた。台湾の「語り」は、日本における「語り」と同じ内容でありつつも、より単純な傾向が見られたからだ。

　たとえば、モノに支えられる身体観であれば、日本の場合「アイシャドウが塗れないことが一番きつかった」、「ぴったりしたニットが着たくて」という風に、モノが先走る傾向があった。まさにモノが支える身体観といえよう。しかし台湾の場合、「シミを取ってみたらファンデーションが一段白いものになって嬉しかった」というかたちでモノは後からついてきている。この身体観は、モノによって補強されているものの、モノによって支えられているというほどに至っていない。したがって、台湾と日本の語りを比べた場合、日本の方がやや先鋭的な印象を受け、台湾の方がやや素朴な印象を受けることとなった。

ところで、先のS医師は、台湾における美容整形手術の意義を女性の自立にあるとしている。このような語りも台湾の整形事情を日本のそれよりも若干だけ素朴に見せているのかもしれない。

S医師　女性の健康面の反映だと思う。昔の台湾では「愛する人のため」だったが、今は「自分のため」に美容整形をする。このことは一つの社会背景の反映でしょう。一つは女性が経済的に独立をしてきたこと。昔は自分のご主人や親に依存してた。今は経済的に独立しています。二つ目は、女性の自信。[*6] 昔は抑圧されてたけれど今は違う。このことは今の女性がとても精神的に健康だということです。

こういう女性の変化は男性に影響を与えます。昔の男性は自分の身体とか顔にあんまり関心がなかったですね。女性の変貌によって男性もだんだん美容に関心を持つようになった。男性の整形も増えている。この全体的変化を見れば、社会は健康になってると思う。

女性の経済的独立と自信。日本では一九七〇年代くらいに頻繁に語られていた言葉である。だが、S医師によると台湾の美容整形は、現在において、こういった様相を呈してきているという。

また、ボディプロジェクトとつながるような、自分の身体は自分で管理すべきといった意識も見られる。筆者による「自分の見た目を構わない人をどう思いますか」との質問にTさんやUさんは次のように答えている。

Tさん　自分に対してすまないことをしていると思います。自分の責任を果たしていない。

Uさん　もっと自分の外見を磨くべきです。

このあたりの語りも（やや素朴なものであるものの）内容的には日本と類似しているといえるだろう。

ここで、一つ別のケースを紹介したい。それはVさんである。四〇歳代、未婚、無職という彼女は、前述のTさんとはまったく対照的な外見をしており、筆者が調査したインフォーマントの中で最も外見に気を使っていない印象の方であった。Vさんの語りは、Tさん、Uさん、Wさんと違っており、台湾に特徴的なケースというより、レアケースと捉えるべきだと思われる。しかし、彼女の語りは究極の自己満足の事例として興味深い。手術前と後で身体も心も変わらないし、自分のことを鏡でも見ないし、他人が見ている意識もないと断言するVさんは、二重まぶたの手術と豊胸手術を受けている。

谷本　手術を受けた後、変わりましたか？

Vさん　あまり変わらないです。

谷本　精神的にも？

Vさん　身体も心も両方とも変わらないです。

谷本　あえて手術を受けて変わったことがあるとすれば？

Vさん　心理的にはあまり変わりません。外見でいえば服を着る時、楽なくらいで、変わらないです。

谷本　整形前、鏡や写真でご自分の姿をよく見てましたか？　整形後は？

Vさん　前も後もあまり見ないです。

谷本　では、整形前、他人があなたの身体を見ていたことはありますか？　もしくは今は？

Vさん　どちらも見られている意識はないです。

谷本　鏡でご自分の姿も見ないし、他人もあなたを見ていないと思うのに身体を変えたいと思ったのは何故ですか？

Vさん　自分の感覚です。もし手術すれば、外観的に、全体的にバランスがとれるという、全体的によくなるという一体感があったので。［中略］自分の、全体的にきれいなバランスをとれているという感覚が大事だと思います。

谷本　うーん、その感覚の源はどこから生まれてきているんでしょうか？

Vさん　自分の中です。自分だけの感覚です。前は痩せてたんですが、その時はバランスがとれないと感じなかった。でも、それから太って、自分の胸が小さく見えたんです。誰にも言われなかったけど、自分の中だけでそう感じました。

実際にVさんと話していると「自分の姿を誰かに見せよう」という意志がまったく感じられなかった。整形の前も後も家の中にこもっていて、他者と会うことはしていないという。

Vさんの事例はこれまで見られた自己満足のケースをより徹底化したものであり、ある意味では特殊である。3章2節「想像上の他者・想像上の自己」において、他者の実際の言葉はさほど重要視されていないこと、おそらく「想像上の他者」がよい評価をしてくれることを自分の中で信じていること、自分の身体も自らが想像した姿（「想像上の自己」）が重視されることを述べてきた。しかしながら、Vさんの場合、「想像上の自己」しかない。他者の実際の言葉はおろか、「想像上の他者」すら抜け落ちている。誰にも言われないし、誰にも見られないけれど、自分の中で「きれいなバランスをとれているという感覚」を得るために豊胸手術と二重まぶた手術を行ったという。この事例は（台湾に限らず日本においても）レアケースではあるだろうが、自己満足の究極形といえるだろう。

以上をまとめてみる。台湾における美容整形の語りは、基本的に日本と類似した傾向がある。ただし、日本のケースよりも素朴な語りが多い。特にモノに関してのストーリーが、日本であればモノが身体観を支える側面が見られたものの、台湾の場合、あくまでモノは身体観を補強するような側面しか見られなかった。

3 ドイツ

ここまで東アジアの国の事例を見てきたが、欧米圏の事例も見ておきたい。最も美容整形で有名なのはアメリカ合衆国であるが、それだけにアメリカにおける調査や研究はすでにある。そこでドイツの事例を見ていきたい。ドイツは近代的な体操を発明した国であり、医療の近代化において日本の模範となった。身体文化について関心が深い国といえる。

米国と香港で美容整形外科医として六年間勤め、ドイツで半年間クリニックを開業しているF医師によると、ドイツ国内の手術で多いものは、脂肪吸引、胸を大きくしたり小さくしたりする手術、[*7]シワの処置や目のリフトアップなど老化対策の三つである。日本、韓国、台湾などで多い二重まぶたの手術を受けに来る人はなかったという。

谷本　日本では、二重まぶたの手術が盛んです。

F医師　ええ、必要ないのです。理想的な身体とはアジア人の身体です。理想的なまぶたの形は、ヨーロッパのまぶたの形です。それが私の結論です。これが、どうして一方ではまぶたが、一方では身体の手術がより多いのかということの理由です。それが私の見解です。

また五年間アメリカなどに留学した後、ずっとドイツ国内で医者として勤める（一般的整形を五年、美容整形を七年）G医師によれば、ドイツでは胸の手術六〇％、鼻や耳の形を直すのとフェイスリフトで三〇％、脂肪吸引が一〇％程度であり、F医師とほぼ同じ種類の施術が多いことが分かる（G医師は「私の医院では脂肪吸引は少ない方だ」と語っていた）。

両医師によると、クライアントには男性より女性が多く、年齢層的には、よりきれいに見せたいという二五歳から三〇歳、アンチエイジングに関心のある五〇歳から六〇歳が二つの山であるという。[*8] よりきれいに見せたいという若い年齢層の希望は、医師によると「より流行にのりたい」という意味である。流行というのは体型に関する流行と、服の流行の二つがあるという。中高年層のアンチエイジングは「昔の自分」にこだわるという意味であるようだ。およびそれらに与えるメディアの影響も医師によって指摘されている。

F医師　（二五〜三〇歳の人は）ある流行の、あるいは理想的な体型に合わせたいという希望があります。これは顔とはあまり関係せず、むしろ身体に関わることです。胸の大きさや形、あるいはついた脂肪部分の量や形に関わっています。つまり、ドイツの女性はむしろここに（太もも部分に）すこし脂肪がつき過ぎて、アジア人にはない乗馬用ズボン型になるのです。これはよくあるケースです。あるいは足が単純に現行の流行の形ではないとかそういうケースです。

谷本　流行に合わせるため？

F医師　そうです、一方では服に合わせるため、また流行の体型に合わせるためです。体型は、ドイツでは目下のところ、骨盤はほっそりと小さくあることが望まれ、（多くのドイツ人女性は）そうではないからです。五〇年代にはディオール族（広い骨盤）でしたが、今日ではむしろとてもほっそりしています。これが、今の女性たち（の希望）と合っていないのです。［中略］（五〇〜六〇歳の人は）昔そうだったように見られたいのです。そうです。

G医師　美容整形には二つの理由があると思います。その一つは、理想により近づきたいから、つまり、よく見られたいからです。社会的な承認を求め、選択される際有利であろうとして。きれいな女性は、醜い女性より簡単に上等な彼氏を得る。よりよい仕事も得る、いつでもそうです。業績のいい企業では、これは『セックス・アンド・ザ・シティ』（＝アメリカのテレビドラマ。日本でも放映された）みたいに見える。美しい服を着た美しい人間だけ、などなど。これが動機です。

二つ目は、美しくあり続けたいと望んでいるからです。年を取りたくないのです。人々が子供を持つ、胸が垂れ下がる、シワができる。しかし最近では、人々は五〇歳、五五歳でいまだに若々しい。世界中を旅行し、スポーツカーに乗り、若いままでいたいと望みます。いまは男性も五五歳で「ラコステ」のシャツや「ポロ」のシャツを着て、スポーティです。彼らは年を取りたくありません。たとえ子供がいて、おじいちゃんになっていても。女性も同じです。彼女たちはみな、三八歳のままでいたいのです、いつまでも。彼らが社会的、つまり経済的な地位にあれば、あらゆることをしようと試みます。美容院に行き、歯を美しくし、肌が手入れされているように気を配り、美しいもの、若々しいものを身に付けます、そして彼らは、これがいつでも重要なポイントなのですが、性的にも魅力的であろうとします。つまり、五〇歳の女性も、男たちが自分の後ろで口笛を鳴らすことを望むのです。

G医師　患者の側から（の整形の意味）ですか？　一般的にそれは美の理想です。きれいなマガジン、つまり『マダム』、『エル』のようなライフスタイルマガジン、あるいは『セックス・アンド・ザ・シティ』のようなＴＶ番組、それが女性たちのお手本、理想なのだと思います。これは少しばかり流行に左右されますが、そういうことです。

思うに、女性たちが何を理想と見なしているか一言で表せば、それはバービー人形です。社会学的に見ればバービーが理想なんです。これは核細胞のようなもの、他のすべての卵細胞のようなものです、信じられないほど。かなりの患者たちが『プレイボーイ』の写真を持ってきて、私の胸をそんな風にしたい、顔をそんな風にしたいと言うのです。

以上から、ドイツでは、アジア圏で盛んな二重まぶたの手術はあまりなく体型に関わる手術が多いこと、また手術を受ける年齢層は大きく二つに分かれて、流行に乗ろうとする若い人たちと、若いころに戻ろうとする中高年齢の人たちがいることが分かる。ちなみに、F医師とG医師はともにアメリカ合衆国に留学または勤務していた経験があり、アメリカとドイツの美容整形手術の違いを語ってくれた。

F医師　主要な違いは、ドイツでは手術されたことがはっきり分かってはいけないことです。若返り手術、たとえばシワ取り手術の時にはまさに。これはまったく典型的な点です。ドイツではシワ取り手術は、そうまるで二、三週間、休暇に行っていたかのように、元気を回復してきたかのように見えなくてはなりません。しかし、アメリカでは、手術にお金をたくさん支払った、実際すごい手術だった、手術をするゆとりがあるのだということが分からなければいけません。人々はまた手術についてはずっとオープンに話します。つまり、(整形は)アメリカではかなり過剰に扱われねばならず、ドイツでは決してそんなに過剰に扱われてはならない。かなりデリケートにならざるをえません。

G医師　思うに、ヨーロッパでは、美しさの方が若さより重要なのです。アメリカでは違うと思います。一例をお話しますと、ヨーロッパではフェイスリフティングは、まるで患者が、すばらしい休暇に出かけていたかのように見えなければなりません。その人は元気を回復したように見えます。アメリカでは、フェイスリフティングは、手術を受けたなと他人が分かるように見えなければなりません。これは社会的ステータスなのです。私たちヨーロッパの場合、誰かが「あなたはいつも素敵に見えるわ」と言ってくれることを望んでいるのです。しかし、誰にも手術をしたことが分かってはいけません。アメリカでは手術をしたなと分からなければいけないのです。別の動機が存在しています。ドイツでは、社会的ステータスは持ちたい、でもあらわにするのは嫌なのです。

偶然、二人の医師とも「休暇」という言葉を使っているが、要するにドイツでは手術したことが分からないようにしないといけないのである。自然な形で何となく若返ったと思われるような配慮が必要なのだ。一方、アメリカではもっとハッキリと効果が分からなければならないという。むしろそのような手術を行えることが社会的なステータスであり、社会階層が高いことの例示なのだと両医師は語っていた。

実際にドイツにおける美容整形実践者たちは、手術のことを一様に秘密にしていた。たとえば豊胸手術を受けたHさんは息子にさえ話していないというし、鼻の手術と豊胸手術を受けたIさんも夫と友達一人が知っているだけだという。

谷本　あなたの手術は秘密ですか?

Hさん　職場では完全に隠していました。手術をしたのは冬で、大きめの服を着て隠しました。年上の、かれこれ七〇歳になる二組の友人夫婦がいます。その人たちはこういう手術には根本的に賛成ではなく、今日まで知らせていません。気疲れします。いまだに隠しておかねばならないことなので。私の母も知りません。それから息子も。これは厄介です。

Iさん　鼻の(手術の)時は誰にも何も言いま

せんでした、ただ家族にだけ。

Ｉさん　私は決して、誰もが、私をひとめ見て「胸の手術をしたな」と分かることは望んでいませんでした。［中略］そのことを私はまったく誰にも話しませんでした。［中略］私が全然知られたいとは思わないから……確かに私は美容整形手術にまったく賛成ですが、多くの人は全然違います。

少なくとも筆者が調査した韓国に比べても、ドイツは美容整形に関してあまりオープンではないといえる。それには整形が体型に及ぶものであることとも関わっていて、「身体は自ら鍛錬すべき」とのイメージがあることも一因であろう。スポーツをして鍛錬して身体を変えるべきだという意識が存在しているということである。

谷本　あなたはスポーツをかなりするとおっしゃっていました。ご自身の身体に対する要求は？

Ｈさん　高いです。自分の身体に対する要求は高く、多分、完璧でなければならないという私の考え方と関係があると思います。おそらく完璧でなければというところに（整形の）心理学的な理由があるのでしょう。［中略］（大事なのは）より満足のいく、以前より完全だと思える身体感覚です。私は身体を徹底的に鍛えていましたが、この部分（胸）だけは鍛えられなかったから（豊胸手術をしたの）です。もしダイエットやトレーニングで望んでいる方向へ持っていけていたら、手術はしなかったでしょう。でもそんなことは不可能でした。

Ｈさん　人は完全だとは言えません。今はズボンを試着してみると、私のサイズだと、いつも太もものところに問題があります。三六なのに三八をはかなくちゃならない、上の方が少し太すぎるんです。でも今度は決して手術をするということにはならないでしょう。むしろもっとスポーツをすると思います。そうなるでしょう。でもこれ（＝豊胸手術）はまったく違うことです。

それでは、美容整形にやや「うしろめたい」感情の残るドイツで、整形実践を行う人たちはどのように語っているかを見ていきたい。アジア圏の事例と違い、身体にメスを入れていくドイツの事例では、整形前－後で身体があまり変わらないという語りは見られなかった*9。ただし、手術は誰のためでもなく「自分のため」であるということを、彼女たちはかなり強調して語っていた。変えたいという欲望も自分自身から生じたという。

先に述べたようにHさんは豊胸手術を受け、Iさんは鼻の手術と豊胸手術を受けた。また、Jさんは豊胸手術を受け、インタビュー当日から三日後にお腹と太ももの脂肪吸引を受ける予定になっていた。彼女たちに「どういう理由から手術を受けようと決心されたのですか？」という質問を投げかけたところ、いずれも「自分自身のためであること」を強調する答えが返ってきている。

谷本　どういう理由から手術を受けようと決心されたのですか？

Hさん　見栄です。夫がそうしろと言ったのではありません。夫は手術を認めてはくれましたが、望んでいたわけでも求めたわけでもありません。

谷本　他の人があなたを、たとえばあなたの胸を見ていると考えましたか？

Hさん　いいえ。私は他人の賞賛にも判断にも左右されません。私には本当に自分に対する要求しかありません。ですから、手術の後も服の胸元は閉めて着るようにしています。世間の人に見せるつもりはありません。いつもTシャツは胸元の大きくないものを着るようにしています。むしろ身を覆っている方が好ましく、人目にさらしたいとは思いません。これ（＝豊胸手術）は私のためだけのものです。

谷本　どういう理由から手術を受けようと決心されたのですか？

Iさん　鼻の場合には、前々からずっと、学校時代にも問題を抱えていました。写真を撮らせませんでしたし、いつもこうやってました（彼女は髪の毛を顔の前に持ってきて鼻を隠すようにした）。私にとっては鼻はずっと問題でした。ずっと昔から。写真を見ると、どんな写真もぞっとしました、ほんとにひどかったのです。

谷本　「私の鼻は美しくない」という気持ちはどこから生まれたのか説明できますか？　友人や家族がそう言ったのでしょうか？

Iさん　いいえ、私が他人から腹を立てさせられたことはありませんでした。そうではありません。そもそも私自身がとても気にしていたのです。［中略］おしゃれをして鏡を見る、するとこのこぶ鼻が目に入る、それが本当に恐ろしいことでした。

谷本　ではあなた自身から生まれた気持ちなのですか？

Iさん　はい、その全体像にとてもいらいらさせられました。本当に美しいものはそこにはありませんでした。この気持ちはむしろ私から生まれたものでした。［中略］（ご主人は鼻の手術は「必要ない」と主張。その後の胸の手術は）前の時よりも嫌がった、と言わざるを得ません。彼はますます尻込みしました。彼は言いました、「いいや、する必要はない」って。

谷本　どういう理由から豊胸手術を受けようと決心されたのですか？

Jさん　私の胸は私のイメージから言って小さかったので、もっと大きくしたいと決心しました。もっと女らしく見えるようにと。

特にJさんは、自分の中からの願望であることを周囲の人との会話の中で自覚しているという。彼女の周囲の人（夫や友達）は彼女のことをキレイだと言っても、自分で自分の姿を嫌だと考えてしまうのだという。以下のJさんの語りには「実際の他者の言葉」があまり重要でなく、Jさんの「想像した他者の評価」が重要であることが端的に示されている。

Jさん　さっきも言いましたが、数年前の私は、まったく同じ外見をしていました、私はそれが決して嫌ではありませんでした。今はそれが嫌なものに見えるのです。分かっています、これは、私の身を借りた妄想です。私は、これ（妄想）にはほとんど影響を及ぼすことができません。妄想が食べたがる時に食べる、それは不幸です。妄想が食べたいとき、妄想がしたいと思うとき、妄想は私を支配しているのです。

谷本　周囲の人から否定的な反応を受けなかったのですよね？　否定的な経験は自分の服が合わないということだけで。（筆者注：これについては後述するが、Jさんは少し太ってきて服が入らなくなったことに非常に衝撃を受けたという話をしていた。）

Jさん　はい、周囲からの影響はありませんでした。いまだに「あなたは頭がおかしい」ってみんな言うのです。その人たちは、むしろ私がおかしいと思っているのです。

谷本　それは、手術前は誰もあなたの身体のことを否定的に見ていなかったということですか？

Jさん　はい。

谷本　つまり自己判断だけだったと？

Jさん　全部自分自身の判断です。

谷本　あなたの前のご主人は何と言っていましたか？

Jさん　彼はいつも「どうでもいい」って言っていました。彼には、私にとっては普通でないことが、全部気に入っていたのです。「私が痩せ過ぎかどうか」、「太っているかどうか」はどうでもいいと彼は言いました。それどころか、「束ねない髪、きれいだよ」、「束ねた髪、いいね」、「ブロンドは素敵だ」、「黒髪は素敵だ」、全部「素敵」でした。それが私にもたらされたものです。彼にはどうでもよかった、私がどう見えようとどうでもよかったのです。人はなにかしら批評できなければなりません。彼はそのタイプではありませんでした。そういう扱いを私に対してしてしたのです。

谷本　自分の身体認識が問題になる場合、あなたにとって重要なのは、あなたが自分をどう見るか、それとも他人がどう見るかですか。

Jさん　私が自分をどう見るかです。多分（他の人の言うことは）一〇％でしょう。「それはあなたにお似合いですよ」と言われたら気分がいいです。でも、大部分は私の問題です。それはおそらく私が夫から学んだことです、彼は言っていました、「うん、うん、似合うよ」って。しばらくして私は思いました、彼は「どうでもいい」って言っているのだなって。彼の言葉は聞かずに、彼の反応を観察しました。いま私は、口から出てくることよりも、むしろ反応を見ています。私はかなり批判的になりました。もう以前のようには人を信用しません。多くのことに否定的になりました。

一方、Iさんは J さんとは表裏一体の事例を語ってくれた。「実際に他者に言われた言葉」が重要ではなくて、「自らが想像した自己像」の方が重要であったケースである。

Iさん　私は以前、子供のダンスに付き添っていました。（鼻の）手術の後でしたが、そのとき一人の子供が「あなたの鼻は魔女の鼻ね」って言ったんです。でもそれは手術の後だったので、私は全然気にならなかった。（その言葉が）私を傷つけることはなかったです。なぜなら私は、そうじゃないってことを知っていたからです。でも後で私は考えてみました、昔だったらきっとひどく傷ついただろうなって。五、六歳の小さな子供がそんなことを言ったら……。多分その女の子は何かごっこ遊びをしていて、幼稚園ではそれが話題だったのでしょう。でも私にはぐさっときて「（鼻を）手術しなきゃ」って考えこんだことでしょう。でもその時は、「ううん、そんなの全然ありえないことだ」って確信していました。

ここでは3章で見てきた日本の事例と通じる感性が見られる。すなわち、美容整形手術は周りの評価と関係なく自分自身のために行うことの強調、「実際の他者の言葉」よりも「想像上の他者による評価」と「想像上の自己像」が優先されることの強調である。

もう一点、類似した語りとして、モノ（特に服）の重要性の強調が挙げられる。日本の事例の場合は、二重まぶた手術などの顔の変化が伴うものなのでメイクが重要になることが多く、ドイツの場合は豊胸や脂肪吸引が中心だったので洋服が重要になるという違いがあるものの、それらはモノの重要性という意味で同じである。Jさんが服が合わなくなったことを否定的な経験として語っていたことを先に示唆したが、そういった語りはさまざまに形を変えて出てきた。

Iさん　妊娠の後、全部（胸が）なくなってしまいました。最初の妊娠の時にかなり、二度目の時にはなおのことです。かなりストレスがたまりました。全然似合うものがなくなってしまったからです。ブラジャーも見つけられませんでした、Aカップでさえ。そんなのは嫌でした。このままではだめだと思いました。（ハンカチなどで）詰め物をするか何かしないと。でも（詰め物をしても）何もなりません、とくに温泉では。これはとても気の重いことだったので、すぐに思いました、今度はやらなくちゃ（変えなくちゃ）、二度目の妊娠のあとかなりすぐのことでしたが、私は心を決めたのです。

Iさん　それに着るものも多分すごく大事です。だって、（痩せていれば）選択の幅はずっと大きいですし、服は大きなサイズのものよりもずっときれいです。大きいサイズ用の店もありますが、それを見ても特別いいもの（服）はありません。［中略］（豊胸手術後の）今、着られるようになったトップスがとくに楽しみです。胸は完全に平坦にはもう見えません。この気持ちは、こう言ってよいなら、また「もっと女になった」って感じです。この感情が以前の私にはひどく欠けていました。

Jさん　（手術後）ハッピーだったこと、幸せを感じたこと、そう特別なことはありませんでした。本当にうれしかったのは、買い物をしていた時、まわりが全然違って見えたということです。

Jさん　（胸が小さかったことはまだよかったと言った後、太ってきたことについて）私はそれで不幸になります。私を本当にいらつかせるのが分かっています。だって、過去八ヶ月の間体重が増え、それを減らせないからです。その時期、私は実際たくさん食べました。それが今落とせないのです。不幸なのは服の七五％が着られないからです。これが私を不幸にしています。

日本の事例でも見た、モノに支えられる身体観がドイツの事例でも共通してうかがえる。

むしろ、両国を比較した時に、日本と異なりドイツに特徴的だったのは、「自分のために手術をする」と言いつつ、「社会が見た目を重視している」ことにも言及する事例が見られたことである。「私は他人の賞賛にも判断にも左右されません」と語っていたHさんは、同時に社会の中では「第一印象で判断されてしまいます」との見解を示し、「私が自分をどう見るか」を重視していたJさんも社会の中では「性格は二次的なもの」となっているとと主張している。「自分はこうなのだけれど、社会では違うから整形した」といったエクスキューズが必要となるようだ。日本では社会に対する言及はあまりなく、そういったエクスキューズはあまり必要とされていなかったように思われる。

谷本　美容整形手術はあなたにとってどんな意味を持ちますか？

Hさん　非常に個人的な要求と結びついているとと思います。［中略］私は、他の人たちの付加価値やその人たちの発する魅力と付き合っていますし、私の考えによればそもそも外見は副次的なものです。でも現実の生活では他の人たちはそうではありません。結局は、その人のほとんどが外見で判断されます。成功や推測されること以上に、実際には第一印象で判断されてしまいます。私のなかでは、美容整形手術はそういったことと結びついています。そもそも、美容整形手術が私にとって何なのかは、心理学的な認識です。外見は他人に及ぼす効果と結びついていると思います。他人は必ずしも私の内面を見ません。たいていの人は、まず外見を見ます。

谷本　手術後、何が変わりましたか。たとえば、社会的な見方とか自己イメージとか。

Jさん　態度や物腰が変わりました。他の人々も気づいていると思います。だっていつも「性格が大事だ」と言われますが、私が思うに、私たちの社会の中ではそうではない。性格は二次的なものです。つまり、最初は外見で、それから性格に興味を持つのです。手術後、このことをより意識するようになりました。

谷本　ご自分の態度が変わったとはどういうことでしょうか?

Jさん　外出し美しく装っても、あまり人目を引きませんでした。でも、いまは魅力を振りまき、眼を引くことができます。まったく違った態度を取るのです。残念ですが、そうです。残念ですが。[中略]とても美しいけれど、もし化粧をしないでそのまま外出しても、化粧をしている時とは全然違う効果が出ます。残念なことです。なぜならみんなその人の中身なんか見ないから。「どんな風に見えるか」しか見ないからです。

このように、若干美容整形に対する否定的な見方があるドイツでは、「自分のため」に手術をしつつも、「社会が見た目を重視している」ことを動機の語彙として使用せざるをえないという事情があるようだ

したがって、ドイツにおける美容整形の特徴を仮説として挙げれば、次のようになるだろう。ドイツでは、アジア圏で盛んな二重まぶたの手術はあまり多くなく、体型に関わる手術が多い。そして、体型はスポーツなどの努力で変えられることも手伝ってか、美容整形はネガティブなイメージをもたれており他人に隠される傾向がある。また、美容整形の動機として、「自分自身のため」が挙がってくると同時に、「周囲の人が外見しか見ないから」が挙がってくる。特に整形を周囲のせいにする動機の語彙は、美容整形がネガティブなイメージを持たれているところと関係しているかもしれない。

さらに、日本と同様に、「実際の他者の言葉」よりも「想像上の他者による評価」と「想像上の自己評価」が優先されること、モノの重要性が特徴として挙げられる。モノの重要性について言えば、アジア圏では二重まぶた手術が盛んなので、アイプチやアイシャドウが重要アイテムとして挙

がってきたが、ドイツでは体型の手術が盛んなので服が重要なアイテムとして挙がってきたという若干の違いはあるが、欲望がモノに支えられる点は変わらなかった。

4　海外と比較して

それでは、日本、韓国、台湾、ドイツに共通して見られた特徴を列挙してみよう。

・自己満足＝整形への欲望はあくまで自分の中から生じてきたことの強調。
・服やメイクの重要性＝モノに支えられる身体。
・他者の実際の評価が重視されない＝想像上の他者による評価の重視。

といったことが挙げられる。これらは、美容整形が国を超えてもつ現代的意味なのかもしれない。

さらに、日本と、韓国、台湾、ドイツの比較をしていくことで、より日本の特徴といえる部分をピックアップしてみたい。

まず日本と韓国の比較をまとめてみよう。第一に、韓国は自信が大切という感覚が強く、整形を自己管理の一環として捉えている。日本は自己管理という強い意識より「何となく」といった感覚が強い。第二に、韓国では他者に勧められて整形を行うパターンも多い。外見に対するオープンさが違い、韓国ではハッキリと外見に対する率直な評価が他者から聞けるというイメージがあるようだ。日本の場合、人は他人の外見に対する評価を正直にしないと思われていることから、より「想像上の他者の評価」が重要になる。第三に、韓国は身体を変えて自信を持って他者に自分を提示していくようなボディプロジェクトの発想がある。日本は他者に自らの身体をプレゼンテーションしたい欲求よりも、自己満足が重要だとの発想がある。

次に、日本と台湾とを比較をしてみる。モノへの依存は、日本にも台湾にも見られたが、日本の方が先鋭的である。

最後に、ドイツとの比較を通してみた日本の特徴も見ていこう。ドイツは日本と同様「自分のため」という整形動機を語る一方で、「周囲」や「社会」のせいにする動機も語られた。日本の実践者たちは「社会が外見しか見ないから」ということは語らない。本書のアンケート調査で、日本における一般的な身体加工が、自分のため、他者のため、社会のためにするという理由に類型化できることを指摘したが、そのうち自分のためという理由が主流であったことに鑑みても、日本は社会に対する意識が希薄で、自分に対する意識が強いことがうかがえる。

以上から、より日本らしいといえる特徴を、海外（韓国、台湾、ドイツ）の美容整形事情と比較することで挙げてみる。すると、どの国にも共通して見られるものの、日本では、社会よりも自分の中から生じてきた「自己満足」を特に強調すること、また、自己満足する際の自己を支えるメカニズムに「モノ」がより先鋭的に関わっていることが特徴といえるだろう。

注

はじめに

*1 『Hanako』二〇〇六年一九号六巻、マガジンハウス、一三九および一四一頁。

*2 『サイゾー』二〇〇六年四月号、インフォバーン、六八頁。

*3 Nettleton, S., 1995, *The Sociology of Health and Illness*, Polity Press.

*4 Turner, B. S., 1984, *The Body and Society*, Blackwell.

*5 ジャン＝リュック・ナンシー編、一九九六『主体の後に誰が来るのか?』現代企画室。

*6 東浩紀、二〇〇一『動物化するポストモダン』講談社。

*7 Giddens, A., 1991, *Modernity and Self-Identity: Self and Society in the Late Modern Age*, Polity Press.

*8 Shilling, C., 1993, *The Body and Social Theory*, Sage.
Featherstone, M, 1991a, "The Body in Consumer Culture", in, M., Featherstone, M., Hepworth, and B. S., Turner (eds), *The Body: Social Process and Cultural Theory*, Sage.
Featherstone, M, 1991b, *Consumer Culture and Postmodernism*, Sage.
Bordo, S., 2003, *Unbearable Weight: Feminism, Western Culture, and the Body*, University of California Press.

*9 美容整形というのは俗称であって標榜科目ではない。正式には美容外科手術という。本書では分かりやすさを優先させて、俗称である「美容整形」というタームを使用する。

*10 大澤真幸、一九九六「ボディコントロールの諸相」『へるめす』一一月号、岩波書店、七頁。

*11 本書は病気や事故などで変化した外見を戻そうとする形成手術は扱っていない。また、外見の問題

といえば社会によって押し付けられるスティグマの研究も重要ではあるが、本書ではあくまで「美容」という領域を扱う。スティグマなどの問題については、ユニークフェイス（NPO法人）の活動などを参照してほしい。HPのアドレスは下記。http://www.uniqueface.org/。

＊12　調査時の都合により二〇〇二～二〇〇五年のデータは収集していない。

1章

＊1　ボトックス注射は、ボツリヌス菌から抽出した成分を注入することでシワを軽減するものである。皮膚の若返りにはケミカルピーリングのような薬剤で皮膚を美しくするものや、レーザーによって肌をきれいにするものなどがある。

＊2　日本における美容整形に関する学術的な研究として、川添裕子、二〇〇〇「身体のポリティクス」（千葉大学大学院社会文化科学研究科博士論文）や、村澤博人、二〇〇〇「アンケートに見る美容整形観」（ポーラ文化研究所）というレポートなどが散見されるくらいで、まだ数は少ない。ただし、医学論文には美容整形に関するものが比較的存在する。

＊3　アーニョロ・フィレンツオーラ（岡田温司・多賀健太郎訳）、一五四八＝二〇〇〇『女性の美しさについて』ありな書房。

フェデリコ・ルイジーニ（岡田温司・水野千依訳）、一五五四＝二〇〇〇『女性の美と徳について』ありな書房。

Corson, R., 1972, *Fashions in Makeup : From Ancient to Modern Times*, Peter Owen Publishers.（＝ポーラ文化研究所訳、一九八二『メークアップの歴史――西洋化粧文化の流れ』ポーラ文化研究所）。

春山行夫、一九八八『化粧』平凡社。

Davis, K., 1995, *Reshaping the Female Body*, Routledge.

Haiken, E., 1997, *Venus Envy : A History of Cosmetic Surgery*, Johns Hopkins University Press.（＝野中邦子訳、一九九九『プラスチック・ビューティー』平凡社）。

＊4　川添祐子、前掲論文（注2）。

＊5　白波瀬丈一郎、二〇〇四「美と思春期」『こころの科学』一一七号、日本評論社、一七頁。

＊6　フジテレビ系列『ビューティーコロシアム』二〇〇一年〜、原稿執筆時二〇〇七年も断続的に継続している。

＊7　二〇〇七年一〇月。HP（http://www.fujitv.co.jp/b_hp/beautyc/index.html）参照。

＊8　三井宏隆、二〇〇三『ボディ・セルフ・アイデンティティ・セクシュアリティの心理学』ナカニシヤ出版。なおディオンたちの実験はDion, K., Berscheid, E. & Walster, E., 1972, "What is Beatiful is Good", *Journal of Personality & Social Psychology* 24(3) : 285-290に詳しい。

＊9　蔵琢也、一九九三『美しさをめぐる進化論』勁草書房、二六頁。

＊10　村松太郎、二〇〇四「脳から見たボディイメージと美の認識」『こころの科学』一一七号、日本評論社、二四頁。

＊11　Budgeon, S., 2003, "Identity as an Embodied Even", *Body & Society* 9(1), pp. 35-55.

＊12　Gimlin, D., 2000, "Cosmetic Surgery : Beauty as Commodity", *Qualitative Sociology* 23(1), pp. 77-98、およびGimlin, D., 2002, *Body Work : Beauty and Self-Image in American Culture*, University of California Press.

＊13　Davis. K., 2002, "A Dubious Equality : Men, Women and Cosmetic Surgery", *Body & Society* 8(1), pp. 49-65. Haiken 前掲書（注3）。

＊14　ヤフーニュースより【シリコンバレー、12日、時事通信】二〇〇七年八月一三日七時〇分配信のもの。http://headlines.yahoo.co.jp/hl?a=20070813-00000011-jij-int。

＊15　Jeffreys, S., 2000, "Body Art and Social Status : Cutting, Tattooing and Piercing from a Feminist Perspective",

Feminism and Psychology 10(4), pp. 409–429.

*16 Blum, V., 2003, *Flesh Wounds : The Culture of Cosmetic Surgery*, University of California Press.

*17 天野武、二〇〇五「相互行為儀礼と処罰志向のリストカット」『ソシオロジ』五〇巻二号、八七～一〇二頁。

*18 Pitts-Taylor, V., 2007, *Surgery Junkies : Wellness and Pathology in Cosmetic Culture*, Rutgers University Press.

*19 Blum 前掲書（注16）、二八九頁。

*20 Wolf N., 1991, *The Beauty Myth : How Images of Beauty Are Used Against Women*, William Morrow.（＝曽田和子訳、一九九四『美の陰謀』、ＴＢＳブリタニカ）。

*21 Bordo, S., 2003, *Unbearable Weight : Feminism, Western Culture, and the Body*, University of California Press.

*22 Balsamo, A., 1996, "On the Cutting Edge : Cosmetic Surgery and the Technological Production of Gendered Body", *Camera Obscure* 22, Jan., pp. 207–226.

*23 Blum 前掲書（注16）。Pitts-Taylor 前掲書（注18）。

*24 井上輝子、一九九二『女性学への招待』有斐閣、七〇頁。

*25 「普通」になりたいという動機は、劣等感の言説と深く関連している。もちろん、川添は、ほとんどの美容外科を訪れるクライアントが劣等感という動機を挙げることを見いだし、その上で劣等感という言葉で、社会的な問題が個人の問題にすり替えられることも指摘している。川添、前掲論文（注2）。

*26 Gimlin 前掲書（注12）。

*27 Davis 1995 前掲書（注3）。

*28 Pitts-Taylor 前掲書（注18）を参照のこと。

*29 笠原美智子、一九九八『ヌードのポリティクス』筑摩書房、一八六頁。

*30 『エクストリーム・メイクオーバーズ』における美容整形に対するビジョン（見せ方）は美容外科医に利益をもたらすが、ASPS（アメリカ美容外科学会）やピッツテイラーがインタビューした外科医によると、それは多くの但し書き（警告）を必要とするものである。テレビのメディアメッセージをうまく統御しようと試みて、外科医は自ら美容整形クライアントのビジョン（理想像）を作ったという。良い患者は健康的な見込みがある。良い患者というのは、自らの人生を変形させることが予測されてはいけないし、外見の変化に対して過度に楽天的であってはいけないし、不真面目でなく真面目であるべきだ、彼らは過激でなく慎重でいるべきだ、と。

逆に、悪い患者は他の誰かのようになりたいと（比喩的であれ文字通りであれ）思い、自分の外見を劇的に変えようとし、人生を変えようとする人たちだ。そういうビジョン（捉え方）である。重要なことは、テレビ番組を通して、外科医とテレビのビジョンが重なっていったことである。これらの現象は、テレビのメッセージを統御しようとして起こったことだとピッツテイラーは指摘している。

*31 デービスはサックスを援用する。Sacks, H., 1978, "Some Technical Considerations of a Pirry Joke", J. Schenkhein ed., *Studies in the Organization of Conversatinal Interaction*, Academic Press.

*32 Balsamo 前掲書（注22）。

2章

*1 須長史生（昭和大学）と西山哲郎（中京大学）と協力して行った。

*2 須長史生、西山哲郎、村上幸史（神戸山手大学）と協力して行った。

*3 西山哲郎と村上幸史と協力して行った。

*4 今回論述するアンケート結果（二〇〇五年）の特徴は、アンケート対象者が異なるプレ調査（二〇〇四年、二〇〇五年）の結果の特徴とほぼ一致していることも付記しておく。

＊5　梶原ちおん（一九九八『きれいになりたい5つのタイプ』ネスコ）は臨床の現場経験から、美容整形を受けるタイプを五つに分けている。①タレント志向タイプ（きれいになってハッピーになろう）、②キャリア志向タイプ（絶対成功してみせる）、③ちょっときれいになりたいタイプ（みんなと同じようにしなくっちゃ）、④女王様ママをもつタイプ、⑤トラウマ解消タイプである。本稿の五つのタイプとは違うものの梶原の類型も示唆的である。

3章

＊1　インフォーマント一覧

インフォーマントには氏名、職業、既婚未婚の別、家族構成、住まい、手術箇所など基本的な情報はすべて尋ねてあり、インタビュー場所も記録してあるが、個人の特定を避けるためにここには記載しない。インフォーマントの年代と性別、インタビュー実施日のみ記載する。

日本（予備調査）
①整形希望者αさん、二〇代、女性、二〇〇三年一〇月二三日
②整形希望者βさん、二〇代、女性、二〇〇三年一〇月二三日
③整形希望者γさん、二〇代、女性、二〇〇三年一〇月二三日

日本
①整形経験者Aさん　二〇代、女性、二〇〇六年八月一二日
②整形経験者Bさん　三〇代、女性、二〇〇七年四月三〇日
③整形経験者Cさん　五〇代、女性、二〇〇七年五月七日

④整形経験者Dさん　二〇代、女性、二〇〇七年六月一〇日
⑤整形経験者Eさん　二〇代、女性、二〇〇七年六月一〇日

韓国

①医者Kさん　四〇代、男性、二〇〇五年九月三〇日
②医者Lさん　四〇代、男性、二〇〇五年九月三〇日
③整形経験者Mさん　四〇代、女性、二〇〇五年九月三〇日
④整形経験者Nさん　五〇代、女性、二〇〇五年九月三〇日
⑤整形経験者Oさん　二〇代、女性、二〇〇五年九月三〇日
⑥整形経験者Pさん　三〇代、女性、二〇〇五年九月三〇日
⑦整形経験者Qさん　三〇代、女性、二〇〇五年一〇月一日
⑧整形経験者Rさん　二〇代、女性、二〇〇五年一〇月一日

台湾

①医者Sさん　四〇代、男性、二〇〇六年一二月二日
②整形経験者Tさん　三〇代、女性、二〇〇六年一二月二日
③整形経験者Uさん　二〇代、女性、二〇〇六年一二月二日
④整形経験者Vさん　四〇代、女性、二〇〇六年一二月二日
⑤整形経験者Wさん　三〇代、女性、三三歳、二〇〇六年一二月二日

ドイツ

①医者Fさん　三〇代、男性、二〇〇五年九月二日
②医者Gさん　四〇代、男性、二〇〇五年九月二日
③整形経験者Hさん　五〇代、女性、二〇〇五年九月三日
④整形経験者Iさん　三〇代、女性、二〇〇五年九月三日
⑤整形経験者Jさん　二〇代、女性、二〇〇五年九月三日

＊2　フス－アシュモアは次のように議論する。患者による美容整形の「説明」は、彼女たちの（整形）実践という経験の中心となる。つまり、説明自体が実際の整形という経験を反映しているだけでなく、整形実践を構成することを助ける、と。Huss-Ashmore, R., 2000, "The Real Me: Therapeutic Narrative in Cosmetic Surgery", *Expedition* 42(3), pp.26-38.

＊3　山下柚実、二〇〇一『美容整形』文藝春秋、七〇頁。その他にも、美容整形をしたけれど周りとの関係は変わらず、「手術して変わったのは私の気持ちだけです。私が気持ちよくなった」（『婦人公論』、一九九九年四月七日号、一九〇頁）といった記事が、読者レポートとして雑誌に寄せられてもいる。これらは、「美容整形とは、自分が気持ちいいなら、周囲の人との関係が変わらなくてもかまわないものである」と主張する事例である。かなり自己満足という動機を指し示すような言説といえる。その上で、後述するようにインタビューでは自分の気持ちすら変わらないという例さえも登場するのである。

＊4　1章の先行研究レビューで述べたように、ブラムは、自らの手術は最小限のものであると主張する人々を記述しているが、それらの人々とこの章でインタビューに答えている人々は違っている。ブラムの事例における整形実践者たちは、自分が変わらなかったと主張したいのではなく、自分は「正常」であると主張しているのである。要するに、整形をある種の病理として実践者たち自身が捉えていることが分かる。だが、本論における実践者たちは誰かと比べて「自分は最小限の手術だから」ということを

語らなかった。それは、一つには、手術を病理として捉える視点はなかったということだ。もう一つは、人と比べるという視点がないということだ。本章のインフォーマントは他者と比べてではなく、あくまで「自分が」嬉しいから整形をするのだと語っている。

＊5 『Voce』二〇〇一年九月号、一三一頁。

＊6 『週刊文春』二〇〇六年二月二日号、九四頁。

＊7 山下（二〇〇二）、前掲書、七〇頁。

＊8 『婦人公論』二〇〇〇年三月二二号、五七頁。

＊9 「『周囲に手術が分からない』と経験者たちが語るのは、整形が後ろめたいと思っているからだ」と考える人がいるかもしれない。しかし、「付論」の韓国の事例において、手術を周囲に公表している人でも「周囲の人には分からない」と答えている。したがって、美容整形が隠すべきものであるから「周囲には分からない」と経験者が力説するのだという解釈はあまり当てはまらない。

＊10 江下雅之、二〇〇〇『ネットワーク社会の深層構造』中央公論新社。

＊11 江下（二〇〇〇）、前掲書、二〇三頁。

＊12 土井隆義、二〇〇三『〈非行少年〉の消滅――個性神話と少年犯罪』信山社。

＊13 土井（二〇〇三）、前掲書、二一〇～二一一頁。

＊14 土井（二〇〇三）、前掲書、二一九頁。

＊15 土井（二〇〇三）、前掲書、二一五頁。

＊16 土井（二〇〇三）、前掲書、二一九頁。

＊17 サーマクールは電気エネルギー（ＲＦ高周波）を使ったリフトアップ治療器。ニューチップは、サーマクール器の先端装置のこと。

＊18 『STORY』二〇〇六年五月号、一六四～一六五頁。

＊19　『女性セブン』二〇〇六年四四号一六巻、一七三頁。

＊20　高須克弥監修、二〇〇三『私、美人化計画――「目」「鼻」「口」「りんかく」が自分で動かせます』祥伝社。

＊21　他にも、『ワニくんのおおきなあし』（みやざきひろかず、一九八五、ブックローン出版）、『まっくろネリノ』（ヘルガ＝ガルラー、やがわすみこ訳、一九七三、偕成社）など多数ある。

＊22　ただし、同じ人が様々なモチベーションを語っていることにも留意しておこう。一個人の中に、動機は複層的にある場合もある。

4章

＊1　北山晴一、一九九一「視線が対象を創造する」『イマーゴ4』青土社、五二～五九頁。

＊2　美容整形の大規模な普及は、第二次世界大戦後と考えられることから、資料はその時期のものだけ収集するのでかまわなかったかもしれない。しかし、J・クレーリー（一九八九、一九九〇）によれば、一九世紀半ばまでに、見ること（観察者）の布置が変動し、この変動が二〇世紀のイメージ産業とスペクタクルの総体の背景になったという。したがって、本書ではクレーリーが指摘する一九世紀半ばを含む明治期からを一応考察の対象とする。

Crary, J., 1989, "Spectacle attention, Couter-memory", *October*, no.50, Cambridge : MIT press, pp.96-107.

Crary, J., 1990, *Techniques of the Observer*, Cambridge : MIT press.（＝遠藤知巳訳、一九九七『観察者の系譜』十月社）。

＊3　同じ内容（デザイン）の広告でも、違う雑誌に掲載されたもの、雑誌やポスターといった媒体の違うものはカウントしている場合がある。本書は広告をある種の「群」として量的に扱うことから、同じデザインでも媒体を横断して多く提示されるか、一媒体で少なく提示されるかによって、広告のもつ意

味や効果が異なるという立場をとる。したがって、デザイン別に広告を数えるのではなく、あくまで（保存されている）広告数を数えた。

＊4　また、資料には資生堂の広告が多くなっているが、それは資生堂が広告に対して創業当初から深く関心を抱いており、古い広告の保存をしていることによっている。資生堂が常に「日本の広告界を大きくリード（田中一光）」してきたと評されることを考えれば、この偏りは化粧品広告を分析する上で不利になるとは思えない。さらに、なるべく資生堂以外の化粧品広告も収集して可能な限り参照している。

＊5　資料数を明記しておけば、明治期は五八点、大正期二三四点、第二次大戦を含む昭和初期は一二五〇点、戦後の一九四五〜一九五〇年代は五九四点、一九六〇年代は八九七点、一九七〇年代は六七三点、一九八〇年代は一二一八点、二〇〇〇年を含めた一九九〇年代は一一〇六点となっている。

＊6　だがしかし、本文中で明らかにされる広告の特徴が、「化粧品」という商品の特徴であったとしても、実はかまわないのである。というのも、商品に付与された特徴は、その商品を使用する私たち自身に転用され、結局は私たちがそれらの特徴を身につけることになるのだから。内田隆三（一九九九）も「商品というのは資本によって生みだされた『言説』であり、商品を使う人間（身体）について何かを語っている」としている。内田隆三、一九九九『生きられる社会』新書館。

＊7　伏見文男編、一九八六『日本の広告写真一〇〇年史』に転載されていたものから抜粋した。もとの文は、波多野不二雄、一九五一『広告』から転載したという。

＊8　Barthes, R.,1982,*L'obie et L'obtus(extrait)*,Seuil.（＝沢崎浩平訳、一九八四『第三の意味』みすず書房、一五頁）。

＊9　Benjamin, W.,1936,"Das Kunstwerk im Zeitalter seiner technischen Reproduzierbarkeit", in *Gesammelte Schriften*, Band II,2,Suhrkampf.（＝高木久雄・高原宏平訳、一九七〇「複製技術時代の芸術作品」『ヴァルター・ベンヤミン著作集2　複製技術時代の芸術』晶文社）。

＊10　ただし、主として明治・大正期に散見される文字主体の広告に関しては、やや小さい文字の説明文も分析対象とした。

＊11　土屋耕一、一九九七「話し言葉でこっそりと」『広告大入門』マドラ出版、四三一～四三二頁。

＊12　明治期は資料は少ないが文章が長いことから文節数は少なくない。

＊13　ＫＪ法によって類型化。ＫＪ法に関しては川喜多二郎、一九六七『発想法』中央公論社、などを参照。

＊14　①～④に関しては本文で詳述するので注では省略する。

⑤「美・美しさという言葉そのもの」とは、「美しい」「美しく」「美人」など。

⑥「異性を惹きつけること」は、「ひきつける」「魅惑」「恋」など。連文節にすれば「殿方の魂を奪う」というのもある。

⑦「日本の国威を見せつける商品としての側面」は、「興亜の」「トップ」「撃破せり」「武器」など。トップというのも「世界のトップ」というフレーズで使われている。

⑧「身体（顔）が美しい状態を表すことば」は、「しっとり」「さらり」「ピタッ」「くっきり」など。

⑨「以上に当てはまらない表現」には、顔の部位（「肌」「くちびる」「ほほ」「目」）、色（「赤い」「白い」「青い」「ピンク」）、季節（「春」「夏」「秋」「冬」）、そのほかになんらかの雰囲気を持つ言葉、（「ほほえみ」「語ります」「リブ」「心」など）。

なお、⑨が一番割合が多く、化粧品広告が表現する身体美の世界が実際に、多くの要素を含みもつ（＝多義的な）ものであることを示している。

＊15　たとえば、カルチュラル・スタディーズの議論、Woodward(ed.), 1997, *Identity and Difference* などを参照。

＊16　このモデルとは秋川リサ。島森路子、一九九八『広告のヒロインたち』岩波書店、四八頁。

＊17　表象される身体美が「構築され」「押しつけられる」ものであることを自覚することも重要であるので、身体美の像の中に「排除」や「差別」がないと主張するつもりは全くない。ただ、「現実／表象（非現実的イメージ）」を分けたうえで表象をつくりだされたものとして批判することの陥穽は回避したいと考えている。権力を論点にすることで簡単に思考を停止してしまう弊害から距離をとりたいということである。確かに「身体美」といってしまった時点で、美しいものと美しくないものが想定されてしまう。やはりここでも身体は権力に絡めとられる。このことは事実として受けとめたい。しかし、権力問題以外のこと（たとえば、実際に身体美がどのように表現されているか、など）も論じる必要がある。

＊18　だから抽出してきた四つの要素が、身体美に関わるものではなくて、化粧品という商品や広告に関わる特徴なのではないかという批判は当たっていない。仮に、四つの要素が商品や広告の特徴だとしても、そのようなかたちで提示されることが重要なのである。つまり、そもそも商品や広告の特徴であったものが、身体美と連結して提示される＝可視化されることで、身体美の要素になってしまうのだ。

＊19　モザイクの辞書的意味は、①ガラス・貝殻・エナメル・石・木などをちりばめて、図案・絵画などを表した装飾物。②生物の一個体が、二つ以上の異なった遺伝子型の細胞から成り立っている状態、またその個体。体の各部分で、体色や性などが入り混っている（『広辞苑　第四版』より）。

5章

＊1　Corson, R., 1972, *Fashions in Makeup*, Peter Owen Publishers.（＝ポーラ文化研究所訳、一九八二『メークアップの歴史』ポーラ文化研究所、五〇六頁）。

＊2　Vico, G., 1953, “Principl di scienza nuova”, in *La letteratura italiana, storia e testi*, Riccardo-Ricciardi.（＝清水純一・米山喜晟訳、一九七九『世界の名著　ヴィーコ　新しい学』中央公論社、一九五頁）。

＊3　Pacteau, F.,1994, *The Symptom of Beauty*, Reaktion books Ltd.（＝浜名恵美訳、一九九六『美人』研究

社)。

＊4　女性を讃えるルネサンス期の詩のもう一つの特徴は、身体的属性の描写は頭から下方へ書かれるということである。ここにおいて達成される統一性は、指示対象の言表行為的構造の統一性でしかない。賛美された貴婦人は、事実上消え失せ、部分の体系的な目録化が詩的空間をのっとり、女性の身体の実体は列挙の現実性に屈する。これ以降、女性的身体は、交替・反復の様式で、言語的要素を構成することで形づくられる。詳細はパクトーを参照。

＊5　ただし、ブラゾン・アナトミークはカノーネ・ルンゴとは違って、身体の全体をうたいあげるものではなく、一つの部分だけをうたいあげる。

＊6　本書はパクトーから引用したが、原文はS・フロイトから引用している(S. Freud, 1981, *The Standard Edition of Complete Psychological Works of Sigmund Freud.*)。

＊7　ルシール・クリフトン『良き時代』より。ただし本書は、Johnson, B., 1988, *A World of Difference*, Johns Hopkins Univ. Press.（＝大橋洋一・青山恵子・利根川真紀訳、一九九〇『差異の世界』紀伊國屋書店）から引用。

＊8　だが、実際に比喩が視覚欠如を埋め合わせることができたかどうかは別の問題である。ルセルクルは、比喩は視覚欠如を埋め合わせるどころか「反対の効果を生じている」という。すなわち、女性の空洞化が起こり、残るものは、列挙された要素（黄金、大理石など）の素材、引喩の目録そのものの素材になるという。Lecercle, F., 1987, *La Chimere de zeuxis*, Tubingen. 本書ではパクトーを訳した浜名恵美の文章を参照している。

＊9　O'Neil, J., 1989, "The Communicative Body : Studies in Communicative Philosophy," *Politics and Sociology*, Northwestern University Press.（＝須田朗訳、一九九三『語り合う身体』紀伊國屋書店）。

＊10　森下みさ子によれば、江戸時代に求められた美の形象も、肌の輝く色艶や白さであったという。森

下みさ子、一九九一「ノン化粧」『イマーゴ4』青土社、六〇～六五頁。

＊11 Pollock, G., 1988, *Vision and Differences*, Routledge.（＝萩原弘子訳、一九九八『視線と差異』啓文堂、二一〇頁）。

＊12 G・ポロック、前掲書、二一〇頁。

＊13 G・ポロック、前掲書、二一八頁。

＊14 水尾順一、一九九八『化粧品のブランド史』中公新書。

＊15 笠原美智子、一九九八『ヌードのポリティクス』筑摩書房、一五四頁。

＊16 Benjamin, W., 1936, "Das Kunstwerk im Zeitalter seiner technischen Reproduzierbarkeit", in *Gesammelte Schriften*, Band II, 2, Suhrkampf.（＝高木久雄・高原宏平訳、一九七〇「複製技術時代の芸術作品」『ヴァルター・ベンヤミン著作集2　複製技術時代の芸術』晶文社、七四頁）。

＊17 R・バルトによれば写真にはプンクトゥムという作用がある。つまり、写真は肉眼では見ることのない空間を捉えるわけだから、絵画と違って、作り手の意図と無関係に、見る人の心を刺すもの（＝プンクトゥム）がある。だからこそ「無意識の空間」（ベンヤミン）が生じるのだが、写真も普及し見慣れてしまえば「写真的ものの見方」を押しつけることになっていく。身体美がパーツに特化されることも、次第に当たり前のことになってしまう。

そもそも人が「そうであるだろう」「そうであって欲しい」と望むナルシスティックな物語にリアリティを感じるのであれば、顔の断片も、人が「そうあってほしい」「こうだろう」と期待している「美」を表す表現に転ずるのは容易である。言語に限らず、図像・映像のように何かをそのまま写すと信じられている記号でさえ、何かを写しとるのではなく、望みの物語を表しているのかもしれない。プンクトゥムを持った写真が新しい知覚を生じさせたとしても、それを見慣れてしまえば、普通の知覚になっていくのである。

Barthes, R., 1982, *L'obie et L'obtus* (*extrait*), Seuil.（＝沢崎浩平訳、一九八四『第三の意味』みすず書房）。

＊18　そもそも、期待どおりの「美」を想像させるのに断片が有効であるためには、見る人の側にすでにファイル化された観相学上の分類基準・標準ができあがっていなければならない。そのような基準を原初的形であれ準備したのは、メディアが発達してきた一九世紀であろう。

リトグラフの発明、版画による挿絵入り新聞や挿絵入り雑誌の流行、そして写真へと、新たな視覚メディアの編成によって、一九世紀を通じて展開しつつあったのは「ひとが外貌にもとづいて評価された社会」である。フェイス・トゥ・フェイスの関係が希薄な社会にあって、アラン・セクラによれば「危険で密集した都市空間において、異邦人の性格を迅速に査定するための方法」として「観相学」があったという（観相学自体は一八世紀に生まれていた）。『観相学断想』を著したJ・C・ラヴァターが人間の外貌にもとづいて性格や階層、職業、民族、人種を類型化した時の方法に注目しよう。彼は顔を目や耳や鼻などの部分に分けて一定のタイプに分類した後、個人の性格を判断するときにバラバラにされた部分をつなぎ合わせて判定したという。メディアの発達と軌を一にして、次第に人間観も変化してきたのである。

この人間（の顔）を断片化し、さらに統合させる観相学は、広告写真が身体（顔）の美を顔のパーツで表せるようになったことの雛形といってよい。すなわち、切断され／数値化された身体は、完全な「断片」「数値」「非人間的なるもの」になりきってしまうのではなく、統合して完全な身体となることを想定される。ある意味でサイボーグ的な、部品と部品を組み合わせて動き出す機械のようなイメージが身体にはあるということである。広告において一九六〇年代以降に顔に関する美がパーツに特化していくが、それは突然変異のように起こったわけではない。一九世紀以降の科学やテクノロジーが、パーツで人を表せるという人間観を先取りしているのである。

以上、西村清和（一九九七『視線の物語・写真の哲学』講談社）など参照。

*19　言説空間においては、もう少し早くパーツに注目する言説が登場したようだ。一九一七年には原信子が「黒みがかった頬紅ひとつだけで、もうお化粧は生きたものに相成ります」として、それまで注目されなかった頬紅について言及している。

*20　Du Gay, P., Hall S., Janes, L., Mackay H., Negus, K., 1997, *Doing Cultural Studies*, Sage.

*21　D・モーレーがスクリーン理論を批判したときのロジックを繰り返そうというのではない。つまり、①アイデンティティを作りだすものはいくつもあって広告だけではない、②広告の人物を「魅力的」と捉えない人もいるように、表象に対するわれわれの解釈は単一ではない、③アイデンティティは単一のものではなく様々な側面をもつのだと、主張しようとしているのではない。それらのことは、すでに議論の前提なのである。

*22　Foucault, M., 1975, *Surveiller et punir : naissance de la prison*, Gallimard.（＝田村俶訳、一九七七『監獄の誕生』新潮社）。

*23　それらの「煽り」がとても緩やかなものであることから「煽ろうとする」という表現を用いている（実際に煽られるかどうかは分からないからである）。

*24　彼はそのような人を「ねたむ人」と名づけている。Merleau-Ponty, M., 1964, *L'œil et l'esprit*, Editions Gallimard.（＝滝浦静雄・木田元訳、一九六六『眼と精神』みすず書房）。

*25　Simmel, G., 1908, *Soziologie*, Duncker&Humblot.（＝居安正訳、一九九四『社会学（上）』『社会学（下）』白水社）。引用箇所は『社会学（上）』の三八二頁。

*26　以下、現代恋愛について筆者の考えを補足しておく。恋愛言説の現代的特徴は「結末が回避されること」と「遊びの要素がふんだんにあること」である。つまり、恋愛言説においては「結末」という互いの関係を確定するような行為は回避され、その不確定な中に「遊び」が紛れ込んでいくのである。私見によれば、そもそも恋愛という関係に遊戯性は存在する。

たとえば、ジンメルは愛の本質を「非所有から所有に向かう道に置かれ、この道を進む運動」と捉えている。ここで最も重要なことは、愛が「運動」であるということだ。所有でも、非所有でもない、所有と非所有の間を揺れる運動。相手との合一を目的地点にしているようで、その実、合一に至るまでのプロセス自体が「目的」である運動。これは、恋愛関係がもともともっていた本性の一つであろう。

詳細は、拙著（二〇〇八『恋愛の社会学』青弓社）、または拙論（一九九八「現代的恋愛の諸相——雑誌の言説における社会的物語」『社会学評論』日本社会学会、四九巻二号、一一六〜一三二頁）、および（一九九九a「遊び、生の未決定性を快楽にする形式」『年報人間科学』大阪大学人間科学部社会学研究室、二〇号、四三九〜四五七頁）を参照。

＊27 Simmel, G.,1919, *Philosophische Kultur*, Alfred kroner verlag.（＝円子修平、大久保健治訳、一九七六『文化の哲学』白水社）。

＊28 磯谷孝編、一九七九『文学と文化記号論』岩波書店。

＊29 Cowie, E., 1984, "Fantasia", in *m/f*, Vol.9, pp. 71-105.

＊30 Williamson, J., 1982, *Decoding Advertisements*, Marion Boyars.（＝山崎カヲル・三神弘子訳、一九八五『広告の記号論Ⅰ』『広告の記号論Ⅱ』柘植書房、一五一頁）。

＊31 本文の例は日本の広告コピーであるが、海外でも事態は同様であった。一九六〇年代にパーデュ大学の薬学の准教授グレン・J・スペランディオ博士は、食物から化粧品を作ることに思いいたった。博士と助手たちは桃からできている効果的なスキンローションを開発した。その広告を作ったコピーライターのおかげで、多くの人がその化粧品を自然そのものと思っていたという。

＊32 明治二〇年の天覧歌舞伎の席上、女形歌舞伎役者・中村福助の足が震えて止まらなくなった。当時の日本赤十字社中央病院長・橋本綱常の原因調査によって、白粉による鉛中毒であることが判明し、社会問題にまで発展した。

＊33 小野田が活躍したのは六〇年代半ばから七〇年代にかけて。代表作に「春なのにコスモスみたい」「ゆれる、まなざし」など。参考文献は、中井幸一、一九九一『日本広告表現技術史』玄光社。

＊34 他にも八〇年代以降に変化したことがある。雑誌広告に限定した変化であるが、記事と広告の混淆が進む。八〇年代以前も記事と広告が混ざったものは散見されるが、本格化するのは八〇年代以降である。それまでは「これは記事だ」「これは広告だ」という物理的区別（枠や、欄、活字サイズ、字体、レイアウト）を必要としていたものが、いちいち区別する必要がなくなった。広告でも記事でも、受け手（読者）が必要な情報を必要なだけ読むことができるようになったからである。さらに、明治から五〇年代まで「肌」を美しくしようというメッセージが多いのが、六〇年代以降は、メッセージは多様化する（くちびるや目元を美しくする、頬に輝きを与える、眉をととのえるなど）。八〇年代以降には再び「肌」への注目が高まる。

＊35 本文で述べている身体意識の変化以外に、内田隆三（一九九九）が「境界廃棄のモード」を変化として挙げている。

J・ボードリヤール（1981）は身体が身体でなくなる四つの極限的イメージを「屍体」「動物」「機械」「マヌカン」と定義している。しかもこれら四つは、人間を枠どる意味の境界と対応している。「屍体」は生命が消失した身体（生／死）、動物は精神性を喪失した身体（人間／獣）、機械は労働機械として純化されたロボット（人間／機械）、マヌカンはマネキンやファッションモデル（私という人称／無名という非人称）。これら四つの「否定的な理想型」を限界点として、それに囲まれた範囲の中で、私たちは自らの身体をイメージする。

しかし、内田はボードリヤールの語る四つの境界を溶かすような「境界廃棄のモード」がイメージとして増えていると考える。たとえば類人猿、異星人、ゾンビ、サイボーグ、アンドロイド、クローン、マリオネットなど。現代において、人間でも機械でもないもの、人間でも獣でもないもの、生きても死んでもないもの、男性でも女性でもないものが身体の表現として登場してきた。

参考文献は、Baudrillard, J., 1981, *Simulacres et simulation*, Editions Galil.（＝竹原あき子訳、一九八四『シミュラークルとシミュレーション』法政大学出版局）、および、内田隆三、一九九九『生きられる社会』新書館。

＊36 鷲田清一、一九九八『ひとはなぜ服を着るのか』日本放送出版協会。

＊37 Mosdell, M., 1995, *The New Mirror Makers*, Macmillan Languagehouse.

＊38 ただし、広告上の身体美には「自然性」と「テクノロジー」の両者があることを忘れるべきではない。時代背景による強弱はあっても、身体が自然なものであり、かつテクノロジーによって可変的であるという意識はなくならなかった。この意識は身体美に関わらず、身体観そのものといえるかもしれない。また「テクノロジー」に関しては、身体を変えられるという意識だけではない別の位相がある。それは写真というビジュアルなテクノロジーによって身体美がパーツで表現される事態である。

＊39 廣澤榮、一九九三『黒髪と化粧の昭和史』岩波書店、四六頁。

＊40 実際に、化粧する人の割合を明治から現在まで通時的に調べた資料は、筆者が探した限り存在しない。また、化粧品の平均価格や出荷量の推移に関しても正確な資料が残されていない。特に、明治、大正、昭和初期の詳しい資料はきわめて少ない（第二次大戦以降の資料は比較的存在する）。

たとえば、価格の推移を見ようとしても、日本銀行卸売物価指数では化粧品の基準指数は昭和三五年以降しかない。通産省『月報』による物価指数でも化粧品の価格は昭和二五年以降からしか分からない。総務庁のデータも基本的に第二次大戦後のものしかない。家庭経済研究所のデータは、化粧品という項目はもうけておらず「その他」というくくりになっていて、化粧品に関しては分からない。そして出荷高に関しては資料があるが、その場合でも、小さい企業で自己申告のない場合は数値に反映しないので、正確なデータとは言いがたい。

＊41　白粉の値段は国産の粉白粉一個あたりの小売り標準価格で、戦前までは各メーカーの平均額である。戦後は主にポーラの商品の値段。

＊42　工場労働者を対象とした理由は、主として都市部に住んでいて、化粧品を購買する階層であったと予想されること、収入的にも、さまざまな職業があるうち、非常におおざっぱにいって中間くらいであることだ。収入は、資料に日収しか載っていないものは月収に換算した。また明治期と大正期には、工場労働者賃金の平均が出ていないので、明治は車製造職者、大正は機械器具工業従事者で代用した。それから明治二六年の収入に関する資料がなく、二七年のもので代用している。

＊43　井上章一、一九九一『美人論』リブロポート。

＊44　廣澤榮、前掲書、二二一〜二二二頁。

＊45　スペクタクルについては、以下を参照のこと。Debord, G., 1967, *La societe du spectacle*, Buchet/Chastel.（＝木下誠訳、一九九三『スペクタクルの社会』平凡社）、および、木下誠、二〇〇〇「秘密言語の共同体」『現代思想』五月号、青土社、八七〜一〇〇頁。

＊46　北田暁大、二〇〇〇『広告の誕生』岩波書店。

＊47　中川静、一九二一「大戰と各國のポスター」『大戰ポスター集』朝日新聞社、六八〜六九頁、引用箇所は六八頁。

＊48　『グラツィア』二〇〇六年二月号、講談社、一八四頁。

＊49　『ChouChou』二〇〇六年三二九号、八三頁。

＊50　『家庭画報』二〇〇六年二月号、一九〇頁。

＊51　『Hanako』二〇〇六年三月号、マガジンハウス、一二二頁。

＊52　『サンデー毎日』、二〇〇六年三月五日号、一三五頁。

＊53　『ダカーポ』二〇〇一年四六八号、六一頁。

*54 『グラツィア』二〇〇六年二月号、講談社、一八五頁。
*55 『グラツィア』二〇〇六年三月号、講談社、二九三頁。
*56 『女性セブン』二〇〇六年、四四号一六巻、一七一頁。
*57 『婦人公論』二〇〇〇年三月二二日号、五九頁。
*58 『ダカーポ』二〇〇一年四六八号、六二頁。
*59 『SPA!』二〇〇六年五五号一八巻、二九頁。
*60 『ダカーポ』二〇〇一年四六八号、六一頁。
*61 『女性セブン』二〇〇六年四四巻一八号、三三頁。
*62 『GQ JAPAN』二〇〇六年五月号、一一二頁。
*63 『週刊女性』（主婦と生活社）一九九九年～二〇〇四年まで連載されたマンガ。このセリフは『OLヴィジュアル系』（二〇〇六年八巻、主婦と生活社コミック文庫）の一五九頁から引用。
*64 さかたのり子『美容外科医　山田美人』一～八巻（二〇〇三～二〇〇六年）を参照。引用箇所は七巻（二〇〇五年）二四一～二七九頁。

おわりに

*1 以下の文献を参照。

Adams, P., 1996, *The Emptiness of the Image : Psychoanalysis and Sexual Differences*, Routledge.
Kate, I., 2000, *Orlan : Millennial Female* (*Dress, Body, Culture Series*), Berg Pub Ltd.
Blistene, B., Dusinberre, D.,2004, *Orlan : Carnal Art*, Flammarion ; Bilingual.
Wilson, S., Onfray, M., Stone, A. R., François, S., Adams, P., 1996, *Orlan : This Is My Body... This Is My Software.* (= *Ceci Est Mon Corps... Cesi Est Mon Logiciel*, Black Dog Pub Ltd.)

O'Bryan, C. J., 2005, *Carnal Art : Orlans Refacing*, Univ of Minnesota Press.
またはオルランの公式ホームページ http://www.orlan.net で彼女のパフォーマンスを見ることもできる。

＊2　「現代美術の皮膚」と銘打った展覧会。一〇月二日〜一二月二日開催。

＊3　他にもオルランは「セルフ・ハイブリディゼーション」と題する作品で、他文化の美の基準に合わせて自らを変容させる試みを提示するなど、刺激的な活動を行っている。

＊4　一般的な身体加工では、「自己満足のため」六六・一％、「自分らしくあるため」四二・九％と両方とも支持が高く、整形とは違った様相を呈している。

＊5　市川浩、一九九七『〈身〉の構造』青土社、八頁。

＊6　自己を身体や内面にあると考える人は、それを固定的なものとして捉えているのかもしれない。だが自己とはもっと流動的で多面的なものではないだろうか。変えるという「行為」にあるといえるほどに。近年の多重人格の議論の流行は、自己の多面性・流動性を表しているようにも思える。

＊7　神戸松蔭女子短期大学、二〇〇二年度生活デザイン演習Ⅱにおいて行われた調査。南田勝也監修『調査結果報告書』として二〇〇三年にまとめられている。アンケート対象者は女子大学生二一八人。

＊8　ただし回答者はいなかった。

＊9　Rudofsky, B., 1972, *Unfashionable Human Body*, Hart-Davis.（＝多田道太郎訳、一九七九『みっともない人体』鹿島出版会、一一八頁）。

＊10　4章でも述べたように、それぞれの要素は補完しあう。「あこがれ」と「身近さ」についていえば、自分がけっして到達しえない（獲得できない）ことによる「魅惑」と手に入る（と思わせる）ことで感じる「快楽」が結びついて、身体美に対する引力を強めている。これは、私たちは美をめぐる市場に、誰でも参加できるが、誰もが最高点に到達しないということだ。あるいは、科学や医療、テクノロジーが優位な他者を代理することもあれば、テクノロジーの力をもって「私」もきれいになれるといった表

現もある。自然性が高貴な他者を表すのに使われることもあるし、逆に自然性が日常生活のワンシーンを表現することもある。つまり自然性・テクノロジーと他者性・私性もそれぞれ補完的に結びつくのである。それぞれの要素はバラバラにあるというより、それぞれ補完しあいながら、身体美を「見えるもの」にしてきたわけだ。

＊11 陶智子、二〇〇二『不美人論』平凡社、一四頁。
＊12 井上章一、一九九一『美人論』リブロポート。
＊13 『家庭画報』二〇〇六年二月号、一九〇頁。
＊14 『SAY』二〇〇六年二月号、青春出版社、一一七頁。
＊15 Callon, M., 1986, "The Sociology of an Actor-Network : The Case of the Electric Vehicle", Callon, M, Law, J., & Rip, A., eds., *Mapping the Dynamics of Science and Technology*, MacMillan Press, 19-34.
Latour, B., 1987, *Science in Action-How to Follow Scientists & Engineers Through Society*, Harvard University Press.（＝川崎勝・高田紀代志訳、一九九九『科学が作られているとき——人類学的考察』産業図書）。
Latour, B., 1999, "On Recalling ANT", Law, J., Hassard, J., eds, *Actor Network Theory and After*, Blackwell Pub.
Latour, B., 2005, *Reassembling the Social : An Introduction to Actor-Network-Theory*, Oxford Univ. Press. などを参照。
＊16 エージェンシー（agency）は「行為主体」と訳されることが多いが、ここでは何らかの行為をなす能力としておく。
＊17 平川秀幸、二〇〇二「実験室の人類学」、金森修・中島秀人編『科学論の現在』所収、勁草書房、二三三～六二頁。
＊18 Bowie, M., 1991, *Lacan*, Harvard University Press.
＊19 ボディ・イメージ・ディストーション・シンドロームについては、たとえば鍋田恭孝、二〇〇四

「容姿の美醜に関する病理」『こころの科学』一一七号、三一〜四〇頁などを参照。それは容姿とボディイメージをめぐる心理的・病理的問題である。必要以上に容姿についてネガティブに思い悩む心理あるいは病理であって、一つには、ボディイメージそのものの誤った認識、知覚がある場合と、もう一つには、身体そのものはあるていど正確に知覚されているがその評価がひどくネガティブに傾く場合があるという。

＊20 平芳幸浩、二〇〇七「現代美術と皮膚」『現代美術の皮膚』国立国際美術館、八〜一二頁、引用部分は一〇頁。

＊21 斎藤環、二〇〇七「アートの皮膚／皮膚のアート」『現代美術の皮膚』国立国際美術館、一三〜二〇頁、引用部分は一五頁。

＊22 こぼれ落ちる議論の一例のうち、本文で取り上げなかった、「社会に普及する典型的な女性美が一様のものでない可能性」を指摘しておかなければならない。アンケートから分かったように、女性にとっては「異性の評価」よりも「同性の評価」や「自己評価」が重要であった。確かに、男性の思う美と女性の思う美が若干ずれていることは、日常的に経験することである。たとえば、男性から見ればもう痩せる必要のない女性たちでももっと痩せたいと望んでいたり、あるいは男性から見たら奇異に映るメイクも女性の友達同士では「かわいい」と評されることがあったりする。要するに、女性にとっては、男性の評価よりも、自己評価や同性のサブグループにおける評価が特に重要であり、それらの評価は「社会的な基準」とは必ずしも同一ではない可能性があるということだ。典型的な女性美なるものが思いのほか一様でないことは十分にありえるだろう。

＊23 ちなみにバルサモは、美容整形のような身体加工の伝統的なジェンダー的要素を指摘する一方で、ボディビルダーについても言及している。本書にとってはそちらの議論の方が重要かもしれない。筋肉を鍛え上げることは、男性の身体美とする価値規範がある。女性ボディビルダーは男性美を獲得すると

いう意味では、ジェンダー・バイアスを反転させる存在となる。しかし単に反転させるわけではなく、男性並に鍛えた筋肉を長い髪とワンピースで隠すことも行う。つまり女性ビルダーは、ジェンダーイメージの固定性の境界を往復することで、それに揺らぎを与えるというのである。境界を往復することは、美容整形における越境の快楽に通じる所があるといえる。バルサモの議論については金森修「科学のカルチュラル・スタディーズ」が参考になるだろう（金森修・中島秀人編、二〇〇二『科学論の現在』勁草書房、二三一～二六五頁）。

＊24 『婦人公論』一九九九年四月七日号、一九一頁。

＊25 ただし本書で扱った美容整形の事例が、いずれも実践者が成功したと思っている例であることに留意すべきである。本人たちが失敗したと思う例ではまた違った議論が展開できるかもしれないが、それは今後の課題としたい。

〈付論〉

＊1 なお翻訳のやり方は以下の通り。インタビュー当日、現地で通訳に同席してもらいながらインタビューをする。ただし相手が英語を話せる場合は、筆者と英語で直接会話を交わしたケースもある。インタビューの模様はレコーダーで録音し、帰国後にテープ起こしを行い、現地の言葉（韓国語、中国語、ドイツ語）を日本語に翻訳し直して、当日の通訳に訂正を加えていく。

＊2 韓国国内でも美容整形の盛んさが海外に知られていることを自覚し、それを利用する動きもある。『朝鮮日報』が伝えるところによると、ソウル市は「美容整形」を目的に訪れる海外観光客に医療機関を外国語で紹介する情報提供サービスを二〇〇八年から行い外貨獲得を目ざしている。美容整形を目的にソウルを訪れる海外観光客が増えていることから、市当局として観光と医療産業を後押しするのだという（二〇〇七年一二月一三日八時三二分、「フジサンケイ　ビジネスアイ」より配信されたネット

ニュースより。http://headlines.yahoo.co.jp/hl?a=2007-213-00000012-fsi-bus_all)。

＊3 「MLモーニングコリア」『韓国セゲイルボ』の紙面から（http://www.segye.com//no. 1790）。二〇〇七年二月二一日号。

＊4 情報提供は台北の鄭孝威医師。

＊5 Tさんは、「若さへの信仰」も強く持っていた。「二五歳の時の自分が自分らしいです。本当に、今だんだんだんだん老いていくことが受け入れられない。たえられない」とも語っており、若い時の自分を最も自分らしく感じる一方で、加齢していく自分を否定していた。

＊6 実際、Uさんは、「手術を受けて変わったことがあるか？」の質問に、「自分が自信を持てるようになりました。自信を持つっていう感覚」と答えている。

＊7 豊胸だけでなく胸を小さくする場合もある。

＊8 とはいえ、実際の手術はもっと幅広い年齢層に広がっている。G医師は七八歳の男性にフェイスリフトを行い、六歳の女の子に耳の整形手術を行った経験がある。

＊9 ただし、整形前－後の変化を強調していたわけでもない。一つには、整形の前と後で大きな変化があること自体を否定する語りはあった（Iさん、Jさん）。そしてもう一つには、整形後の喜びは、中庸的なものであることも整形実践者は語っている（Hさん）。これらの語りからは整形前後の断絶を、ある意味では、超える契機が見られる。

Iさん　（鼻の）手術をしたことはたくさんの人には全然直接思いつかず、むしろみんな「見栄えが良くなったわ」って言いました。でもその人たちはどうしてなのか分かりませんでした。鼻の時は、こぶがなくなっていることが分からなかったのです。

Iさん　手術を受けられるのはよいことだと思います、絶対に。度を超さなければ。でも世の中はいつもそうですから。度を超したものはなにもかも悪いです。度を超しているのはたとえば、ダブルD（DDカップ）でしょう。かなりの人が望んでいます。枠内にあれば（＝大きすぎなければ）よいと思います。そうでしょう？

谷本　今幸せですか？

Jさん　今のようなら幸せです。でもより大きければ美しいとは必ずしも思いません、その人に合っていなければ。極端に大きいドリーの胸である必要もないのです（ドリー・ブスターはＸＸＸＬサイズの胸を持つポルノ女優）。

谷本　手術後もっと頻繁に鏡を見るようになりましたか？

Hさん　自分にうっとりして、ですか？　さしあたってはじめの3ヶ月は（見ました）。それから（ケガで）肩の手術を二度受けて、そうしたら（胸は）完全に二の次です。豊胸手術後やっと3ヶ月という時に、（ケガで）肩の手術を受けたのです。それは私にとってはいいことだった。胸を見ることはなくなりました。豊胸手術は特別なことではなくなったのです。私は、今はそれ（豊胸手術）と当たり前につきあっています。私がそれをとても嬉しいと思っているならそれでいいのです。でも度を超した嬉しさではありません。自己賛美でもありません。普通のつきあい、喜び、今はそれでオッケーです。

あとがき

美容やファッションに関する情報をネットや雑誌で見るのが好きだ。友達や学生の恋愛話を聞くのも好きだ。「美容」と「恋愛」は、筆者の研究テーマの中心である。このようなテーマを選ぶと、まるで女らしい人間であるかのように思われるかもしれないが、残念ながらそうではない。ただ、そういった一見「浮ついた」「女っぽい」と思われている事象に対して興味があるのである。興味をもっていることに対して、調査をしたり、文献を講読したり、さまざまに想像力を巡らせたりする時間は、ある意味で至福の時間だ。研究者冥利につきるといってもいい。

こうして、本書は当初、「自分が書いていて楽しいことを本にしよう！」という単純な動機から書かれることになった。しかし書き進めるうちに「これはやっかいなテーマを選んだな」という思いが膨らむようにもなった。美容というテーマが、身体とアイデンティティという現代社会論には不可欠な問題をはらんでいるからである。しかし、私たちが社会を考える上でそれらの議論は避けて通れない。結果、楽しいけれど苦しい、苦しいけれど楽しい執筆作業となった。

そんな執筆活動を支えてくれたのは、数多くの先生や友人たちである。まずは、博士論文の主査をしてくださった伊藤公雄先生をはじめとして、大阪大学人間科学研究科に当時いらした先生方、出版社を紹介してくださった山口節郎先生、外見研究を一緒にしてきた西山哲郎、須長史生、村上幸史諸氏に、特別な感謝を捧げ御礼申し上げたい。この方たちなしに本書が成立することはなかっただろう。

また、本書執筆にご協力してくださった方々にも感謝している。韓国調査にご協力いただいた村澤博人先生、趙鏞珍先生、大田高子氏、台湾調査にご協力いただいた卓恩台先生、高玉潔氏、韓国と台湾双方の調査に力を貸してくれた山中千恵氏、ドイツ調査にご協力いただいたMelanie Laun氏、広告資料をご提供いただいた難波功士先生、報告書を提供してくれた南田勝也氏である。厚く御礼申し上げる。

そして研究(&遊び)仲間にも感謝を捧げたい。IS研究会の友人たち(特に先述の西山、宮本真也、時安邦治、関嘉寛、水嶋陽子諸氏)、そして多くの研究会を一緒にしている友人たち(特に坂田謙司、山里裕一、福間良明、村瀬敬子、高井昌吏、石田あゆう諸氏)、象徴資本研究会の友人たち(特に四方利明、吉田幸治、太田美帆、大瀧友織、平尾智隆諸氏)である(研究会はアイウエオ順、人は年齢順)。

その他、全員のお名前を挙げることはできないが、研究仲間とは違う高校・大学時代からの友人たち(特に仁美ちゃん、真奈、美奈ちゃん、やっちゃん、ちゃく、萬年くん)、支えてくれる家族(特に夫・関嘉寛と両親)にも心から感謝している。本当にありがとう。

それから、最後になってしまったが、忘れてはならないのはアンケートやインタビューに答えてくれたインフォーマントの方々である。彼、彼女たちの協力があってこそ本書のテーマが考察できた。そして、編集者の小林みのり氏。彼女のあたたかな励ましにはいつも支えられた。心より御礼申し上げる。

さて、本書は、第Ⅰ部についてはほとんど書き下ろしである。ただし、『メディア文化を読み解く技法』（阿部潔・難波功士編、二〇〇四、世界思想社）に寄せた論文「ビフォー／アフターなき整形過程としての自己・妄信する自己」と、「一般的身体加工への意識――現代の身体観に関する一考察」（二〇〇七、『情報研究』第二七号、関西大学総合情報学部）が一部に組み込まれている。

第Ⅱ部は、二〇〇一年に提出した博士論文「化粧品広告における身体のイメージ――美の問題を中心に」（大阪大学人間科学研究科、博士〔人間科学〕第一五九二一号）の一部分を大幅に加筆修正した。

なお、本書は平成一七～一九年度文部科学省科学研究費補助金・若手研究（B）（課題番号17730325）の成果の一部である（また、筆者は、これから「中高年女性の美容」について考察を進めるつもりである。このテーマに関しても平成二〇年度から科学研究費による助成を受ける予定になっている）。記して感謝する。

参考文献一覧（雑誌などは注に記載した）

Adams, P., 1996, *The Emptiness of the Image : Psychoanalysis and Sexual Differences*, Routledge.

天野武、二〇〇五「相互行為儀礼と処罰志向のリストカット」『ソシオロジ』五〇巻二号、八七～一〇二頁

東浩紀、二〇〇一『動物化するポストモダン』講談社

Balsamo, A., 1996, "On the Cutting Edge : Cosmetic Surgery and the Technological Production of Gendered Body", in *Camera Obscure* 22, Jan., pp.207–226.

Barthes, R., 1982, *L'obie et L'obtus* (extrait), Seuil.（＝沢崎浩平訳、一九八四『第三の意味』みすず書房）

Baudrillard, J., 1981, *Simulacres et simulation*, Editions Galil.（＝竹原あき子訳、一九八四『シミュラークルとシミュレーション』法政大学出版局）

Benjamin, W., 1931, "Kleine Geschichte der Photographie", in *Werke,* Band 2, Suhrkamp Verlag.（＝高木久雄・高原宏平訳、一九七〇『写真小史』晶文社）

———, 1936, "Das Kunstwerk im Zeitalter seiner technischen Reproduzierbarkeit", in *Gesammelte Schriften*, Band II, 2, Suhrkampf.（＝高木久雄・高原宏平訳、一九七〇「複製技術時代の芸術作品」『ヴァルター・ベンヤミン著作集 2　複製技術時代の芸術』晶文社）

Blistene, B., Dusinberre, D., 2004, *Orlan : Carnal Art*, Flammarion.

Blum, V., 2003, *Flesh Wounds : The Culture of Cosmetic Surgery*, University of California Press.

Bordo, S., 2003, *Unbearable Weight : Feminism, Western Culture, and the Body*, University of California Press.

Bowie, M., 1991, *Lacan*, Harvard University Press.

Budgeon, S., 2003, "Identity as an Embodied Even", *Body & Society*, 9(1), pp.35–55.

Caillois, R., 1958, *Les jeux et les hommes*, Gallimard.（＝清水幾太郎・霧生和夫訳、一九七〇『遊びと人間』岩波書店）

Callon, M., 1986, “The Sociology of an Actor-Network : The Case of the Electric Vehicle”, Callon, M, Law, J., & Rip, A., eds., *Mappinng the Dynamics of Science and Technology*, MacMillan Press, pp.19-34.

Corson, R., 1972, *Fashions in Makeup : From Ancient to Modern Times*, Peter Owen Publishers.（＝ポーラ文化研究所訳、一九八二『メークアップの歴史――西洋化粧文化の流れ』ポーラ文化研究所）

Cowie, E., 1984, “Fantasia”, in *m/f*, Vol.9, pp.71-105.

Crary, J., 1989, “Spectacle Attention, Couter-memory”, *October,* no. 50, Cambridge : MIT press, pp.96-107.

――――,1990, *Techniques of the Observer*, Cambridge : MIT press.（＝一九九七、遠藤知巳訳『観察者の系譜』十月社）

Davis, K., 1995, *Reshaping the Female Body*, Routledge.

――――, 2002, “A Dubious Equality : Men, Women and Cosmetic Surgery”, *Body & Society*, 8(1), pp.49-65.

――――, 2003, *Dubious Equalities and Embodied Differences : Cultural Studies on Cosmetic Surgery*, Rowman & Littlefield Publishers.

Dion, K., Berschid, E. & Walster, E., 1972, “What is Beautiful is Good, *Journal of Personality & Social Psychology*, 24(3), pp.285-290.

土井隆義、二〇〇三「生きづらさの系譜学」『文化社会学への招待』世界思想社、二〇五～二三三頁

Du Gay, P., Hall S., Janes, L., Mackay H., Negus, K., 1997, *Doing Cultural Studies*, Sage.

Featherstone, M, 1991 a, “The Body in Consumer Culture”, in, M., Featherstone, M., Hepworth, and B. S. Turner, eds., *The body : Social Process and Cultural Theory*, Sage.

――――, 1991 b, *Consumer Culture and Postmodernism*, Sage.

フィレンツオーラ、アーニョロ（Agnolo Firenzuola）（＝岡田温司・多賀健太郎訳）、一五四八＝二〇〇〇『女性の美しさについて』ありな書房

Foucault, M., 1975, *Surveiller et punir : naissance de la prison*, Gallimard.（＝田村俶訳、一九七七『監獄の誕生』新潮社）

Fraser, S., 2003, *Cosumethic Surgery Gender and Culture*, Palgrave Macmillan.
Freud, S., 2001, *The Standard Edition of Complete Psychological Works of Sigmund Freud*, translated from the German under the general editorship of James Strachey, in collaboration with Anna Freud ; assisted by Alix Strachey and Alan Tyson, Vintage.
伏見文男編、一九八六『日本の広告写真一〇〇年史』講談社
Giddens, A., 1991, *Modernity and Self-Identity : Self and Society in the Late Modern Age*, Polity.
Gimlin, D., 2000, "Cosmetic Surgery : Beauty as Commodity", *Qualitative Sociology*, 23(1), pp.77–98.
————, 2002, *Body Work : Beauty and Self-Image in American Culture*, University of California Press.
————, 2007, "Accounting for Cosmetic Surgery in USA and Great Britain : A Cross-cultural Analysis of Women's Narratives", *Body & Society*, Vol.13(1), pp.41–60.
Grimshaw, J., 1999, Working Out with Merleau-Ponty, in *Women's Bodies : Discipline and Transgression*, edited by Jane Arthurs and Jean Grimshaw, Cassell, pp.91–116.
Haiken, E., 1997, *Venus Envy : A History of Cosmetic Surgery*, Johns Hokins University Press.（＝野中邦子訳、一九九九『プラスティック・ビューティー』平凡社）
春山行夫、一九八八『化粧』平凡社
Henriot, J., 1969, *Le jeu*, Presses Universitaires de France.（＝佐藤信夫訳、一九八六『遊び——遊ぶ主体の現象学へ』白水社）
姫野カオルコ、一九九九『整形美人』新潮社
平川秀幸、二〇〇二「実験室の人類学」、金森修・中島秀人編『科学論の現在』勁草書房、二三～六二頁
平芳幸浩、二〇〇七「現代美術と皮膚」『現代美術の皮膚』国立国際美術館、八～一二頁
廣澤榮、一九九三『黒髪と化粧の昭和史』岩波書店
Huss-Ashmore, R., 2000, "The Real Me : Therapeutic Narrative in Cosmetic Surgery", *Expedition*,42(3), pp.26–38.
市川浩、一九九七『〈身〉の構造』青土社

井上章一、一九九一『美人論』リブロポート
井上輝子、一九九二『女性学への招待』有斐閣
石田かおり、一九九五『現象学的化粧論――おしゃれの哲学』理想社
石井政之、二〇〇三『肉体不平等』平凡社
石井政之、石田かおり、二〇〇五『「見た目」依存の時代――「美」という抑圧が階層化社会に拍車を掛ける』原書房
磯谷孝編、一九七九『文学と文化記号論』岩波書店
Jeffreys, S., 2000, "Body Art and Social Status : Cutting, Tattooing and Piercing from a Feminist Perspective", *Feminism and Psychology*, 10(4), pp.409–429.
Johnson, B., 1988, *A World of Difference*, Johns Hopkins University Press.（＝大橋洋一・青山恵子・利根川真紀訳、一九九〇『差異の世界』紀伊國屋書店）
梶原ちおん、一九九八『きれいになりたい五つのタイプ』ネスコ
金森修、二〇〇二「科学のカルチュラル・スタディーズ」、金森修・中島秀人編『科学論の現在』勁草書房、二三一～二六五頁
かなつ久美、二〇〇五～二〇〇六『ＯＬヴィジュアル系』一～一〇巻、主婦と生活社コミック文庫
笠原美智子、一九九八『ヌードのポリティクス』筑摩書房
Kate, I., 2000, *Orlan : Millennial Female* (*Dress, Body, Culture Series*), Berg Pub Ltd.
川喜多次郎、一九六七『発想法』中央公論社
川添祐子、二〇〇〇「身体のポリティクス」千葉大学大学院社会文化科学研究科博士論文
Kay, G., 2005, *Dying to Be Beautiful*, The Ohio State University Press.
北田暁大、二〇〇〇『広告の誕生』岩波書店
北山晴一、一九九一「視線が対象を創造する」『イマーゴ４』青土社、五二～五九頁

蔵琢也、一九九三『美しさをめぐる進化論』勁草書房
Lambert, E. Z., 1995, *The Face of Love*, Beacon Press.
Latour,B., 1987, *Science in Action : How to Follow Scientists & Engineers Through Society*, Harvard University Press.（＝川崎勝・高田紀代志訳、一九九九『科学が作られているとき――人類学的考察』産業図書）
――――, 1999, "On Recalling ANT", Law, J., Hassard, J., eds, *Actor Network Theory and After*, Blackwell Pub.
――――,2005, *Reassembling the Social : An Introduction to Actor-Network-Theory*, Oxford University Press.
ルイジーニ、フェデリコ（Federigo Luigini）（＝岡田温司・水野千依訳）、一五五四＝二〇〇〇『女性の美と徳について』ありな書房
Merleau-Ponty, M., 1964, *L'œil et l'esprit*, Editions Gallimard.（＝滝浦静雄・木田元訳、一九六六『眼と精神』みすず書房）
三浦雅士、一九九四『身体の零度』講談社
三井宏隆、二〇〇三『ボディ・セルフ・アイデンティティ・セクシュアリティの心理学』ナカニシヤ出版
水尾順一、一九九八『化粧品のブランド史』中公新書
森下みさ子、一九九一「ノン化粧」『イマーゴ4』青土社、六〇～六五頁
Mosdell, M., 1995, *The New Mirror Makers*, Macmillan Languagehouse.
村松太郎、二〇〇四「脳から見たボディイメージと美の認識」『こころの科学』一一七号、日本評論社、一九～二五頁
村澤博人、二〇〇〇「アンケートに見る美容整形観」（ポーラ文化研究所レポート）
鍋田恭孝、二〇〇四「容姿の美醜に関する病理」『こころの科学』一一七号、三一～四〇頁
中川静、一九二一「大戰と各國のポスター」『大戰ポスター集』朝日新聞社、六八～六九頁
中井幸一、一九九一『日本広告表現技術史』玄光社
中村うさぎ・石井政之、二〇〇四『自分の顔が許せない！』平凡社

Nettleton , S., 1995, *The Sociology of Health and Illness*, Polity Press.
西村清和、一九九七『視線の物語・写真の哲学』講談社
西山哲郎、二〇〇八「現代の身体加工にみる自己アイデンティティ構築のエコノミー」『中京大学現代社会学部紀要』一巻二号、一二一〜一三九頁
O'Bryan, C. J., 2005, *Carnal Art : Orlan's Refacing*, Univ. of Minnesota Press.
O'Neil, J., 1989, "The Communicative Body : Studies in Communicative Philosophy", *Politics and Sociology*, Northwestern University Press.（＝須田朗訳、一九九二『語り合う身体』紀伊國屋書店）
大澤真幸、一九九六「ボディコントロールの諸相」『へるめす』一一月号、岩波書店、二一〜一三頁
Orlan, 1996, *Orlan : This Is My Body...This Is My Software. = Ceci Est Mon Corps...Cesi Est Mon Logiciel*, Black Dog Pub Ltd.
Pacteau, F., 1994, *The Symptom of Beauty*, Reaktion Books Ltd.（＝浜名恵美訳、一九九六『美人』研究社）
Pitts-Taylor, V., 2007, *Surgery Junkies : Wellness and Pathology in Cosmetic Culture*, Rutgers University Press.
Pollock, G., 1988, *Vision and Differencs*, Routledge.（＝萩原弘子訳、一九九八『視線と差異』啓文堂）
Rudofsky, B., 1972, *Unfashionable Human Body*, Hart-Davis.（＝多田道太郎訳、一九七九『みっともない人体』鹿島出版会）
Sacks, H., 1978, "Some Technical Considerations of a Dirty Joke", in J. Schenkhein, ed., *Studies in the Organizations of Conversational Interraction*, Academic Press.
斉藤環、二〇〇七「アートの皮膚／皮膚のアート」『現代美術の皮膚』国立国際美術館、一三〜二〇頁
さかたのり子、二〇〇三〜二〇〇六『美容外科医山田美人』一〜八巻、あおば出版
Shilling, C., 1993, *The Body and Social Theory*, Sage.
島森路子、一九九八『広告のヒロインたち』岩波書店
白波瀬丈一郎、二〇〇四「美と思春期」『こころの科学』一一七号、日本評論社、一四〜一八頁
Simmel, G., 1908, *Soziologie*, Duncker & Humblot.（＝居安正訳、一九九四『社会学・上』『社会学・下』白水社）

――――, 1919, *Philosophische Kultur*, Alfred Kroner Verlag.（＝円子修平、大久保健治訳、一九七六『文化の哲学』白水社）
Sobal, J. and D. Maurer, eds., 1999, *Interpreting Weight : The Social Management Fatness and Thinness*, Aldine de Gruyter.
Stratton, J., 2001, *The Desirable Body : Cultural Fetishism and the Erotics of Consumption*, University of Illinois Press.
陶智子、二〇〇二『不美人論』平凡社
Sullivan D., A., 2004, *Cosmetic Surgery : The Cutting Edge of Commercial Medicine in* America, Rotgers University Press.
須長史生、一九九九『ハゲを生きる』勁草書房
玉置育子、二〇〇四「判例にみる美容文化論」『佐賀女子短期大学研究紀要』三八号、一一～二一頁
谷本奈穂、一九九八「現代的恋愛の諸相――雑誌の言説における社会的物語」『社会学評論』四九巻二号、日本社会学会、一一六～一三一頁
――――、一九九九a「遊び、生の未決定性を快楽にする形式」『年報人間科学』二〇号、大阪大学人間科学部社会学研究室、四三九～四五七頁
――――、一九九九b「関係性とセルフアイデンティティ」『ファッション環境』八巻四号、ファッション環境学会、一三～一九頁
――――、二〇〇〇「終末なき遊びの快楽」『AERA Mook 恋愛学がわかる』朝日新聞社、一二二～一二六頁
――――、二〇〇一「化粧品広告における身体のイメージ――美の問題を中心に」（博士論文、大阪大学、第一五九二一号）
――――、二〇〇四「ビフォー／アフターなき整形――過程としての自己・妄信する自己」『メディア文化を読み解く技法』世界思想社、五一～七六頁
――――、二〇〇七「一般的身体加工への意識――現代の身体観に関する一考察」『情報研究』第二七号、関西大学総合情報学部、五七～六七頁
――――、二〇〇八『恋愛の社会学――「遊び」とロマンティック・ラブの変容』青弓社

土屋耕一、一九九七「話し言葉でこっそりと」『広告大入門』マドラ出版、四三〇〜四三八頁
Turner, B.S., 1984, *The Body and Society*, Blackwell.
内田隆三、一九九九『生きられる社会』新書館
Vico, G., 1953, "Principl di scienza nuova", in *La letteratura italiana*, storia e testi, Riccardo-Ricciardi.（＝清水純一・米山喜晟訳、一九七九『世界の名著　ヴィーコ　新しい学』中央公論社）
鷲田清一、一九九八『ひとはなぜ服を着るのか』日本放送出版協会
Williamson, J., 1982, *Decoding Advertisements*, Marion Boyars.（＝山崎カヲル・三神弘子訳、一九八五『広告の記号論Ⅰ』『広告の記号論Ⅱ』柘植書房）
Wolf, N., 1991, *The Beauty Myth : How Images of Beauty Are Used Against Women*, William Morrow.（＝曽田和子訳、一九九四『美の陰謀』ＴＢＳブリタニカ）
Woodward, K., 1997, *Identity and Difference*, Sage.
山下柚実、二〇〇一『美容整形』文芸春秋
米澤泉、二〇〇五『電車の中で化粧する女たち』ベストセラーズ

理想の自分　46-52 → 本当の自分
流行　3, 24, 25, 36, 39-43, 80, 88, 90, 110, 139, 141, 159, 167, 180, 189, 212, 218
レーザー　2, 88, 157, 196, 197
劣等感　14-19, 23-26, 30, 45-48, 53-58, 63, 200, 201 → コンプレックス
笑われない　36-38, 41, 43

は 行

パーツ（部分） 98, 99, 159–164, 176, 193–196, 205, 210–212, 217
ピクトリアリズム → 絵画主義
美人 68, 73, 98, 99, 116, 119, 128, 131, 143, 144, 164, 170, 184–193, 198–212
一重まぶた 66–72, 80–86, 95, 97, 106, 206–208 → 二重まぶた
「美の神話」 24–31, 53–57, 76, 105, 218, 219
ビフォー／アフター 62–73, 79, 99, 104, 105, 202, 203, 220
表象 7, 110, 111, 120, 121, 126, 152, 166, 190, 192, 199, 211
病理 19, 20, 23, 30, 200, 218
ファッション 40, 84–88, 153, 215
不安定（――な自己，――な身体） 20, 157, 208, 209
フィットネス 3, 25, 180
封印 82, 83, 106, 217
フェイスリフト 22, 23
不幸 14, 16–24, 59
二重まぶた 56, 62–66, 71–74, 80–96, 106, 110, 206–208, 215 → 一重まぶた
プチ整形 → 整形
普通，人並み 26, 27, 46–53, 67, 81, 82, 89, 97, 148, 170, 196, 198, 210
プラスティックボディ（plastic body） 5, 25–28
プリクラ 80–84, 106, 217
文化 3–5, 24–26, 29, 122, 134, 220
防衛的 38, 43, 47–50, 52–54, 58 → 積極的
ボディ・イメージ・ディストーション・シンドローム 217
ボディワーク 5, 27, 28
ボトックス 10, 88, 89, 197
本当の自分 70–73, 203, 217 → アイデンティティ，理想の自分

ま 行

マイナーチェンジ 104, 107, 205
マーケティング 179
麻酔 13, 218
マンガ 197, 198
身だしなみ 36–38, 143, 144
身近さ 125, 126, 142, 148–152, 170–175, 183, 187, 190–193, 210
魅力 18, 143–148, 164, 170–173, 192
　性的―― 17, 24
　対人―― 17
魅惑 139, 168, 170, 174, 193, 212
メイク 80, 89, 90, 112, 128, 129, 136, 148, 195, 197
メカニズム 31, 33, 137, 201, 202, 209, 215, 219
メディア 28, 51, 90, 97–99, 107–111, 160, 161, 171, 201, 212–214
　マス―― 96–99, 110, 111, 194
モチベーション 18, 31, 33, 51, 87, 105, 106, 201 → 動機
もてたい 18, 36–48, 53–63, 200, 201, 206, 207
モデル 45, 47, 54, 96, 116, 125, 138, 142–145, 164–169, 171–174, 188, 191–195, 212
モノ 80, 84–99, 106, 107, 110, 180, 202, 209–215, 220, 221

や・ら・わ 行

欲望 38, 99, 106, 167–173, 190, 208–216
リストカット 21, 22, 218, 219

164, 171, 177-179, 183-191
女性　1, 5, 11-35, 40-44, 50, 51, 55-60, 67, 89, 119, 126-132, 141-149, 154-156, 158-160, 170, 178, 185, 188, 196, 197, 200, 211, 217, 219, 220 → 男性
所有　28, 99, 150, 172, 190, 191
シワ　68, 77, 83, 88, 194, 217
人工的な身体　1, 2, 25 → 自然な身体
心身二元論　8, 202-205, 220
身体
――意識　5, 35, 44, 55-58, 111, 180-183, 199, 201
――イメージ　116, 183
――加工　1-10, 25, 26, 31-59, 100, 107, 199-214, 219
――観　6, 7, 34, 35, 54, 59, 90, 91, 111, 123, 152, 201, 209, 212
――像　7, 87, 98, 110-114, 120, 121, 150, 182, 192-194, 198, 210
――の社会（somatic society）　3
――美　115, 120-126, 132, 137, 142, 148-152, 157, 158, 163-180, 193, 211
心理学　15, 53
数値化　132, 137, 149, 178
素の顔，素のまま　66, 102-104, 205, 221
スパイス　218, 221
スペクタクル　189, 190
整形
――経験者，――実践者　6, 12, 18-33, 54-60, 65, 76-79, 83, 86, 90, 99, 105-107, 201-209, 216, 221
――中毒　22-26
プチ――　6, 11, 96, 197, 198
清潔感　36-38
精神分析　21, 159
正当化，正当性　19, 23, 30, 49, 54, 57, 63, 201
積極的　29, 38-43, 47-53, 58, 81, 82, 104, 213　→ 防衛的
想像上の自己，想像上の他者　73-80, 90, 99, 105, 107, 202, 209, 217
想像力　80, 84, 90, 96, 99, 106, 122, 202, 209, 215, 216, 221

た・な 行

退屈　208　→ 飽き
他者　17-24, 38-40, 44-52, 57, 58, 63, 73-80, 84, 90, 105-107, 124, 137, 138-143, 165-168, 170-175, 188-192, 202, 212-218, 221 → 自己
――評価　24, 38-43, 47-53, 58, 87, 106, 107, 218, 220 → 自己評価
タブー　10, 13, 199
男性　1, 11, 19, 24, 27, 35, 39, 40, 44, 50-63, 142, 143, 155, 160, 178, 197, 201, 220 → 女性
跳躍力　203, 209
治療　2, 13, 14, 18, 22, 194-197
爪　92
テクノロジー　28, 124-126, 132, 137, 149-152, 157, 158, 164, 173-183, 192, 193, 209-215　→ 技術
同一化　149, 164-174
動機（美容整形の――）　48, 62, 90, 101-110, 201, 207, 209 → モチベーション
――の語彙　49, 54-59, 105, 201
同性　36-55 → 異性
読者体験　68
内面（心，精神）　27, 30, 61, 101-104, 202-208, 214, 216, 220
ヌード　131, 162

137–143, 149–166, 170–172, 178–187, 192–194, 198, 209–212
言説　7, 12, 31, 45, 58, 61, 71, 73, 90, 104, 152, 159, 169, 171–174, 178, 184–189, 192–198, 201, 205, 210–212, 217, 221
現代社会　3–6, 30, 44, 53, 201, 215, 220
行為　13, 18–21, 30, 61, 117, 166, 203–208, 213, 214, 218–221
公害　180
広告　7, 12, 31, 111–117, 120–126, 131, 137, 142–145, 148–174, 178–195, 201, 209, 211
――群　114, 123, 173
国威　125, 177, 178
国際比較　8
個人（――性）　13, 17, 25, 26, 61, 165, 166, 201, 214, 219
個別の広告　113, 149, 173
コンタクト（レンズ）　72, 96, 99, 106
コンテクスト　18, 175–183, 190, 192
コンプレックス　14–18, 48–54, 100, 107, 200 → 劣等感

さ　行

雑誌　11, 45, 47, 51, 67, 68, 87–90, 96–98, 106–112, 153, 188, 194–197, 211
――記事　2, 7, 12, 31, 189, 193–201, 212
産業化，工業化　24, 180
CT スキャン　182
ジェンダー　26, 32, 39, 41, 49, 50, 54, 149, 219
自己　4–7, 21, 28, 38–44, 48–58, 78–80, 104–106, 167–171, 197, 199, 203–221 → アイデンティティ，主体，他者
――イメージ，セルフイメージ　28, 107
――確認　21
――決定　25–31, 56
――嫌悪　19, 21
――実現　29, 31, 56
――像　77–84, 90, 104–107, 208, 209, 216, 220
――対象化　216
――評価　8, 15, 87, 202, 216–221 → 他者評価
――表現　5, 204
――満足　35–63, 73, 99, 100, 104–106, 201–204
詩　154–156
自傷　21, 30, 218
視線　8, 21, 39, 202, 216, 217, 221
自然（――性，――っぽさ，――的，――物）　3, 67, 69, 117–119, 123–132, 137, 143, 149–157, 163, 173–180, 192, 193, 208, 210
――な身体　1, 6 → 人工的な身体
自他関係　8, 202, 215, 221
自分らしく，自分らしさ　36–50, 99–104, 148, 202–205
シャーペン（シャープペンシル）　93, 94, 206, 212 → 鉛筆
社会心理学　17
写真　2, 16, 17, 68, 80–84, 90, 98, 106, 110–116, 121, 122, 156, 161–166, 176, 188–190, 211, 212, 217, 219
周囲の変化　73
醜形恐怖症　218
主体　3, 4, 21, 27–30, 59, 78, 79, 171, 172, 220 → アイデンティティ，自己
消費主義　5
商品　66, 110–117, 122–126, 142, 143,

事項索引

あ 行

アイシャドウ　84–87, 90, 99, 106, 110, 184, 209–215
アイデンティティ　3–5, 7, 28, 30–33, 39, 44, 61, 72, 73, 79, 137, 164, 167, 171, 199–209, 214, 215, 220 → 自己，主体，本当の自分
アイプチ　66, 85, 91–96, 106, 206, 207, 212, 215
飽き　206, 208 → 退屈
アクター・ネットワーク　213, 214
あこがれ　97, 124–126, 137–142, 149–152, 164–175, 183, 187, 190–193, 196, 210
医学　3, 12–15, 20, 98, 99, 178, 190, 219
生きづらさ　21, 22, 219, 220
異性　14, 17–19, 24, 36–59, 125, 200, 201, 207 → 同性
イデオロギー　24, 172
意味づけ　2–7, 53, 164, 184, 187
イメージチェンジ　36–40
イラスト　156, 161, 165, 166
医療　5, 14, 19, 107, 124–126, 132, 137, 149–152, 157, 164, 173–182, 192–195, 210–212
違和感　67, 71–73, 81, 203, 204
美しさ　13–17, 26, 29, 111, 119, 125–141, 154–164, 183, 189, 193, 210
エクストリーム・メイクオーバーズ　28, 29
越境　172–174, 192, 193, 212, 218, 221
鉛筆　93, 94, 206–212 → シャーペン
王　13, 18 → 神，親
親　10–14, 18, 19, 201 → 王，神

か 行

絵画主義（ピクトリアリズム）　161, 162
外見　4, 5, 14–29, 41–59, 69, 73–77, 86, 87, 100–106, 203, 204, 221
科学　6, 124–126, 132–137, 149–152, 157, 164, 173–183, 192–194, 210–214
——論　213
可視化／不可視化　21, 22, 49, 80, 110, 132, 137, 142, 148–152, 164, 175
仮想　157
神　13–18, 201 → 王，親
感覚　21, 28, 71, 72, 78–83, 96, 98, 123, 153, 197, 203–208, 218–221
儀式　12
技術　2, 6, 13–16, 26, 32, 90–99, 106–110, 122, 132, 157, 180–183, 193, 202, 209–221 → テクノロジー
欺瞞　56
キャッチフレーズ　122–126, 138, 163, 164, 172–180, 210
キレイ　56, 62, 65, 84, 94, 102–104, 120, 172, 202–206
空想　157, 217
経済　182, 183 → 技術
化粧品
——企業，——産業（美容産業）115, 177, 183–188, 192, 211
——広告　6, 7, 99, 110–126, 131, 132,

パクトー（Pacteau, F.） 154
バジョン（Budgeon, S.） 18
バルサモ（Balsamo, A.） 11, 26, 32, 98, 219, 220
バルト（Barthes, R.） 122
ピッツテイラー（Pitts-Taylor, V.） 10, 11, 22, 29
平芳幸浩 218
平川秀幸 214
廣澤榮 184, 188
フィレンツオーラ（Firenzuola, A.） 12, 13
フェザーストン（Featherstone, M.） 4, 5, 44
フーコー（Foucault, M.） 166
フス－アシュモア（Huss-Ashmore, R.） 61
ブラム（Blum, V.） 11, 21, 22, 218, 220
ブリスティーヌ（Blistene, B.） 280
フロイト（Freud, S.） 272
ベンヤミン（Benjamin, W.） 122, 162
ボードリヤール（Baudrillard, J.） 277
ホール（Hall, S.） 13
ボルド（Bordo, S.） 4, 5, 11, 24–28, 44, 219, 220
ポロック（Pollock, G.） 159

ま 行

マッケイ（Mackay H.） 275
水尾順一 161
三井宏隆 17
村澤博人 260
村松太郎 17
メルロ－ポンティ（Merleau-Ponty, M.） 167
モズデル（Mosdell, M.） 182
森下みさ子 272

や・ら・わ 行

山下柚実 65, 68
ラトゥール（Latour, B.） 213, 214
ルイジーニ（Federigo, L.） 12, 13
ルドフスキー（Rudofsky, B.） 208
鷲田清一 180

人名索引

あ行

東浩紀　4
アダムス（Adams, P.）　280
天野武　21
石井政之　27
磯谷孝　169
市川浩　205
井上章一　188, 211, 217
井上輝子　26
ヴィーコ（Vico, G.）　153
ウィリアムスン（Williamson, J.）　171
内田隆三　269, 277, 278
ウッドワード（Woodward, K.）　270
ウルフ（Wolf, N.）　24, 27, 53
大澤真幸　5, 21
オニール（O'Neil, J.）　156, 157
オルラン（Orlan）　199, 200, 218, 219

か行

カウイ（Cowie, E.）　169
笠原美智子　29
梶原ちおん　264
かなつ久美　198
金森修　282, 284
カロン（Callon, M.）　213, 214
川喜多二郎　270
川添祐子　14
北山晴一　110
ギデンズ（Giddens, A.）　4, 39, 44
ギムリン（Gimlin, D.）　11, 18, 19, 27–30, 220
蔵琢也　17, 24, 59
クレーリー（Crary, J.）　268
ケイト（Kate, I.）　280
コーソン（Corson, R.）　12–14

さ行

斎藤環　218
さかたのり子　198
ジェフェリーズ（Jeffreys, S.）　11, 21, 218, 220
ジェーンズ（Janes, L.）　275
島森路子　270
ジョンソン（Johnson, B.）　272
シリング（Shilling, C.）　4, 44
ジンメル（Simmel, G.）　167–169
陶智子　210

た・な行

ターナー（Turner, B. S.）　3
デービス（Davis, K.）　11, 12, 16, 19, 28–30, 32, 59, 61, 67, 220
デュ・ゲイ（Du Gay, P.）　164, 165, 171
土井隆義 21, 78
中井幸一　277
中川静　191
鍋田恭孝　282
ニーガス（Negus, K.）　275
ネトルトン（Nettleton, S.）　3

は行

ハイケン（Haiken, E.）　10–14, 19
バウイ（Bowie, M.）　217

著者紹介

谷本奈穂（たにもと なほ）

大阪大学大学院人間科学研究科修了，博士（人間科学）。
現在，関西大学総合情報学部教授。専門は現代文化論。

単著：

『恋愛の社会学』（2008年，青弓社）
『美容整形というコミュニケーション』（2018年，花伝社）

編著：

『博覧の世紀』（福間良明・難波功士と共編，2009年，梓出版社）
『メディア文化を社会学する』（高井昌吏と共編，2009年，世界思想社）
『身体化するメディア／メディア化する身体』（西山哲郎と共編，2018年，風塵社）

そのほか分担執筆，論文多数。

美容整形と化粧の社会学［新装版］
プラスティックな身体

初　版第1刷発行　2008年7月11日
新装版第1刷発行　2019年9月20日
新装版第3刷発行　2022年12月10日

著　者　谷本奈穂
発行者　塩浦　暲
発行所　株式会社 新曜社
〒101-0051　東京都千代田区神田神保町3-9
電話(03)3264-4973(代)・FAX(03)3239-2958
e-mail　info@shin-yo-sha.co.jp
URL　https://www.shin-yo-sha.co.jp/
印刷　亜細亜印刷
製本　積信堂

ISBN978-4-7885-1649-6　C1036